중국불상의 세계

* 이 저서는 2017년도 용인대학교 학술연구조성비 재원으로 수행된 연구임.

中國佛像世界

중국불상의 세계

배재호

景仁文化社

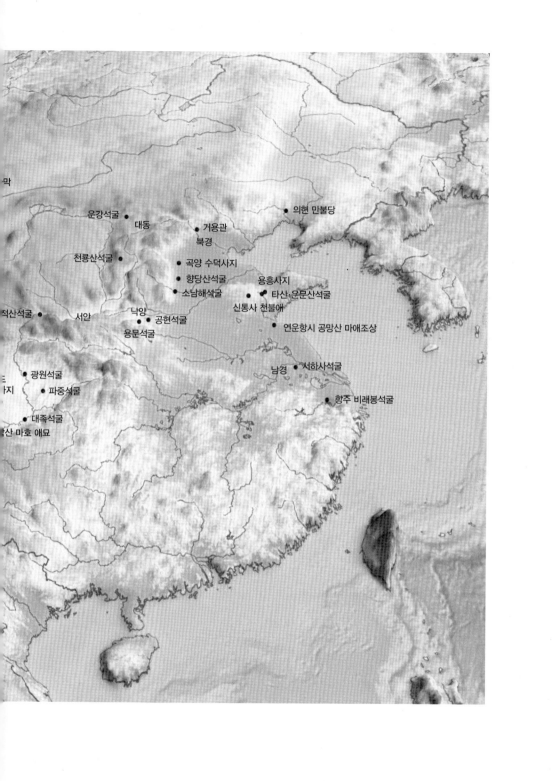

막

운강석굴 • 의현 만불당
• 대동 • 거용관
북경
천룡산석굴 • 곡양 수덕사지
• 향당산석굴 용흥사지
• 소남해석굴 • • 타산·운문산석굴
적산석굴 • 서안 낙양 신통사 천불애
• • 공현석굴 • 연운항시 공망산 마애조상
용문석굴

• 광원석굴 남경 • 서하사석굴
• 파중석굴 • 항주 비래봉석굴
• 대족석굴
산 마호 애묘

동진의 고개지와 유송의 육탐미는 헐렁하게 옷을 걸친 가늘고 야윈 불상을, 양의 장승요는 옷이 얇아 몸의 양감이 그대로 드러나는 불상을, 북제의 조중달은 마치 물에서 방금 나온 듯이 옷이 몸에 착 달라붙은 불상을, 당의 오도자는 바람에 옷자락이 날리는 듯 살아있는 불상을, 원의 아니꺼와 유원은 전통적인 불상에 티베트 모습을 입힌 불상을 만들었다. 고대 평론가들이 중국 불상을 주도했던 대표적인 조각가들의 조각풍을 평한 내용이다. 그들은 불상의 몸과 옷과의 관계가 얼마나 자연스러운가에 주목하였다.

은사 김리나 선생님은 신체 비례와 옷주름 표현을 양식 연구에서 무엇보다도 중요하게 여겼고, 대만대학의 은사 엔젠잉顔娟英 선생님은 얼굴 표현도 기준이 된다고 강조하였다. 그도 그럴 것이 우리나라 불상의 얼굴은 큰 변화가 없지만, 여러 민족에 의해 조성된 중국 불상은 그들의 심미안에 따라 얼굴의 변화가 많았다. 한족의 여러 나라와 선비족의 북위, 거란족의 요, 여진족의 금, 탕구트족의 서하, 대리백족의 대리국, 몽골족의 원, 만주족의 청 등 다양한 민족에 의해 세워진 국가에서는 그들의 심미안에 걸 맞는 불상을 조성하였다. 결국 중국 불상을 볼 때, 얼굴 표현과 신체 비례, 몸과 옷의 유기적인 관계 등 그 어느 것 하나 중요하지 않은 것이 없다.

『중국의 불상』(일지사, 2005)이 나온 지 벌써 10여년이 되었다. 그간 이 책으로 많은 학생들을 가르치면서, 여러 학자들의 질타에 귀를 기울이면서 중국 불상을 보는 관점도 바뀌었다. 두 분 은사님과 권영필 선생님, 최병헌 선생님, 해주 스님, 이주형 선생님께 특별히 감사하는 마음이다. 최근 10년간 제기된 중국 불상 이론을 섭렵하면서 다시 책을 집필하였다. 중국 불상의 출현, 불상의 중국화, 불상의 전성기, 불상의 대중화, 불상의 티베트화, 석굴의 조성… 이렇게 중국 불상의 흐름을 정리했다.

탈고 후, 여전히 고민과 두려움이 없지 않을 수 없다. 책에서 다뤘던 불상들이 중국 불상 서술에 있어서 정말 대표성을 지니고 있는지에 대한 고민과 행여 이 책이 독자들에게 잘못된 내용을 전달하지나 않을까하는 두려움이 앞서는 것도 사실이다. 그럼에도 불구하고 책 쓰기의 용기를 낼 수 있었던 것은 조금이라도 중국 불상 입문에 작은 보탬이 되기를 바라는 바람에서다.

책 출간에 많은 분들의 도움이 있었다. 흔쾌히 책 출간을 맡아준 경인문화사 한정희 대표님과 김환기 이사님, 박수진 선생님께 감사드린다. 원고 교정을 맡아 준 제자 김세영 군, 무언의 응원을 해 준 가족에게 감사하는 마음이다.

끝으로 하늘나라에서 여전히 나를 위해 기도하고 계실 어머니께 이 책을 바친다.

2018년 1월

배 재 호

Dongjin dynasty's *Gukaizhi*, Liusong dynasty's *Lutanwei* depicted a willow Buddha wearing loose clothes, Liang dynasty's *Zhangsengyao* created a Buddha whose thin clothes fully uncovers its volume, Beiqi dynasty's *Caozhongda* sculpted a Buddha that looks as if it came right out of water with its garments clinging onto its surface. Tang dynasty's *Wudaozi* designed a Buddha whose garments look as if it's been blowing in the wind, and Yuan dynasty's *Anige* and *Liuyuan* created a traditional Buddha with Tibetan features clothed on top. These are the remarks of the critics from the past about the leading sculptors of chinese buddhist sculpture and their distinct styles. Their focus was on how natural the relation was between the Buddha's body and its clothing.

My mentor Professor *Lena Kim* emphasized bodily proportion and the art of draping, and my mentor in National Taiwan University, Professor *Juanying Yan* stressed facial expression as another important factor. This being the fact that unlike korean buddhist sculpture which does not have a wide variety of facial expression, chinese buddhist sculpture constructed by various tribes possesses a variation of facial expressions depicting the diverse aesthetic measures for beauty of each tribe. Ultimately when looking at chinese buddhist sculpture, facial expression, bodily proportion, as well as the organic relation between its body and clothe are nonetheless important.

It has been 10 years since the publication of *Chinese Buddhist Sculpture*. While using this book to teach students as well as receiving constructive criticism for the last decade, my views on chinese buddhist sculpture have changed. I especially want to thank my two mentors for providing me with insights. I have rewritten this book after following and reading extensively about the theories proposed regarding chinese buddhist sculpture from the last decade. Emersion of chinese buddhist sculpture, Sinicization of Indian buddhist sculpture, Prime of chinese buddhist sculpture, Popularization of buddhist sculpture, Tibet influenced chinese buddhist sculpture, Creation of buddhist cave temple...is how I organized this book.

After finishing the writing, I still have my concerns and fears. I question myself whether the sculptures that are mentioned in the book fully represent chinese buddhist sculpture. I also am afraid of conveying the wrong information to the readers. Despite all my doubts, I was given the courage to write this book in the hopes of contributing to the study and introduction of chinese buddhist sculpture.

January, 2018

Jaeho Bae

东晋顾恺之和刘宋陆探微的佛像画笔迹周密，骨秀清像，世称"密体"；萧梁张僧繇的佛像画衣薄贴体，骨气奇伟，世称"疏体"；北齐曹仲达画佛像其体稠叠，衣服紧窄，世称"曹衣出水"，唐吴道子其势圆转，衣服飘举，世称"吴带当风"；元朝的阿尼哥和刘元雕刻的佛像传统中带有藏式的特点。这是古代评论家对中国代表性佛像艺术的评价，他们关注了佛像的身体和衣着的自然协调关系。

恩师金理那老师格外重视佛造像的身体比例和服饰的表现手法，另外恩师台湾大学的颜娟英老师则强调佛像的面部表现。韩国佛像的面部神态多没有太大的变化，但中国佛像会因造像者出身的差异，根据不同民族的审美观在面部的表现上略有不同。如汉族建立的王朝和北魏(鲜卑)、辽(契丹)、金(女真)、西夏(党项)、大理(白族)、元(蒙古)、清(满)等不同的民族建立的朝代或国家之间，佛像的风格和审美就略有差异。总之，考察中国佛像，面部表情、身体比例、身体和衣服的协调关系等因素都很重要。

《中国佛像》(一志社，2005年)出版后已过了10年多，在此期间，很多学者对本书提出了一些宝贵的修订意见，我本人对中国佛像的认识也逐渐深刻。鉴于此，在吸收近十年学界中国佛像理论研究成果的基础上，对本书做了重新的订补。全书从中国佛像的出现、佛像的中国化、佛像的全盛期、佛像的大众化、佛像的西藏化、石窟的建造等几个方面梳理了中国佛像的发展演变过程。

　　书稿完成后，心里依然存在很多顾虑和恐惧，担心书中列举的佛像是否具有代表性、此书的增订版会不会给读者传达错误的知识等等。尽管顾虑重重，但还是决定出版此书，希望能为中国佛像的深化研究做出一点贡献。

2018年 1月

裵 宰 浩

CONTENTS

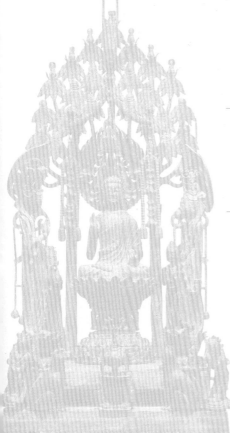

1

중국불상의 출현

불상의 전래
초기 형식의 불상
서진과 동진의 불상
오호십육국의 불상

불상의 전래

불교는 석가모니 붓다의 가르침으로, 원래 문자로 기록되지 않았다. 붓다의 열반 후, 제자들은 들었던 가르침을 정리하기 위하여 네 번의 모임(結集, Sangiti)을 가졌다. 그들은 철필鐵筆로써 패트라Pattra(야자수) 나뭇잎에 붓다의 가르침을 기록하여 대나무 소쿠리(藏, Pitaka)에 담았다.[1] 이 커다란 소쿠리가 대장大藏이며, 붓다의 가르침이 경經(Sutra)이다. 경은 제자들이 붓다로부터 들었던 가르침을 기억한 것이기 때문에 대부분 "나는 이와 같이 들었다(여시아문如是我聞)"는 문구로 시작된다.

불교가 고대 유럽이 아닌 중국으로 전래된 것은 서방에서는 이미 신적神的 체계와 사후死後 세계에 대한 구체적인 관념이 있었기 때문이다. 당시 중국에서는 유가와 도가 철학이 있었지만, 불교와 같이 내세관來世觀을 제시하는 종교는 없었다. 불교가 중국에서 궁극적으로 자리를 잡을 수 있었던 것도 사후 세계를 보장하였기 때문이다.

한족漢族 황제들은 승려들이 병역, 노역, 납세의 의무를 이행하지 않고, 독신 생활로 자손을 두지 않는 등 국가질서의 규범이 되는 충효 사상을 무시한다고 생각하였다. 그러나 북량北涼과 북위北魏의 황제들은 불교가 고통스러운 삶을 해결해 주는 답을 제공한다는 긍정적인 생각을 가지고 있었다.

불교는 후한後漢 명제明帝(57~75 재위) 때 서역의 실크로드를 통하여 처음 중국에 전래되었다.[2] 또 다른 기록에서는 이 길 외에 운남성雲南省에서 사천성四川省으로 이어지는 남방 육로(滇緬道)와 동남아시아를 경유하여 광동성廣東省에 이르는 해로를 통해서도 불교가 전래되었다고 한다.[3]

불교 전래에 있어서 가장 중요한 역할은 승려들이 담당하였다. 그들이 남긴 여행기는 승려들이 불교 전래에 얼마나 많은 공헌을 했는지 알려 준다. 법현法顯(399~412 인도여행), 현장玄奘(629~645 인도여행), 의정義淨(670~695 인도여행) 등은 대표적인 승려들이다.[4]

중국에 전래된 불교는 유교와 도교와의 갈등 속에서 네 번에 걸쳐 폐불廢佛 사건을 겪었지만,[5] 결국 중요한 종교적 지위를 차지하게 된다. 중국 불교는 한화漢化불교, 장전藏傳불교, 남전南傳불교로 구성되어 있다. 한화불교는 중국화된 대승불교로, 한어 경전을 사용한다. 장전불교는 인도 밀교가 티베트의 본교本(土)教(bon, 本波教)와 결합된 것으로, 티베트어 경전을 사용한다. 남전불교는 부파部派불교로, 빨리어Pali 경전을 사용한다.

불상도 불교와 같이 1세기 후반에 중국으로 전래되었다. 후한後漢 명제明帝 때 서방에서 온 금인金人(금동불상)을 낙양洛陽의 백마사白馬寺에 모셨다는 기록이 이를 입증해 준다. 백마사는 태상시太常寺, 태복시太僕寺, 홍려시鴻臚寺 등 중급 이상의 관청 이름에서 유래된 것과 같은 사원寺院(寺廟, 寺刹)이었거나 인도에서 온 승려들에게 자신의 집을 희사한 부유한 귀족의 고급 주택이었을 것이다.[6] 고급 주택을 활용할 경우, 사원이 일반 집들과 외관 상 차이가 없기 때문에 불탑佛塔을 집안에 세워 표시 하였는데, 초기 사원을 부도사浮圖寺, 즉 불탑(부도)이 있는 사원이라 한 것은 다 이러한 이유 때문이다.

비록 불상이 1세기 후반에 전래되었다는 기록은 있으나, 실제 불상의 예는 2세기에 들어와서야 확인된다. 이들 불상은 인도와 서역 불상의 조형을 그대로 답습하였는데, 이러한 영향에서 벗어나 불상이 중국화 되는 것은 위진남북조魏晉南北朝시대가 되어서야 가능하다. 이후 당唐나라와 오대 때가 되면 완전히 중국식으로 대중화 된 불상이 조성되기에 이른다. 원元나라 이후에는 전통적인 불상과 함께 티베트식 불상이 만들어 진다.

중국 최초의 불상은 인도와 서역에서 전래되었다.[7] 사람들은 불상이 지닌 본래의 의미를 알지 못한 채 서쪽 지방에서 온 하나의 신으로만 여겼다. 불상에 대한 이러한 인식은 후한(동한, 25~220)과 삼국(위魏·촉蜀·오吳, 220년경~270년경)시대까지 계속되었다. 이 때 불상은 독립된 예배 대상이 아니라 하나의 장식으로 표현되었다. 300년경, 인도 불상을 모델로 하여 중국에서 처음 불상이 제작되지만 여전히 붓다의 상호相好(모습)를 완전하게 이해하지는 못하였다. 불상들은 중국에서 제작되어 일부 중국화 된 것도 있지만, 대부분 인도의 영향이 농후한 이국적인 모습이었다.

놀랍게도 이들 불상은 불교가 전래되었던 실크로드 주변의 북방이 아니라 장강長江(양자강) 주변의 남방에서 확인된다. 후한시대 무덤인 애묘崖墓와[8] 무덤에서 출토된 요전수搖錢樹의 불상들은 장강 상류인 사천성에서 주로 발견된다.[9] 신정호神亭壺의 불상은 호북성湖北省에서, 동경銅鏡의 불상은 호북성과 안휘성安徽省, 강소성江蘇省 등 장강의 중하류에서 확인된다.[10] 불상들은 장강 상류인 서쪽에서 먼저 출현하여 하류인 동쪽으로 전개되었는데, 하류로 내려올수록 보다 구체적인 모습을 갖추게 된다. 즉 서쪽의 촉蜀(사천성)에서는 불상이 서왕모西王母의 모습과 별반 차이가 없지만, 동쪽인 오吳(강소성) 지방에 이르면 32상相(불상의 특징)의 하나인 백호상白毫相을 갖춘 불상이 나타난다. 중국 불상의 실크로드 전래설을 부정하고 남방전래설을 뒷받침해 주는 장강 주변의 이들 불상은 일본에까지 그 영향이 미쳤다고 한다.[11]

후한後漢(동한, 25~220)의 불상

후한의 1세기 중엽 이전에 이미 불상이 중국에 전래되었다는 기록은 여럿 남아 있다.[12] 전한前漢(西漢)의 서기전 121년(원수元狩2)에 곽거병霍去病이 흉노를 토벌할 때 얻은 금인金人을 궁중에 모셔와 예를 올렸다는 기록과[13] 후한 명제(57~75 재위)가 꿈에 본 금인을 서방으로부터 맞이하였다는 내용,[14] 후한의 초왕 영楚王 英이 붓다께 제사를 올렸다는 기록이 그것이다.[15] 또한 반초班超(42~102)가 서역에 진출할 때, 쿠샨Kushan 왕조(1세기~4세기 초)의 군대와 만났기 때문에 이 때 불교를 접하였을 가능성이 있다고 보기도 한다.[16] 그러나 불상은 인도에서조차도 1세기 후반이 되어서야 처음 출현하기 때문에 1세기 중엽에 중국으로 전래되었을 가능성은 희박하다.

2세기 후반인 환제桓帝(146~167 재위)와 영제靈帝(167~189 재위) 때가 되면, 비로소 불상 조성에 관한 믿을 만한 기록이 나타난다.[17] 154년(영흥永興2)에 환제가 황금으로 부도浮圖(불상)와 노자상을 주조하고, 여러 가지 보배로 장엄하여 궁중에서 제사를 지냈다는 『석씨계고략釋氏稽古略』의 기

사천성 낙산시 마호 애묘, 후한

록과[18] 착융窄融이 크게 부도사浮屠寺를 세우고 황금상(금동불상)을 제작하였다는 『후한서』의 내용이 그것이다.[19]

2세기 후반에 불상 조성이 가능했던 것은 안식국安息國의 안세고安世高와 안현安玄, 월씨국月氏國(월지국月支國)의 지루가참支婁迦讖과 지요支曜, 강거국康居國의 강맹상康孟祥 등 서방의 고승들이 중국에 들어와 경전을 번역함으로써 당시 사람들의 불교에 대한 인식의 폭이 넓어진 것과 무관하지 않다. 그러나 후한의 불상은 여전히 서방에서 온 신으로 간주되었다.

후한의 불상은 사천성 낙산樂山과 산동성山東省 남부(노남魯南), 강소성 북부(소북蘇北)에서 주로 확인된다.[20] 사천성 낙산의 애묘崖墓(무덤)에 새겨진 불상과 무덤에서 출토된 요전수搖錢樹 불상, 산동성 무덤의 화상석에 부조된 불상,[21] 강소성 연운항시連雲港市 공망산孔望山의 마애조상 등이 이러한 예이다. 이들 존상은 몸에 비해 머리와 손이 큰 편이며, 인도 쿠샨

마호 애묘 불좌상, 후한, 37cm

시대 불상의 조형적인 특징을 따르고 있다.

낙산 마호麻浩의 애묘 후실 문 위쪽에 부조되어 있는 불좌상은 쿠샨시대 간다라 불상과 같이 오른손을 들어 올려 설법인說法印을 결하고, 왼손으로 옷자락을 잡고 있다.[22] 불상은 무덤의 장식으로 새겨졌으며, 무덤과 같이 후한 말에 조성된 것으로 추정된다. 낙산의 시자만柿子灣에서도 마호 애묘와 같이 후실 문 위쪽에 불좌상이 새겨져 있는데, 조형적으로 마호 애묘 불좌상과 많이 닮았다. 이들 불상은 쿠샨시대 간다라 불상의 특징을 답습하고 있어서 실크로드나 남방육로를 통해 전래되었을 가능성을 모두 가지고 있다.

시자만 애묘 불좌상, 후한, 28cm

비교 예 | 간다라불좌상, 탁트이 바히 출토, 쿠샨시대, 52cm, 베를린 인도미술박물관
불좌상은 이목구비가 분명한 얼굴을 가지고 있으며, 왼손으로 옷자락을 잡고 오른손은 들어 올려 설법인을
결하고 있다.

사천성 팽산影山의 애묘에서 출토된 후한시대 요전수 대좌에서도 불상이 확인된다. 무덤 부장품인 요전수는 승선昇仙의 뜻을 지닌 신수神樹로서,[23] 후한시대에 사천성을 중심으로 유행하였다. 월주요越州窯 계통의 청자로 만든 대좌에는 불상 양옆에 중국인과 외국인이 함께 표현되어 있다. 그 아래에는 이 세상과 사후 세계를 연결해 준다는 벽璧이 있고, 두 마리의 용이 벽을 마주보고 있다. 불상은 통견식通肩式으로 옷을 입고 있으며, 큰 육계와 가지런히 빗어 내린 머리카락을 갖추고 있다. 다수의 요전수에서 불상이 서왕모西王母의 자리를 대신하고 있는 것은 중국 전통의 신과 동일시한 당시의 관념에서 비롯되었다. 사천성 면양시박물관綿陽市博物館의 요전수 불상도 낙산 애묘의 불상들과 같이 오른손으로 설법인을, 왼손으로 옷자락을 잡고 있다.

요전수 대좌, 사천 팽산 애묘 출토, 후한,
높이 21.4cm, 남경박물원

장강 주변에서 발견되는 이들 불상 외에 강소성 연운항시의 공망산 마애조상과 내몽골內蒙古 허린걸和林格爾 무덤에서도 초기 형식의 불상들이 확인된다. 도가적道家的인 분위기 속에서 조성된 공망산 마애조상에는 불상과 5존의 승려상, 불전도佛傳圖, 열반상涅槃像 등이 부조되어 있다.[24] 한쪽 다리를 내밀고 걸어가고 있는 불입상은 유행상遊行像(經行像)이다. 쿠샨시대 간다라 불상과 닮은 이러한 불상이 어떻게 중국 동해안의 공망산까지 전래되었는지에 대해서는 알 수가 없다.

후한시대에 조성된 허린걸 무덤에서도 불교적인 주제가 확인된다.[25] 무덤 속 벽면에는 46개의 주제가 그려져 있으며, 이 중 불교적인 내용

요전수 불상,
사천 면양시 출토,
후한, 잔고 76cm,
면양시박물관

공망산 마애조상, 후한

허링걸 벽화묘,
160년경

은 전실 벽면에서 확인된다. 즉 남벽에는 "□인기백상□人騎白象"이라는 먹 글씨와 함께 붓다의 탄생과 관련되는 코끼리를 타고 있는 사람이 그려져 있고, 북벽엔 붓다 열반과 연관되는 "사리猞利"라는 먹 글씨가 있다. 묘 주인은 알 수 없지만, 160년경 오환족烏桓族(북방 민족)의 것으로 추정된다.

후한의 불상은 대부분 통견식으로 옷을 입고 오른손은 들어서 손바닥을 내보이는 설법인을 결하였으며, 왼손으로 옷자락을 잡고 있다. 이러한 수인은 쿠샨시대 간다라 불상에서 유래되었지만, 불상을 도상적으로 이해하고 조성한 것이 아니었다.

불상들은 공망산 마애조상과 허린걸 무덤을 제외하곤, 대부분 사천성에 집중되어 있다. 불상이 실크로드를 통하여 3세기 말 서진西晉에 전래되기 전 이미 남방에서 초기 형식의 불상이 출현한 것이다. 비록 불상이 장식의 하나이긴 하지만 실크로드가 관통하는 북방에서 먼저 나타나야 하는 것이 상식인데, 그렇지 않은 것이다.[26] 이러한 특이한 현상의 배경에는 두 가지 가능성이 있다고 본다. 즉 후한 영제靈帝의 188년(중평中平5)에 일어난 난을 피하여 장안長安(서안西安)을 중심으로 활동하던 중원中原(장안과 낙양) 지방의 장인들이 사천성으로 내려와 불상을 조성하였다는 것이다.[27] 또 다른 가능성은 불상의 남방전래설로, 후한 환제의 연희延熹 연간(158~167)에 중국 남방과 남해南海(동남아시아)의 여러 나라들이 활발하게 교역함으로써 불상이 전래되었다는 것이다.

삼국의 불상

도세道世(~683)의 『법원주림法苑珠林』(당, 668년)에는 오나라 손권孫權의 아들 손호孫皓가 부처님 오신 날에 소변으로 불상을 목욕시켰다는 기록이 있다. 이는 당시 사람들이 가지고 있던 불교에 대한 부정적인 인식을 보여준다. 그러나 손권은 건초사建初寺를 건립하고 강승회康僧會 등 외국 승려들이 경전을 번역하는데 적극적으로 후원함으로써 불교가 중국에서 자리 잡는데 중요한 역할을 하였다.[28] 삼국의 불상들은 주로 소남蘇南(강소성 남부)과 절북浙北(절강성浙江省 북부) 지방에서 출토된 신정호와 동경의 장식으로 표현되었다.

월주요 청자로 만들어진 신정호는 혼병魂甁, 곡창관穀倉罐, 퇴소관堆塑罐, 골회담骨灰壜, 불사관佛寺罐 등 여러 가지 이름으로 불린다.[29] 지금까지 발견된 신정호 중에서 가장 이른 예는 절강성 승현嵊縣 대당령大塘嶺에서 출토된 257년(태평太平2)명 신정호이며,[30] 같은 성省 소산시蕭山市 소전진所前鎭의 무덤에서 출토된 동진東晉의 322년(영창永昌원년)명 선정호가 가장 늦은 예이다.[31] 신정호는 삼국시대부터 동진시대까지 강소성과 절강성 등 장강 하류에서 주로 조성되었다.[32]

참고 예 | 신정호, 오 273년, 34.8cm, 남경박물원

참고 예 | 신정호, 오, 47.5cm,
진강시鎭江市박물관

신정호의 불상은 월주요 청자의 장식에 불과하지만, 강소성 금단시金壇市 당왕唐王에서 출토된 3세기 후반의 신정호에서는 불상의 구체적인 특징이 나타난다. 그렇다고 하여 신정호에 불교적인 의미가 부여된 것은 아니었다. 비록 신정호의 불상이 점점 배부분에서 목부분으로 그 위치가 바뀌지만, 불상이 정말 종교성을 지녔다면, 다른 장식보다 크거나 중요한 위치에 배치되는 것이 상식이다. 불상은 여전히 죽은 사람의 영혼을 영매靈媒하여 승천하는데 도움을 준다고 여겼던 새나 악기를 연주하는 사람들과 함께 장식의 하나로 표현되었다. 애묘와 요전수 불상의 설법인과 달리, 불상이 선정인을 결하고 대좌에 사자가 표현된 것은 분명 새롭게 나타난 도상적인 변화들이다.

도가道家의 법기法器로 추정되는 오나라 동경에도 불상이 장식으로 표현되어 있다. 약 30여 점에 이르는 이들 동경은 대부분 270년경부터 350년경까지 조성되었다.[33] 동경은 호북성과 강소성 뿐만아니라 일본의 고훈(고분古墳)시대 무덤에서도 출토된다. 일본에서 출토된 동경 중에는 오나라 장인의 이름이 새겨진 것도 있다.[34] 또한 삼국시대 위魏나라의 238년(경초景初2)에 왜국 여왕에게 동경 100매枚를 주었다는 기록도 있는데, 이들 동경은 강소성 서주徐州에서 제작되었다. 물론 일본에서는 이들 동경에 근거하여 불교와 불상이 고훈시대에 이미 전래되었다고 생각하는 사람은 아무도 없다.

쿠샨시대 간다라 불상과 닮은 동경의 불상들은 광배와 연화대좌를 갖추고 있다. 호북성 악주시顎州市 악강顎鋼 오리돈五里墩에서 출토된 동경에는 3존의 불좌상과 1존의 보살반가사유상이 함께 표현되어 있다.[35] 불상들은 두광을 갖추고 연화좌 위에 앉아 있다. 대좌에는 용으로 보이

동경, 오리돈 출토, 오, 지름16.3cm, 중국국가박물관

는 동물들이 표현되어 있다. 한편 악주시에서 출토된 도자로 만든 261년 (영안永安4)명 불좌상은 이제 더 이상 불상이 장식의 하나가 아니었다는 것을 예고해 준다. 불상은 통견식으로 옷을 입고 있으며, 선정인禪定印을 결하고 있다.[36]

삼국시대 불상은 오른손으로 설법인을 결하고 왼손으로 옷자락을 잡던 후한의 불상과 달리, 주로 선정인을 취하고 있다. 그러나 불상은 여전히 중국의 전통적인 신들과 함께 표현되고 있어서 독립적인 예배 대상으로서 완전히 자리잡은 것은 아니었다.

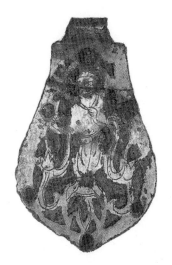

주목되는 사실은 이 시기에 불상 뿐만 아니라 보살상도 조성되었을 가능성이 있다는 점이다. 호북성 무창시武昌市 연계사蓮溪寺의 팽려彭廬 무덤에서 출토된 금동편의 보살입상이 그 예이다.[37] 오나라 262년(영안永安5)에 조성된 것으로 추정되는 이 상이 불교 존상인지에 대해서는 여전히 많은 논란이 있다. 이것이 정말 보살상이 맞다면, 3세기 후반에 보살상까지 만들 정도로 불교 도상에 대한 인식이 넓어진 증거로 볼 수 있다.

금동편 보살입상, 팽려무덤 출토, 오 262년,
높이 4.9cm, 폭 3.1cm, 호북성박물관

서진과 동진의 불상

　　후한과 삼국의 불상이 도상적으로 완전
하게 이해하지 못한 상태에서 조성된 것과 달리, 서진 때의 불상은 32상
80종호(상호相好)에 근거하여 만들어진다. 현존하는 예는 거의 없지만,
서진의 불상은 기록에서 다수 확인된다. 『고승전高僧傳』에는 함화咸和 연
간(326~334)에 윤고리尹高悝가 아육왕阿育王(Aśoka, 아쇼카왕, 서기전 268~232)의
넷째 딸이 만든 금불상을 얻었다는 내용이 있고,[38] 『낙양가람기洛陽伽藍
記』에는 266년(태시泰始2)에 순욱荀勖이 조성한 불보살금상佛菩薩金像 12존
이 소의니사昭儀尼寺에서 출토되었다는 기록이 있다.[39] 아육왕의 불상은
인도 불상의 전래를, 순욱의 불상은 중국에서의 불상 제작을 뜻한다.
이들 기록은 서진시대에 외국에서 불상이 전래되었고, 이 불상을 모델
로 하여 중국에서 불상이 제작되었다는 것을 알려 준다.[40] 주목되는 사
실은 이전과 달리 이들 불상이 장식의 하나가 아니라 단독상으로 조성
되었다는 점이다. 이때 이미 낙양에 42개의 사원이 있었다는 『낙양가
람기』의 기록은 법당에 봉안되었던 단독의 불상을 연상하게 만든다.[41]

불좌상, 서진, 16.2cm, 북경고궁박물원

도자기 전공자 천완리陳萬里가 북경고궁박물원故宮博物院에 기증한 불좌상
이 현존하는 서진 불상의 유일한 예로, 월주요越州窯 청자로 만들어졌다.

317년, 서진 왕실이 남하하여 동진東晉(317~420)을 세운다. 불상은 동
진시대에 일대 전환기를 맞는다. 불상은 더 이상 모호한 모습이 아니라
그 성격을 분명히 이해한 상태에서 구체적으로 표현되기 시작한다. 불
교 도상에 대한 이해가 깊어진 것은 경전의 한역漢譯이 활발하게 이루어
졌기 때문이다. 구마라집鳩摩羅什(344~413), 담무참曇無讖(385~433), 불타발
타라佛馱跋陀羅(359~429) 등 서방에서 온 승려와 도안道安(312~385), 혜원慧
遠(334~416), 승조僧肇(374~404), 도생道生(355~434) 등 중국인 승려들은 적

극적으로 경전을 번역하였다. 이러한 분위기는 황제들의 적극적인 후원 속에서 가능하였다. 동진의 명제明帝(322~325 재위)는 "손으로는 여래의 모습을 그리고, 입으로는 삼매의 뜻을 음미하였다(手畵如來之容, 口味三昧之旨)"고 기록될 정도로 불교에 심취해 있었다.

불상은 이제 석가모니 붓다의 모습으로 인식되어 독립된 예배 대상으로서 자리 잡기 시작한다. 도안이 제자 법우法遇와 함께 미륵상 앞에서 도솔천兜率天에 왕생하고자 서원했다는 『고승전』의 기록은 4세기 전반에 이미 석가모니불상 외에도 미륵상이 조성되었음을 알려 준다.[42] 동진 불교의 중심은 법현法顯이 인도 여행을 마치고 돌아와 활동하던 남경南京과 혜원이 있던 강서성江西省 여산廬山이었다. 비록 남경에서는 당시의 불상이 거의 발견되지 않았지만, 정황상, 불상이 활발하게 조성되었던 것은 분명하다. 여산은 혜원이 402년(원흥元興원년)에 123명으로 구성된 불교신앙단체 백련사白蓮社와 함께 반야대정사般若臺精舍의 무량수불 앞에서 재齋를 올리고, 서방극락정토에 함께 태어나기를 기원했던 곳이다.[43] 이는 중국 최초의 무량수불상과 그 신앙에 대한 기록이다.[44]

한편 동진에서 다양한 불상이 만들어진 배경에는 수준 높은 문화도 한몫하였다. 시성詩聖 도연명陶淵明(365~427), 서성書聖 왕희지王羲之(321~379), 화성畵聖 고개지顧愷之(346~407)는 동진 문화를 이끌었던 대표적인 예술가들이다. 조각가로는 대규戴逵(326~392/396)가 있는데,[45] 그는 와관사瓦官寺에서 5존의 금동불상과 아미타삼존상, 장육丈六불상을 조성하였다. 대규의 불상 조성 태도는 3년에 걸쳐 여러 사람들의 의견을 듣고 목조무량수불상을 조성하였다는 일화에서도 알 수 있다.[46] 이는 그가 인도와 서역의 불상을 단순하게 모방만 한 것이 아니라 철저하게 당시 사람들의 심미안에 맞추어 창작하였다는 것을 알려 준다. 대규의 이러한 자세는 고개지에서도 볼 수 있다. 그는 금릉金陵(남경)의 와관사瓦官寺

금동판, 진강시 출토, 동진, 높이 5.1cm, 폭 2.8cm, 진강시박물관

북소전北小殿에 봉안할 유마힐상維摩詰像을 몇 개월에 걸쳐 완성하였다. 이 상은 "말하지 않으나 말하는 것 같고, 수염이 움직이지 않으나 움직이는 것 같다"고 할 정도로 사실적인 모습이었다. 대규와 고개지는 당시 사람들의 미의식에 걸맞는 불상을 조성함으로써 중국 불상의 서막을 열었다고 볼 수 있다.

416년(의희義熙12), 공제恭帝(418~420 재위)는 천만전千萬錢을 들여 장육금상丈六金像을 만든 다음, 와관사에 봉안하였다.[47] 귀족과 승려들도 아육왕상阿育王像, 석가모니불상, 무량수불상, 서방삼성상西方三聖像, 현겁천불상賢劫千佛像, 고승 초상 등 다양한 존상을 조성하였다.[48] 이 중 아육왕상에 대한 기록이 가장 많이 확인되는데, 이는 인도 마우리아Maurya 왕조의 아쇼카왕Asoka(아육왕)의 전설적인 이야기가 동진에서 유행하였기 때문이다.[49] 그러나 많은 기록에도 불구하고 현존하는 이 시기의 아육왕상은 남아 있지 않다. 1979년, 강소성 진강시鎭江市에서 발견된 금판에 새겨진 불입상이 불교 존상이 맞다면, 동진 불상의 유일한 예이다.

오호십육국의 불상

　　오호십육국은 4세기와 5세기 전반에 중국 북방에 있었던 2조趙, 3진秦, 4연燕, 5량涼, 하夏, 성한成漢을 말한다. 이들은 대부분 불교에 대하여 호의적이었는데, 이 중 후조後趙(319~351), 전진前秦(351~394), 후진後秦(384~417), 북량北涼(397~439)의 왕이 가장 적극적으로 불교를 후원하였다. 전진前秦의 부견符堅, 후진後秦의 요흥姚興, 북량北涼의 저거몽손沮渠蒙遜, 후조後趙의 석륵石勒과 석호石虎 등이 그들이다. 고구려에 불교를 전해 준 부견은 도안道安(불도징佛圖澄(232~348)의 제자)을 정치적인 조언자로 삼았고, 구마라집鳩摩羅集(344~413)을 쿠차Kucha에서 모셔 왔다. 저거몽손은 인도에서 온 담무참曇無讖을 국사로 삼았다. 석륵과 석호는 310년(영가永嘉4)에 쿠차에서 온 불도징佛圖澄을 적극적으로 후원하였으며, 이러한 분위기 속에서 당시 후조에는 893개의 사원이 있었다.[50]

　　오호십육국의 왕들이 특별히 불교에 대하여 호의적이었던 것은 불교가 그들과 같이 서쪽에서 온 종교로, 통치 이념을 제공해 줄 수 있었기 때문이다. "짐朕은 변방에서 태어났다. 한미寒微하지만 정해진 운명에 따라 군주로서 한족을 다스려 나갈 것이다. 이방의 신神, 붓다는 바로 우리가 숭배해야 할 대상이다"라는 후조의 335년(건무建武원년)에 한 군주가 내린 칙령은 이러한 상황을 잘 대변해 준다.[51] 왕들은 당시 최고의 지식인이던 승려들에게 나라 일에 대하여 자문을 구했고, 승려들도 불교의 입지를 다지고자 적극적으로 호응하였다.

오호십육국의 불상은 감숙성甘肅省 량주涼州(무위武威), 섬서성陝西省 장안, 하북성河北省 업성鄴城(임장臨漳)을 중심으로 활발하게 조성되었다. 량주와 장안은 당시 정치적인 중심지였고, 하북성은 초기의 금동불상이 가장 많이 제작되던 곳이었다.[52] 량주의 담무참, 장안의 구마라집, 업성의 불도징과 도안은 불경의 한역 뿐만아니라 불상 조성에도 중요한 역할을 했던 것으로 추정된다.

4세기 이후, 량주, 장안, 업성, 건업(남경)을 중심으로 단독의 금동불상이 조성되었다. 량주에서는 금동불상이 출토된 예가 거의 없지만, 량주식 불상이라고 할 만큼 많은 불상이 조성되어,[53] 돈황敦煌 막고굴莫高窟과 대동大同(평성平城)의 운강雲岡석굴에까지 조형적인 영향을 미쳤다.[54] 지금까지 금동불상은 하북성 석가장石家庄과 감숙성 경천涇川 등지에서 주로 출토되었다.[55]

금동불상은 인도와 서역에서 전래되었거나 그 영향을 받아 중국화된 것이다. 이러한 상황은 기록에서도 확인된다.[56] 법현이 414년(의희義熙10)에 다마리제국多摩梨帝國에서 불상을 그려서 귀국할 때, 작은 인도 불상을 함께 가지고 온 사실과[57] 사자국獅子國(스리랑카) 국왕이 4척 2촌의 옥불상玉佛像을 보내왔다는 기록이 그것이다.[58] 한편 유요劉曜의 322년(광초光初5)에 부도징浮圖澄이 석가상을 만들었다는 송나라 [월부도징조석가상비越浮圖澄造釋迦像碑]의 내용은 중국화된 불상을 연상하게 한다.[59]

- ● 참고 예1 | 금동불두, 호탄 출토, 3∼4세기, 17cm, 실크로드연구소
- ●● 참고 예2 | 석조불좌상, 아프가니스탄 출토, 쿠샨시대, 50.8cm

　　4세기의 금동불상은 전반의 비교적 큰 것과 후반의 10cm도 되지 않
는 것으로 구분된다.[60] 불상은 모두 통견식으로 옷을 입고 사자가 표현
된 대좌 위에서 선정인을 하고 있다. 4세기 전반의 금동불상은 인도의
쿠샨시대 간다라 불상의 영향을 받아 중국화된 것이다. 하버드대학미
술관Harvard Art Museums의 금동불좌상과 후지사이세이카이유린칸藤井齊成
會有隣館(후지유린칸)의 금동보살입상에서는 간다라 불상의 영향이 확인되
며, 338년명 금동불좌상과 교토京都국립박물관의 금동불입상에서는 보
다 중국화된 불상을 볼 수 있다.

금동불좌상, 4세기 전반, 32.9cm, 하버드대학미술관

하북성 석가장에서 전래된 하버드대학미술관의 금동불좌상은 통견식으로 옷을 입고 선정인을 결한 채 가부좌하고 있다.[61] 불상은 콧수염이 표현된 뚜렷한 이목구비와 살짝 내민 가슴, 탄력적인 팔다리, 입체적인 옷주름 표현에서 쿠샨시대 간다라 불상의 조형적인 특징이 확인된다. 특히 비슷한 시기에 중국에서 조성된 손으로 배를 덮고 있는 선정인 불좌상과 달리 손바닥을 위로 향하게 한 모습에 근거하여 인도에서 직접 가져왔을 가능성이 제기되기도 한다. 그러나 대좌 정면의 만병滿甁(pūrṇaghata)에서 피어난 연꽃과 입을 벌려 혀를 내밀고 있는 사자, 측면의 제자상에서 중국화된 모습을 엿볼 수 있다. 결국 불상은 간다라 불상을 모델로 하여 중국에서 조성된 것이다.[62] 육계 윗부분에는 쿠샨시대 간다라 불상과 같이 사리舍利를 봉안하기 위한 구멍이 깊게 뚫려 있다.[63] 양쪽 어깨 위에 표현된 불꽃 형태의 빛은 석가모니 붓다가 깨달음을 위해 수행할 때 몸에서 나왔다는 광명과 관련된다.[64]

섬서성 삼원현三原縣에서 출토된 후지유린칸의 금동보살입상은 중국 고대 청동기와 성분이 달라 중국에서 제작되지 않는 것으로 보기도 한다. 보살상은 얼굴이 둥글고 눈이 깊이 파였으며, 오뚝한 코를 지니고 있다. 상반신은 거의 벗은 상태이며, 하반신은 치마(군의裙衣)를 입고 있다. 꽃문양의 원형 목걸이와 용머리 장식을 한 ㄴㅣ자 목걸이를 이중으로 착용하고 있다. 마주보고 있는 용머리 장식 사이에는 방형 함函이 표현되어 있다. 사자 문양이 장식된 귀걸이와 샌들을 갖추고 있으며, 왼손으로는 정병을 들고 있다. 이러한 특징은 쿠샨시대 간다라 보살상에서 흔히 볼 수 있다. 그러나 보살상은 중국 사람의 신체 비례를 하고, 서역의 소조불상과 같이 유려한 옷주름을 갖추고 있어서 쿠샨시대 간다라 보살상과는 다소 차이를 보인다. 왼손에 쥔 정병은 인도에서 바라문(브라흐만, Brahman)이 외출할 때, 갈증을 해소하기 위해 물을 담던 것이다. 미륵보살이 미래의 인간 세상에서 바라문의 신분으로 태어난다는 것에 근거하여 바라문의 지물持物인 정병을 든 보살을 인도에서는 미륵보살로 간주한다. 이 보살상과 닮은 모습의 보살상이 독일 쾰른동아시아박물관Museum fur Ostasiatische Kunst Koln과 북경고궁박물원에도 소장되어 있다.

금동보살입상, 4세기, 33.6cm, 후지유린칸

금동보살입상, 뒷면

비교 예 | 금동보살입상, 4세기, 17.5cm, 북경 고궁박물원

비교 예 | 간다라 보살상, 쿠샨시대
후지유린칸 금동보살입상과 같이 이중의 목걸이
장식을 하고 있다.

금동보살입상 뒷면

금동불좌상, 후조 338년, 39.4cm,
샌프란시스코 아시아미술관

간다라 불상의 영향에서 어느 정도 벗어나 중국화된 불상들도 만들어지는데, 현존하는 최고의 기년명 불상인 후조의 338년명 금동 불좌상이 그 예이다.[65] 불상이 출토된 하북성 석가장은 이 시기 금동불상이 가장 활발하게 제작되던 곳으로, 이는 하북성에서 금이 많이 생산되고 후조의 왕들이 적극적으로 불교를 후원함으로써 가능하였다. 불상은 통견식으로 옷을 입고 선정인을 결한 채 가부좌하고 있다. 둥근 얼굴에 가지런히 빗어 내린 머리카락, 넓고 편평한 이마, 부은 듯한 눈두덩에서 중국 사람의 특징이 보인다. 마치 한나라 무덤에서 출토된 인물상을 보는 듯하다. 그럼에도 불구하고 서역의 영향을 받은 듯한 후리부리한 눈에서는 불도징佛圖澄과 같이 후조에 와 있던 서역 승려들과 관련될 가능성을 짐작하게 한다.[66] 이러한 특징은 서진의 420년에 조성된 병령사炳靈寺석굴 169굴의 불좌상에서도 볼 수 있다.(p.243) 대좌 정면에 뚫려 있는 세 개의 구멍은 하버드대학미술관의 금동불좌상과 같이 중앙에 화병을, 양측에 사자를 따로 주조하여 고정하기 위한 것이다.

비교 예 | 금동불좌상, 뚝섬출토, 삼국시대 5세기 전반, 4.9cm, 국립중앙박물관
불좌상은 사자가 표현된 방형대좌 위에 선정인을 결한 채 가부좌하고 있다.

금동불삼존상, 하북성 석가장 출토, 4세기 후반,
17.6cm, 하북박물원

　　4세기 후반이 되면, 4세기 전반에 조성된 중국화된 불상을 모델로 하여 소형의 불상이 조성된다. 하북성 석가장에서 출토된 금동불삼존상은 광배, 대좌, 천개天蓋를 모두 갖추고 있어서 당시 불상의 완전한 조형을 이해하는데 많은 도움을 준다.[67] 불상은 338년명 금동불좌상과 조형적으로 유사하며, 초기 금동불상의 전형적인 특징인 방형 대좌를 갖추고 있다.

금동불입상, 4세기 후반, 15.8cm, 교토국립박물관　　　금동불좌상, 하 429년, 19cm, 오사카시립미술관

　　4세기 후반에는 좌상 외에 입상도 조성되었다. 교토국립박물관의 금
동불입상은 불입상 중에서 가장 이른 예이다. 쿠샨시대 간다라 불상
과 같이 콧수염이 있지만, 중국화된 모습이다. 불상은 가지런히 빗어
내린 머리카락과 매끈하게 처리된 육계를 갖추고 있다. 옷자락 왼쪽 아
래의 마름모형 주름은 하버드대학미술관 금동불좌상의 것과 많이 닮
았다.(p.38) 대좌 측면에 새겨진 "아홉 구의 불상을 만들었다(造像九軀)"
는 명문은 함께 조성한 불상들이 더 있었음을 알려 준다. 그러나 대좌와 불상이 원래 한 세트가 아니라 후대에 조합한 것이기 때문에 명문은 그렇게 중요한 의미를 지니진 않는다. 불상은 붉은 빛을 머금은 초기의 금동불상과 달리, 북위시대 금동불상과 같은 황금색을 띠고 있다.

4세기 후반에 유행했던 금동불좌상은 5세기에도 계속해서 만들어진다. 불상은 여전히 통견식으로 옷을 입고 선정인을 결한 채 사자가 표현된 방형 대좌 위에서 가부좌하고 있다. 그러나 얼굴이 보다 중국화되었으며, 좌우대칭이던 옷주름 표현도 흐트러지기 시작한다. 감숙성 평량平凉에서 발견된 하夏나라 429년(승광勝光2)명 금동불좌상이 이러한 예이다.[68] 불상은 광대뼈가 살짝 나온 얼굴과 상·하단으로 구성된 대좌에서 상당히 중국화 되었음을 엿볼 수 있다. 이 시기의 다른 불상과 달리, 불상과 대좌를 함께 주조한 것도 주목된다. 5개의 돌기로 이루어진 육계의 머리카락은 『방광대장엄경方廣大莊嚴經』에 붓다의 머리카락이 오만자五卍字 모양이라고 한 32상의 기록과 일치한다.[69]

한편 북량에서는 불탑 조성이 유행하였는데, 지금까지 감숙성 돈황과 주천酒泉에서 20여 개가 발견되었다.[70] 불탑은 대부분 30cm부터 45cm 사이의 크기로, 420년경부터 430년경까지 조성되었다. 탑신 윗부분에는 과거칠불過去七佛을 상징하는 7존의 불좌상과 1존의 미륵보살교각상이 조각되어 있다.[71] 주목되는 것은 이들 존상과 대좌에 새겨진 팔괘八卦의 방향이 정확하게 일치한다는 점이다. 즉 유위불維衛佛은 진괘震卦와, 미륵보살은 간괘艮卦와 같은 방향에 배치하였는데, 이는 『주역周易』[설괘說卦]의 "제출어진帝出於震"의 관념을 따른 것이다.[72]

정단인 불탑, 북량 436년,
42.8cm, 주천박물관

　　주천에서 출토된 436년(태연太延2)명 정단인程段儿 불탑은 북량 불탑의 대표적인 예로,[73] 탑신에는 『증일아함경增一阿含經』의 내용과 팔괘, 공양자상이 새겨져 있다. 윗부분의 감실 속에는 선정인을 결한 채 가부좌한 과거칠불과 교각 자세의 미륵보살이 조각되어 있다. 이러한 감실 배치는 인도 불탑 가장 자리의 감실에서 유래되었다. 북량 불탑의 과거칠불과 미륵보살은 삼세불三世佛의 초기 유형으로서, 오른쪽 방향으로 과거불(제1불~제6불), 현재불(제7불 석가모니 붓다), 미래불(미륵보살)의 순서로 배치되었다.

1   중국에서는 패트라 나뭇잎을 패엽貝葉이라 하여 패엽경으로 불렀다.

2   서기전 138년, 전한前漢의 장건張騫이 페르가나Fergana의 말을 구하기 위하여 월씨국月氏國(Bactria)
    에 원정하면서 실크로드가 개척되었다. 한편 후한 명제 때, 월씨국의 카니슈카왕Kanishka이 서역
    에 진출하면서 이 때 불교가 전래되었다고 보기도 한다. 실크로드의 문화적 성향에 대해서는 다
    음의 연구를 참고할 만 하다. 권영필, 『실크로드의 에토스』, 학연문화사, 2017.

3   南方絲綢之路文化論編寫組編, 『南方絲綢之路文化論』, 昆明: 雲南民族出版社, 1991; 杭侃, 「關于
    早期帶有佛敎因素文物的幾點思考」, 『朶雲』 60(2004), pp. 104~114; 林樹中, 「早期佛像輸入中國的
    路線與民族化民俗化」, 『朶雲』 60(2004), pp. 63~86.

4   小野勝年, 「求法僧の往來」, 『雪村友梅と畫僧愚中』, 京都: 明文舍, 1982, pp. 1~9.

5   북위 태무제太武帝(446~451), 북주 무제武帝(574~577), 당 무종武宗(841~846), 후주後周 세종世宗
    (955) 때 각각 폐불이 있었다.

6   『洛陽伽藍記』, T. 51, No. 2092, pp. 999~1022中.

7   『法苑珠林』 卷13, [敬佛篇]6, T. 50, No. 2122, p. 406上.

8   唐長壽, 「樂山麻浩柿子灣崖墓佛像年代新探」, 『東南文化』 1989-2, pp. 69~74; 南京: 南京博物院
    編; 『四川彭山漢代崖墓』, 北京: 文物出版社, 1991.

9   吳焯, 「四川早期佛敎遺物及其年代與傳播途徑的考察」, 『朶雲』 60(2004), pp. 87~103; 入澤崇, 「神仙
    佛陀」, 『東南文化』 1992-3 ·4, p. 65.

10 Wu, Hung, "Buddhist elements in early chinese art 2nd and 3rd centuries A. D.," Artibus Asiae, vol. 47, no.
    3(1986), pp. 263~352.

11 南京博物院 等 編, 『佛敎初傳南方之路』, 北京: 文物出版社, 1993; 阮榮春, 「初期佛敎傳來의 南方루
    트에 대한 硏究-최근 중국 南方 출토의 불교유물을 통하여」, 『美術史硏究』 10(1996), pp. 3~19.

12 水野淸一, 「中國における佛像のはじすリ」, 『佛敎藝術』 7(1950.5), pp. 39~64.

13 『歷代三寶紀』 卷2, T. 49, No. 2034, p. 29中.

14 『歷代三寶紀』 卷2, T. 49, No. 2034, p. 32上; 卷4, p. 49中.

15 『後漢書』 卷72, [列傳]32, 楚王英傳.

16 高田修, 『佛像の起源』, 東京: 岩波書店, 1967, pp. 134~153.

17 Soper A. C., "Literary evidence for early Buddhist art in China: pseudo-foreign images," Artibus Asiae, vol. 16,
    no. 1(1953), pp. 83~110.

18 『釋氏稽古略』 卷1, [桓帝], T. 49, No. 2037, p. 767下.

19 『後漢書』 卷103, [列傳]63, 陶謙傳.

20 史占揚, 「西南川滇緬印古道探論-兼述早期佛敎之南傳入蜀」, 『東南文化』 1991-3 ·4, pp. 62~72; 吳
    焯, 「四川早期佛敎遺物及其年代與傳播途經的考察」, 『文物』 1992-11, pp. 30~31.

21 文化部文物管理局, 『沂南古畵像石墓發掘報告』, 1956, p. 66, 도. 42.

22 唐長壽, 「樂山麻浩柿子灣崖墓佛像年代新探」, pp. 69~74.

23 于豪亮, "錢樹", "錢樹座" 和魚龍漫衍之戱」, 『文物』 1961-11, pp. 43~45; 趙殿增·袁曙光, 「從"神樹"
    到"錢樹"-兼談"樹崇拜"觀念的發展與演變」, 『四川文物』 2001-3, pp. 3~12; 羅世平, 「早期佛敎가
    진입된 四川 경로-요전수불상을 중심으로-」, 『美術을 通해 본 中國史』, 中國史學會 第5回 國際學
    術大會論文集, 2004, pp. 373~375.

24 俞偉超·信立祥, 「孔望山摩崖造像的年代考察」, 『文物』 1981-7, pp. 8~15; 閻文儒, 「孔望山佛敎造像
    的題材」, 『文物』 1981-7, pp. 16~19; 步連生, 「孔望山東漢摩崖佛敎造像初辨」, 『文物』 1982-9, pp.
    61~64.

25 內蒙古自治區博物館文物工作隊, 『和林格爾漢墓壁畵』, 北京: 文物出版社, 1978.

26 阮榮春, 「早期佛教造像的南傳系統」, 『藝術學』 4(1990. 3), pp. 89~105; 「初期佛像傳來의 南方루트에 대한 연구−최근 중국 南方 출토의 불교 유물을 통하여」, pp. 3~19; 「早期佛教造像的南傳系統」, pp. 89~105; 金子典正, 「後漢時代中原地域 於ける 佛教信仰成立の一樣相−中國初期佛像の成立背景として−」, 『美術史研究』 43(早稻田大學, 2005), pp. 59~80.

27 서진 말인 307년(영가永嘉원년)부터 317년(건무建武원년)까지 중원 지방의 사람들이 촉신독도蜀身毒道를 통하여 상당수 남하하였다. 吳焯, 「佛教蜀身毒道傳播說質疑」, 『東南文化』 1992−5, pp. 159~168.

28 『高僧傳』 卷1, [康僧會], T. 50, No. 2059, p. 325中; 『歷代三寶紀』 卷5, T. 49, No. 2034, p. 59中; 『佛祖歷代通載』 卷6, T. 49, No. 2036, p. 516上; 『釋氏稽古略』 卷1, T. 49, No. 2037, p. 771下.

29 신정호란 신이 사는 집을, 혼병은 죽은 사람의 영혼을 담는 병을, 곡창관은 망자가 내세에 먹을 볍씨를 담던 관[그릇]을, 퇴소관은 중첩되게 쌓아올려 만든 그릇 형태를, 골회담은 뼈를 담던 그릇을, 불사관은 절을 연상하게 하는 전각이 표현된 그릇을 뜻한다. 謝明良, 「三國西晉時期越窯靑瓷所見的佛像裝飾」, 『故宮學術季刊』 3−1(1985. 9), pp. 35~68.

30 嵊縣文管會, 「浙江嵊縣大塘岭東吳墓」, 『考古』 1991−3, pp. 206~216.

31 沈作霖, 「浙江紹興鳳凰山西晉永嘉七年墓」, 『文物』 1991−6, pp. 59~63.

32 小南一郎, 「神亭壺と東吳の文化」, 『東方學報』 65(京都, 1993), pp. 223~312; 長谷川道隆, 「吳·晉(西晉)墓出土神亭壺 − 系譜および類型を中心に」, 『考古學雜誌』 71−3(1986. 3), pp. 61~78; 金子典正, 「三國~西晉時代の神亭壺にみる佛像と成立の背景」, 『佛教藝術』 297(2008. 3), pp. 13~42.

33 王仲殊, 「論吳晉時期的佛像夔鳳鏡」, 『考古』 1985−7, pp. 636~643.

34 王仲殊, 「日本三角緣神獸鏡綜論」, 『考古』 1984−5, pp. 468~479; 『三角緣神獸鏡』, 東京: 學生社, 1992.

35 顎州市博物館, 『顎州銅鏡』, 香港: 中國文學出版社, 2002.

36 楊泓, 「跋鄂州孫吳墓出土陶佛像」, 『考古』 1996−11, pp. 28~30.

37 湖北省文物管理委員會, 「武昌蓮溪寺東吳墓淸理簡報」, 『考古』 1959−4, pp. 189~190.

38 『高僧傳』 卷13, [釋慧遠], T. 50, No. 2059, p. 409下.

39 『洛陽伽藍記』 卷1, T. 51, No. 2092, p. 1003下; 『佛祖統紀』 卷36, T. 49, No. 2035, p. 338中.

40 『高僧傳』 卷13, [釋慧達], T. 50, No. 2059, p. 409下; 『法苑珠林』 卷13, T. 53, No. 2122, p. 383中下; 『廣明弘集』 卷15, T. 52, No. 2103, p. 202中; 『集神州三寶感通錄』 卷中, T. 52, No. 2106, pp. 413下~414上.

41 『洛陽伽藍記序』, T. 51, No. 2092, p. 999上.

42 『高僧傳』 卷5, [釋道安], T. 50, No. 2059, p. 353中.

43 『高僧傳』 卷6, [釋慧遠], T. 50, No. 2059, p. 258下.

44 『往生西方淨土瑞應傳』, T. 51, No. 2070, p. 104上; 『高僧傳』 卷6, [釋慧遠], T. 50, No. 2059, pp. 357下~361中.

45 대규가 조성한 불상으로는 『집신주삼보감통록集神州三寶感通錄』[동진회계산음령보사목상東晉會稽山陰靈寶寺木像]과 『법원주림法苑珠林』[경불편敬佛編]에서 확인된다. [경불편]에는 그가 3년의 숙고 끝에 불상을 완성하였는데, 동쪽 중국에서 만들어진 불상 중에서 신묘함으로는 이와 같은 상이 없을 정도라고 기술하고 있다.

46 『佛祖統紀』 卷36, T. 49, No. 2035, p. 341中.

47 『晋書』 卷10, [帝紀] 10 [恭帝], p. 270.

48 『변정론辨正論』 권3에 기록된 옹주자사雍州剌史 극회郗恢, 호군장군護軍將軍 왕묵王黙, 후장군後將軍 유역庾卹, 강주자사江州剌史 유열庾悅 등 관리들이 있으며, 『고승전高僧傳』과 『법원주림法苑珠林』의 지둔支遁, 축도일竺道一, 도안道安, 혜호慧護, 승홍僧洪, 혜원慧遠 등 승려들이 있다. 이 중 혜원이

만든 금동불상(『高僧傳』卷6, [釋法安], T. 50, No. 2059, p. 362下)과 도안이 양양襄陽 단계사檀溪寺에서 양주자사涼州刺史가 보낸 동동 1만근으로 조성한 불상(『高僧傳』卷5, T. 50, No. 2059, p. 352中), 375년(영강寧康3)에 주조한 장팔丈八의 금동무량수상金銅無量壽像은 대표적인 예이다(『法苑珠林』卷5, T. 53, No. 2122, p. 384下;『廣明弘集』卷15, T. 52, No. 2130, p. 202中;『續高僧傳』卷29, T. 50, No. 2060, p. 693上;『集神州三寶感通錄』, T. 52, No. 2106, pp. 414下~415中).

49 동진 목제穆帝의 350년(영화永和6)의 기록(『法苑珠林』, T. 53, No. 2122, p. 85上;『高僧傳』卷5, [釋曇翼], T. 50, No. 2059, pp. 355下~356上;『集神州三寶感通錄』卷中, T. 52, No. 2106, p. 415中下)과 장사사長沙寺의 육왕서상育王瑞像(『續高僧傳』卷16, [後梁荊州長沙寺釋法京], T. 50, No. 2060, pp. 556中~557上), 도간陶侃이 예불한 아육왕상(『法苑珠林』, T. 53, No. 2122, p. 386下;『高僧傳』卷6, [釋陶侃], T. 50, No. 2059, p. 358下;『集神州三寶感通錄』卷中, T. 52, No. 2106, p. 417中), 405년(의희원년)에 왕밀王謐이 육왕상과 같은 모습의 금상을 찾았다는 기록 등이 그것이다(『法苑珠林』卷13, T. 53, No. 2122, p. 386中下;『集神州三寶感通錄』卷中, T. 52, No. 2106, p. 417上).

50 『高僧傳』卷9, [竺佛圖澄], T. 50, No. 2059, pp. 383中~387上.

51 Arthur Wright, "Fo-t'u-teng, a Biography," *Harvard Journal of Asiatic Studies*, 2(1948), p. 358 재인용.

52 裴淑蘭 · 冀艷坤, 「河北省征集的部分十六國北朝佛教銅造像」, 『文物』 1998-7, pp. 67~72.

53 Soper, A. C., "Northern Liang and Northern Wei in Kansu," *Artibus Asiae*, vol. 21(1958), pp. 134~164; 宿白, 「涼州石窟遺蹟和"凉州模式"」, 『考古學報』 1986-4, pp.435~446; 古正美, 「再談宿白的凉州模式」, 『敦煌石窟研究國際討論會文集』, 瀋陽: 遼寧美術出版社, 1990, pp. 85~116.

54 『出三藏記集』, T. 55, No. 2145, pp. 1~114上.

55 金申, 「十六國時期的銅佛造像」, 『佛教美術叢考』, 北京: 科學出版社, 2004, pp. 1~7; 村田靖子, 「中國初期金銅佛の新例」, 『佛教藝術』 305(2009. 7), pp. 42~58.

56 水野清一, 「中國における佛像のはじまり」, pp. 39~64.

57 『高僧法顯傳』, T. 51, No. 2085, p. 864下.

58 『高僧傳』卷13, [釋慧力傳], T. 50, No. 2059, p. 210中.

59 溫玉成(배진달 편역), 『中國石窟과 文化藝術』, 경인문화사, 1996, p. 28 재인용.

60 杉山二郎, 「中國の佛像彫刻-古式小金銅佛像をめぐって」, 『Museum』 211(東京國立博物館, 1968. 10), pp. 19~26.

61 불상은 일반적으로 4세기 후반이나 5세기 전반으로 편년되지만, 후한의 2세기 작으로 보는 견해도 있다. Rhie, M. M., *Early Buddhist Art of China and Central Asia*, Leiden · Boston · Koln · Brill, vol. 1, 1999, pp. 71~94.

62 금동불상이 붉은 색을 띠고 있는 중국제와 달리, 이 불상은 황금색이기 때문에 간다라 불상의 영향을 받아 서역에서 제작되었다고 보기도 한다.

63 인도에서는 붓다의 정수리에서 나온 돌을 사리로 여겨서 불상의 정수리에 구멍을 파고 사리를 납입한 예가 다수 남아 있다.

64 석가모니 붓다가 외도를 항복시킬 때 어깨에서 불이 나오고, 발에서는 물이 나왔다는 『불본행집경佛本行集經』(卷53, T. 3, No. 190, pp. 897下~898上)의 기록과 관련되거나 구마라집이 번역한 『아미타경阿彌陀經』(T. 12, No. 366, p. 347下)의 염견불焰肩佛, 즉 아미타불상으로 보기도 한다.

65 "建武四年歲在戊戌八月卅□比丘竺□□□慕道德…及三□□□□生".

66 당시 후조에는 불도징과 관련되는 불사佛事가 893곳에서 이루어졌고, 『고승전高僧傳』「불도징佛圖澄」에는 322년에 중구中丘(하북성 내구현內邱縣)에서 그가 직접 석가모니불상을 조성하였다는 기록도 남아 있다.

67 河北省文物管理委員會, 「石家庄北宋村淸理了兩座漢墓」, 『文物』 1959-1, pp. 53~55; 町田甲一, 「南北朝佛像樣式史論批判」,『國華』1102(1987. 4), pp. 24~25.

68 "勝光二年己巳 春正月朔日 中書舍人施文 爲合家平安 造像一區". 水野淸一,「大夏勝光二年金銅佛坐像」, 『佛敎藝術』21(1954), pp. 78~79.

69 『方廣大莊嚴經』卷3, T. 3, No. 187, p. 557下.

70 殷光明,『北涼石塔硏究』, 覺風佛敎藝術文化基金會, 2000; 張寶璽,『甘肅佛敎石刻造像』, 蘭州: 甘肅人民美術出版社, 2001.

71 돈황에서 발견된 "□길덕□吉德"명 불탑의 교각보살상 옆에 "미륵彌勒"의 명문이 확인된다. 賀世哲,「關於十六國北朝時期的三世佛與三佛造像諸問題(一)(二)」,『敦煌硏究』1992-4, pp. 1~20; 1993-1, pp. 1~10.

72 張寶璽,『甘肅佛敎石刻造像』, p. 14; 李玉珉,『中國佛敎美術史』, 臺北: 東大圖書公司, 2001, p. 19.

73 "凉太緣二年歲在丙子六月中旬, 程段儿自惟薄福生値末世不觀佛典, 自竭爲父母合家立此石塔形像…".

2

불상의 중국화

一 위진남북조의 불상

불상이 경전적인 이해와 신앙의 토대 위에서 조성된 것은 위진남북조시대이다. 이 시대는 북위北魏, 동위東魏·서위西魏, 북제北齊·북주北周의 북조와 송宋, 제齊, 양梁, 진陳의 남조로 이루어졌다. 북조와 남조의 불교는 상당한 차이가 있었는데, 북조에서는 불교계에서 황제의 권위를 인정한 반면, 남조에서는 황제가 불교 위에 군림하지는 않았다.[1] 또한 북조에서는 선관禪觀 수행의 유행과 함께 석굴 조성이 활발하였으나,[2] 남조에서는 석굴 조성보다 사원 건립에 치중하였다.

남조의 불상은 사원에 봉안하기 위하여 조성되었다. 남조 불상은 송나라 원가元嘉 연간에 조성된 금동불상과 양나라 6세기 전반에 조성된 석조불상을 중심으로 전개되었다. 남조 불상은 조형적으로 동진의 고개지와 육탐미 풍의 가늘고 야윈 모습에서 장승요張僧繇 풍의 건강한 모습으로 바뀌어 간다.

북조의 불상은 크게 북위 불상, 서위·북주 불상, 동위·북제 불상으로 전개된다. 북위 불상은 조형적으로 오호십육국의 영향을 받은 5세기 중엽 이전의 불상 양식, 운강석굴의 불상 양식, 북위의 한화漢化 정책과 함께 시작된 태화太和(477~499) 양식, 6세기 전반의 용문龍門석굴을 중심으로 전개된 정광正光 양식으로 구분된다. 서위·북주 불상은 서위 양식과 북주 양식으로, 동위·북제 불상은 동위 양식과 북제 양식으로 다시 나뉜다.

남조 불상은 정토 신앙의 유행과 함께 무량수불과 관음보살이 많이 조성되었으나 북조 불상은 선관 사상과 관련되는 석가모니불과 미륵불이 주류를 이루었다. 또한 한족화된 남조 불상에서는 북조 불상에 많이 보이는 편단우견식 착의법이 유행하지 않았으며, 한복과 같이 통견식으로 옷을 입었다. 사실 남북조불상이라고 해도 무방할 만큼 남조와 북조가 끊임없이 영향을 서로 주고받았기 때문에 남조 불상이니 북조 불상이니 하는 이러한 구별이 무의미할 지도 모른다.[3]

남조의 불상

동진 불상의 전통을 계승한 남조의 불상은 실크로드와 남방육로, 동남아시아의 해로를 통하여 전래된 인도 불상의 영향 속에서 발전하였다.[4] 서역 쿠차Kucha 불상의 영향을 알려주는 『고승전』 [석법헌釋法獻]의 기록,[5] 남방 육로의 부남국扶南國(지금의 高棉)에서 전래된 강표江表 용광사龍光寺 서상瑞像에 대한 송나라 효무제孝武帝 때의 기록,[6] 법현法顯 등 구법승들이 이용했던 해로를 통하여 전래된 인도 불상에 대한 기록이 이를 입증해 준다.

• 송宋(420~479)의 불상

조각가 대규에 의해 불교 조각의 일대 변혁이 있었던 동진 불상의 영향과 경전에 대한 이해가 점차 깊어지면서 송나라에서는 보다 다양한 불상이 조성되었다. 송나라 435년(원가元嘉12)에 금동령禁銅令이 내려질 정도로 동의 사용이 많았던 것은 당시 금동불상이 얼마나 많이 조성되었는지를 짐작하게 한다.[7] 실제 금동불상 조성에 관한 기록들은 이러한 추측을 뒷받침해 준다. 즉 효무제孝武帝(452~464)는 경사京師의 와관사瓦官寺에서 32존의 금상을 주조하였고,[8] 노소황태후路昭皇太后는 460년(대명大明4)에 중흥사中興寺에서 기상보현상騎象普賢像을 제작하였다.[9] 비구니 도경道瓊은 438년(원가15)에 금제무량수상을,[10] 비구니 혜목慧木은 원가 연간(424~453)에 시방불상十方佛像을 조성하였다.[11] 이 밖에도 금동불상 조성에 관한 많은 기록이 남아 있다.[12] 또한 마애불, 협저불夾紵佛, 단상檀像 등 다양한 재질의 불상도 만들어졌는데, 439년(원가16)에 조성된 협저미륵의좌상夾紵彌勒倚坐像,[13] 대명大明 연간(457~464)에 도왕道汪이 만든 마애불崖鑴像,[14] 태시泰始 연간(465~471)에 조성된 전단상栴檀像 등이 그러한 예이다.[15]

송나라에는 많은 조각가들이 있었지만, 아버지 대규의 뒤를 이어 활동했던 대옹戴顒(378~441)이 가장 뛰어났다. 그는 태자 유의부劉義符가 와관사에서 장육丈六(1장 6척)의 금동불상을 조성할 때, 얼굴이 작아 고민하자 팔을 줄로 갈아서 비례를 맞추었다고 한다.[16] 원가 초년에 그는 동진의 377년(태원太元2)에 만든 오군吳郡 소령사紹靈寺의 석가 금상을 당시의 미의식에 맞춰 얼굴과 다리를 고쳤는데,[17] 그의 조각 솜씨는 수나라에까지 영향을 미칠 정도였다.[18]

금동불좌상, 송 437년,
29.2cm, 에이세이분코永靑文庫

남조 불상 중 조성 연대를 알 수 있는 가장 이른 예는 송나라 437년(원가14)에 한겸韓謙이 죽은 가족을 위하여 만든 금동불좌상이다.[19] 불상은 통견식으로 옷을 입고 선정인을 결한 채 가부좌하고 있다. 신체 비례는 적절한 편이며, 갸름한 얼굴과 부드러운 어깨를 갖추고 있다. 가늘게 뜬 눈과 살짝 다문 입에서 사색적인 분위기가 느껴진다. 광배에 새겨진 초문草文은 이후 남조 불상의 대표적인 특징으로 자리 잡는다. 불상은 후조의 338년명 금동불좌상(p.42)과 형식적으로 많이 닮았지만 보다 중국화되었다.

금동불좌상, 송 451년, 29.3cm,
워싱턴프리어갤러리

석조불좌상, 송 448년, 약 65cm, 북경고궁박물원

451년(원가28)명 금동불좌상도 송나라 원가 연간에 조성된 중요한 예로, 통견식으로 옷을 입고 손바닥으로 배를 덮는 중국식 선정인을 하고 있다. 비슷한 시기에 조성된 북위의 443년(태평진군4)명 금동불입상(p.71)에 보이는 장대함과는 확연하게 대조되는 분위기이다.

송나라 원가 연간에는 석불도 조성되었는데, 북경고궁박물원의 448년(원가25)명 석조불좌상이 그 예이다. 사천성 성도成都의 만불사지萬佛寺址에서 출토된 불상은 머리와 어깨 일부, 손이 보수되었지만, 전체적으로 좌우대칭을 이루고 있으며, 통견식으로 옷을 입고 선정인을 결한 채 가부좌하고 있다. 현재 불상과 우협시보살상 1존만 확인되며, 불상에 비해 보살상이 상당히 작은 것이 특징이다. 명문에 의하면, 송나라 448년에 시강군始康郡 진풍현晉豐縣의 □웅□熊이 무량수불상을 조성하였다고 한다. 진풍현은 사천성 성도 부근으로, 불상은 만불사와 관련될 가능성이 높다.

- 제齊(479~502)의 불상

현존하는 예는 없지만, 제나라 황제들도 불교를 적극적으로 후원하고 불상을 조성하였다. 고제高帝(479~482 재위)는 매년 4월 8일 부처님 오신 날마다 금불상을 제작하였고, 명제明帝(466~472 재위)는 1천 존의 금상을 조성하였으며,[20] 문제는 1장 8척 크기의 석불을 만들었다.[21] 아마 이들이 조성했던 불상들은 현존하는 불상보다 훨씬 수준이 높았을 것으로 추정된다.

『남제서南齊書』에는 황제들이 발원했던 불상 외에도 불상 조성과 관련되는 많은 기록이 남아 있다. 하북성의 백옥사유상(p.94)과 비교되곤 하는 489년(영명永明7)명 백주사유불상白珠思惟佛像,[22] 석장石匠 뇌비雷卑의 이름과 법량法量(크기)이 구체적으로 명시되어 있는 같은 해의 석가모니불좌상,[23] 484년(영명2)의 금누용왕좌상金鏤龍王坐像, 백단상白檀像, 마혜수라천신상摩醯首羅天神像 등이 그것이다.[24]

한편, 고구려 승려 승랑僧朗의 스승 법도法度(437~500)는 섭산攝山 서하사棲霞寺에서 서방정토에 왕생하기 위하여 마애무량수불삼존상을 조성하였다.[25] 이 불상은 제나라 수도 건강(남경) 동쪽에 있는 섭산의 서하사 천불암千佛岩 불상으로 비정된다.[26] 진陳나라 강총江總이 찬한 [금릉섭산서하사비金陵攝山棲霞寺碑]와 당나라 676년(의봉儀鳳원년)의 [섭산서하사명징군비攝山棲霞寺明徵君碑]에 의하면, 북위가 469년에 산동성을 점령하자 그곳에 있던 거사 명승소明僧紹가 남하하여 섭산에 거주하던 법도法度와 함께 기초를 마련하고, 명승소가 죽은 후 그의 아들 명중장明仲璋이 법도와

남경 서하사 무량수대불감, 제~양, 6m

함께 6m 크기의 무량수대불감無量壽大佛龕을 만들었다고 한다. 불감은 대략 494년(영명永明12)부터 500년(영원永元2) 사이에 조성되었는데, 운강雲岡석굴의 영향을 받았다고 보기도 한다. 즉 평성平城(대동)에 강제로 끌려가 많은 불사佛事와 담요曇曜의 역장(譯場, 경전 번역하던 곳)에 참여한 바 있는 유효표柳孝標 형제가 486년(영명永明4)에 건강으로 돌아 왔는데, 운강석굴 조성의 경험이 있었던 이들에 의해 석굴이 조성되었다는 것이다.

석조무량수불입상(좌)과 석조미륵불좌상(우), 제 483년, 116cm, 사천박물원

　　제나라 불상 중에서 가장 주목되는 것은 483년(영명원년)에 조성된 석
조불상이다.[27] 사천성 무현茂縣에서 출토된 불상은 현숭玄嵩이 앞면에 무
량수불입상을, 뒷면에 미륵불좌상을 조성한 것이다.[28] 주목되는 것은
두 개의 다른 정토를 돌 앞뒤에 새겼다는 점과 발원자가 감숙성에 있던
서량西涼의 승려 현숭이라는 점이다. 미륵불좌상은 환조에 가까운 머리
와 달리, 몸은 얕게 부조되어 있으며, 치마가 대좌를 덮은 상현좌 형식
을 하고 있다. 불상은 중국식 포복袍服을 입고 있으며, 신紳(옷고름)이 표
현되어 있다. 북위가 한식으로 복제를 개혁하는 486년보다 3년이나 앞
선 예로서, 운강석굴 불상(p.258)에서 많이 보이는 신의 원류를 이 불상

에서 찾을 수 있다. 미소를 살짝 머금은 납작한 얼굴과 약지와 소지를 구부린 왼손은 서산 용현리 마애여래삼존상 등 백제 7세기 불상과 일본 아스카飛鳥시대 7세기 불상에 보이는 공통적인 특징이다.

비교 예 | 서산 용현리 마애여래삼존상, 백제 7세기, 주존 2.8m
불상의 손에서도 약지와 소지를 구부린 모습이 확인된다. 우협시보살상에 보이는 두 손을 가슴 앞에 모아 무엇인가를 들고 있는 것도 양나라와 일본 아스카시대 보살상에서 확인되고 있어 삼국 간의 문화적 영향 관계를 추측하게 한다.

석조관음성불상, 제 495년, 38cm, 성도시박물관

　강소성 양주揚州에서 온 승려 법명法明이 사천성 성도에서 칠세부모七
世父母를 위하여 조성한 495년(건무2)명 석조관음성불상觀音成佛像도 주목
된다.[29] 불상은 통견식으로 옷을 입고 시무외인施無畏印과 여원인與願印을
결하고 있다. 두 손 모두 남조 불상의 특징인 약지와 소지를 구부리고
있다. 가슴에는 신(옷고름)이 표현되어 있고, 상현좌 형식을 취하고 있
다. 관음성불상에 보이는 부드럽고 둥근 조형은 남방 육로를 통해 전래
된 인도와 동남아시아 불상의 영향에 의한 것으로 추정된다.[30] 이 독특
한 도상은『관세음보살수기경觀世音菩薩授記經』과 관련될 가능성이 높다.

　• 양梁(502~556)의 불상
　남조 불상은 양나라 무제武帝(502~549)의 적극적인 후원 속에서 새로
운 전기를 맞는다. 무제는 "황제보살皇帝菩薩", "구세보살救世菩薩", "천자

보살天子菩薩"로 불릴 만큼 적극적으로 불교를 후원하였다.[31] 그의 재위 기간에 지도사智度寺, 법왕사法王寺, 선굴사仙窟寺, 광택사光宅寺, 동태사同泰寺, 대애경등사大愛敬等寺 등 대규모의 사원들이 조성되었다. 505년(천감天監4) 부처님 오신 날에 그는 황족과 귀족들에게 불교로 개종할 것을 명령하였다. 그의 적극적인 후원에 힘입어 당시 양나라에서는 2,846개의 사원이 있었다.

무제의 불교 후원과 함께 불상에서도 조형적인 변화가 나타난다. 이는 503년(천감2)에 발마跋摩가 사신을 통하여 산호珊瑚 불상을 보내왔던 것과 같이 인도와 스리랑카 불상의 영향에 의한 것이다.[32] 조각가 장승요張僧繇(502~519 활동)는 이러한 영향을 받아 기존의 고개지(345~406)와 육탐미陸探微(424~472)가 추구하던 가늘고 긴 조형에서 벗어나 얼굴이 짧고 둥글며, 몸이 풍만한 불상을 조성한다.[33] 이러한 변화는 당시 상류 귀족들에게 가장 큰 영향을 미쳤던 유마힐상維摩詰像에서도 나타난다. 황권을 견제할 정도로 막강한 힘을 가지고 있었던 귀족들은 그들과 성향이 비슷한 유마힐에 대하여 호감을 가지고 있었다. 따라서 유마힐상이 활발하게 조성되었는데, 고개지나 육탐미가 그렸던 병들고 야윈 모습이 아니라,[34] 건강한 모습의 장승요 풍으로 표현되었다.[35] 이러한 분위기로 보아 현존하진 않으나, 장승요 풍의 금동불상도 다수 조성되었을 것으로 추정된다. 501년(중흥中興원년)에 조성된 광택사光宅寺의 장팔금상丈八金像과[36] 509년(천감8)의 무량수불상이 이러한 범주의 불상이었을 것이다.[37]

장승요 풍의 불상은 6세기 중엽까지 유행하였는데, 사천성 성도 만불사지에서 출토된 불상에서 확인할 수 있다.[38] 한편 두승일杜僧逸이 551년(태청太淸5)에 조성한 석조아육왕상阿育王像은 당시 사람들이 아육왕(아쇼카왕)이 만든 석가모니불상을 어떤 모습으로 상상하고 있었는지 잘 보여준다.[39] 사실 인도 마우리아Maurya왕조의 아쇼카왕 때에는 아직 불상이 조성되지 않았다. 양나라에서 아쇼카왕과 관련된 아육왕상을 많이 조성한 것은 당시 사람들이 불교를 적극적으로 후원했던 아쇼카왕이 당연히 불상도 만들었을 것이라고 하는 막연한 믿음 때문이었다. 아쇼카왕의 불상 조성에 관한 전설은 양나라에서 승가바라僧伽婆羅에 의해『아육왕경阿育王經』이 번역되고, 무제가 아육왕탑阿育王塔을 건립함으로써 더욱더 기정사실화되었다.[40] 고개를 약간 숙이고 있는 아육왕상은 통견식으로 옷을 입고, 어깨 넓이 만큼 다리를 벌린 채 서 있다. 옷주름은 U자식으로 흘러내리고 있으며, 부서진 왼손 아래로 드리워진 옷자락과 다리 사이에 표현된 치마 자락이 일직선으로 뻗어 내리고 있다. 이 상에서 가장 주목되는 것은 간다라 불상(p.41)에서 흔히 볼 수 있는 콧수염이 표현되어 있다는 점이다. 성도 출토 불상의 조형적인 원류는 해로나 남방육로로 유입되었던 인도와 동남아시아 불상 외에도 건강(남경)이나[41] 토곡혼吐谷渾의 불상일 가능성도 없지 않다.[42]

석조아육왕상, 양 551년, 48.5cm,
성도시문물고고연구소

비교 예 | 황룡사 장육존상 대좌, 신라 574년
아쇼카왕이 보낸 금동불상을 모델로 하여 만들었다는 아육왕상의 대좌이다. 내용은 『삼국유사』에 기록되어 있다.

| 남경과 그 주변의 영향관계 |

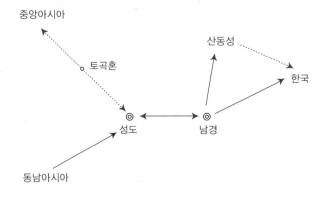

석조석가모니불군상, 양 523년, 35.8cm, 사천박물원

　사천성 성도에서는 당시 북조에서는 볼 수 없는, 불상을 중심으로 제자상, 보살상, 천왕상 등 여러 존상이 협시하고 있는 군상群像이 다수 출토되었다. 523년(보통4)에 강승康勝이 조성한 석조석가모니불군상이 한 예로, 불상을 중심으로 4존의 제자상, 4존의 보살상, 2존의 천왕상이 협시하고 있다.[43] 대좌 정면에는 6존의 기락천伎樂天이 부조되어 있다. 협시보살상 중 양쪽 가장자리에 있는 존상은 우리나라 백제와 일본 아스카시대의 보살상과 같이 가슴 앞에서 두 손으로 지물持物을 감싸고 있다. 즉 좌협시 보살상은 병甁을, 우협시 보살상은 합盒을 두 손으로 들고 있다. 좌협시 천왕상은 북방 다문천왕多聞天王과 같이 오른손으로 탑을 들고 있는데, 중국식 탑이 아니라 아쇼카왕의 불탑이라는 점에서 주목된다. 이 탑은 당시 아육왕상과 함께 유행했던 아육왕탑을 모델로 하였다. 불군상에서는 존상들이 앞뒤로 배치되어 원근감을 느낄 수 있으며,

석조관음보살군상, 양 548년, 44cm, 사천박물원

불상, 보살상, 기락천 순으로 조각의 깊이를 다르게 하였다. 광배 뒷면
에는 경변상經變相이 부조되어 있으며, 양쪽 측면에는 반가부좌의 천왕
상이 조각되어 있다. 만불사지에서 출토된 불군상 중에는 548년(중대동3)
에 조성된 석조관음보살군상과 같이 불상이 아니라 보살상이 주존인 경
우도 있다.[44] 존상들은 523년명 석조석가모니불군상과 같이 입체감과
원근감을 지니고 있으며, 삼곡三曲의 유연한 자세를 한 존상도 보인다.
주존인 보살을 황제보살로 불리던 양무제와 연관시키기도 한다.

석조석가모니불삼존상, 양 546년, 34.2cm, 상해박물관

참고 예 | 석조불비상, 통일신라시대 689년, 57.8cm, 국립청주박물관
세종시와 조치원 등지에서 673년부터 689년 사이에 조성된 불비상들도 비석
이라는 공간 속에 존상들을 중첩되게 조각하였다는 점에서 양나라 불군상과
비교되곤 한다.

546년(중대동中大同원년), 승려 혜영慧影이 조성한 석조불삼존상도 남조
적인 전통을 계승하고 있는 불상이다.[45] 불상은 시무외인과 여원인을
결합한 채, 방형대좌 위에서 가부좌하고 있다. 양손 모두 약지와 소지를
구부렸다. 머리는 나발螺髮이며, 네모난 이마와 살찐 턱, 가늘고 긴 눈과
눈썹을 갖추고 있다. 불상은 통견식으로 옷을 입었으며, 옷주름은 유려
한 편이다. 좌협시 보살상은 두 손을 모아 예불하는 모습이며, 우협시
보살상은 두 손으로 지물을 들고 있다. 불상과 보살상 사이에는 옆모습
의 제자상이 새겨져 있다. 광배에는 남조 불상의 특징인 정토변상도淨土
變相圖와 불설법도佛說法圖가 앞·뒷면에 걸쳐 얕게 음각되어 있다.

불상 위쪽에는 불삼존상이 새겨져 있다. 불상에 새겨진 "육도사생六道四生"의 명문에서 혜영이 지닌 육도윤회의 관념을 읽을 수 있다.

한편 쌍관음보살상,[46] 우전왕상優塡王像, 정광불상定光佛像 등 다양한 불교 존상에 대한 기록은 교학적·신앙적으로 매우 발달했던 양나라 불교의 수준을 알려준다.[47]

참고 예1 | 금동보살삼존상, 남경 신가구新街口 출토, 양 6세기

참고 예2 | 금동보살삼존상, 강원도 양양 진전사지 출토, 양/삼국시대 6세기, 8.7cm, 국립춘천박물관

두 존상은 보살이 주존이라는 점, 일광삼존불 형식을 따르고 있다는 점, 대좌 형식과 주조기법, 조형적인 특징이 유사하다는 점에서 밀접한 관계가 있다고 볼 수 있다.

• 진陳(557~589)의 불상

현존하는 예는 거의 없지만, 황제들의 적극적인 후원 속에서 진나라에서도 불상이 활발하게 조성되었다는 기록은 다수 확인된다. 무제武帝 (557~559 재위)는 1백만 존의 금동등신상金銅等身像을 조성하고, 문제文帝 (559~566 재위)는 스스로 "보살계제자菩薩戒弟子"라고 하였다. 효선제孝宣帝 (568~582 재위)는 2만 존의 금동상을 조성하고, 130만 존을 수리하였다.[48] 이러한 분위기 속에서 승려들도 불상 조성에 적극적으로 참여하였는데, 지취智聚(538~609)가 소주蘇州의 호구虎丘 동산사東山寺에서 노사나불상과 무량수불상, 형주荊州의 서상瑞像을 조성한 것은 대표적인 예이다.[49]

현존하는 진나라 존상 중 569년(태건太建원년)에 서대지徐大智가 자신을 위하여 조성한 금동보살입상이 기년명 상으로는 유일한 예이다.[50] 보살 상은 오른손으로 버드나무 가지를, 왼손으로 정병을 들고 있다. 인도의 바이샬리Vaisali 사람이 관세음보살에게 버드나무 가지와 맑은 물 [정수淨水]을 바쳤다는 『청관음경請觀音經』의 내용과 도상적으로 일치하여 관음보살상으로 추정된다.[51] 보관에는 일월日月의 문양이 표현되어 있고, 관증冠繒이 귀 옆으로 길게 드리워져 있다. 이목구비는 예리하게 표현되었다. 두광에는 5존의 화불化佛이 있다. 대좌에는 향로를 중심으로 사자가 새겨져 있다. 사실 유례가 거의 없는 진나라 불상에서 보살상이 지닌 의미는 크지만, 정말 진나라 불상을 대표하는 기준작인지에 대해서는 확언할 수 없다.

금동보살입상, 진 569년, 22.4cm,
도쿄예술대학미술관

북조의 불상

- 북위北魏(386~534)의 불상

북위는 몽골계 선비족鮮卑族이 세운 나라로, 원래 내몽골 성락盛樂에 있었다. 398년(천흥天興원년), 산서성山西省 대동大同으로 천도한 후 439년(태연太延5)에 북량을 멸함으로써 북방을 통일하였다. 이 과정에서 북위의 황제들은 자연스럽게 불교를 접하게 되었고, 적극적으로 후원함으로써 불상도 활발하게 조성되었다.

북위 불상은 태무제太武帝의 폐불사건(446~451)이 일어나기 전까지 오호십육국의 영향을 받았다. 폐불이 끝난 후, 문성제文成帝에 의해 다시 불교가 발전하고 운강석굴이 조성되면서 북위 불상의 면모가 갖추어지기 시작한다.

량주涼州 불상과 초기 금동불상의 영향

북위 초기의 불상들은 4세기 금동불상과 5세기 초에 성립된 량주 불상의 영향을 받았다. 서역 불상의 영향을 받아 이루어진 량주 불상은 천제산天梯山석굴 1굴과 4굴(p.241), 금탑사金塔寺석굴 동굴과 서굴, 문수산文殊山석굴 천불동 등 량주 주변의 석굴에서 주로 확인된다. 439년에 량주가, 442년(태평진군太平眞軍3)에 돈황이 북위에 점령되면서 량주 불상은 북위 불상에 조형적으로 적지 않은 영향을 미친다.

비록 감숙성 량주에서 조성된 금동불상은 남아 있지 않지만, 그 영향을 받았다고 생각되는 불상이 북위의 443년(태평진군4)명 금동불입상이다. 불상은 북량의 돈황 막고굴 268굴, 272굴의 주존(p.222)과 서진西晉의 병령사炳靈寺석굴 169굴 7감의 불입상(p.243)과 조형적으로 많이 닮았기 때문이다. 이 불상은 하북성 고양군高陽郡 여오현蠡吾縣(박야현博野縣)에서

금동불입상, 북위 443년, 53.5cm, 도쿄국립박물관

비교 예 | 금동불입상, 북위 5세기 전반, 141.5cm,
뉴욕메트로폴리탄미술관

금동석가모니불좌상, 대마도 출토, 북위 453년, 22.7cm, 일본 개인소장

원신宛申이 동궁태자東宮太子(태자 황晃)를 위하여 만든 미륵불상이다.[52] 동궁태자는 태무제의 아들로, 아버지의 폐불 정책에 맞서다 죽임을 당한 독실한 불교도였다. 불상은 량주 불상의 영향이 하북성까지 미치고 있었음을 알려 준다. "미륵하생용화삼회彌勒下生龍華三會"라는 불상의 명문은 당시 하북성에서 미륵신앙이 유행하고 있었다는 것을 보여 준다. 오만자五卍字로 표현된 머리카락과 물갈퀴가 있는 손에서 32상 80종 호의 특징이 확인된다.[53] 물갈퀴가 표현된 불상은 인도에서는 다수 확인되지만, 중국에서는 거의 없다. 옷주름은 서역의 소조불상과 같이 몸의 굴곡을 따라 유기적이며 입체적으로 표현되었다.

한편 4세기 금동불상의 영향이 남아 있는 불상들도 확인된다. 대마도對馬島에서 출토된 453년(흥안興安2)명 금동석가모니불좌상이 그 예이다. 불교가 공식적으로 일본에 전래되는 552년보다 약 100년이 앞서 조성된 이 불상은 4세기 금동불좌상과 같이 통견식으로 옷을 입고 선정인을 결한 채 가부좌하고 있다. 물론 얼굴 표정과 옷주름의 섬세한 표현에서 초기 금동불상과 다소 차이를 보인다. 서역의 소조불상과 하서주랑河西走廊의 석굴 불상(p.247)에서나 볼 수 있는 이러한 옷주름은 471년(황흥皇興5)명 석조미륵불교각상에서도 확인된다. 교각상의 광배 뒷면에는 유동 본생儒童 本生 이야기와 불전佛傳 이야기가 있고, 내용마다 화제畫題가 새겨져 있다. 광배의 화불과 불꽃 무늬에 보이는 표현 기법은 금동불상의 영향이 석불에 미치고 있음을 알려 준다.

비교 예 | 장천1호분 전실 천정 불좌상, 고구려 5세기 전반
불상은 453년명 금동석가모니불좌상과 같이 방형대좌 위에서 선정인을 결한 채 가부좌하고 있다. 얼굴에
는 쿠샨시대 간다라 불상에 보이는 콧수염이 표현되어 있다.

석조미륵불교각상, 북위 471년, 87cm, 서안비림박물관

태화太和 양식의 불상

폐불사건(446~451)이 있던 태무제 때엔 불상의 조성이 거의 이루어지지 않았다. 452년, 문성제가 즉위하면서 다시 불상이 만들어지기 시작한다. 454년(흥광興光원년)의 동조장육석가입상銅造丈六釋迦立像과 467년(황흥皇興원년)의 천궁사天宮寺에 봉안된 43척의 금동석가상 조성에 대한『위서魏書』「석노지釋老志」의 기록은 황실에서 불상 조성을 주도하였다는 것을 알려준다. 그러나 불상 조성과 관련되는 더 이상의 기록은 찾아볼 수 없으며, 실제 남아 있는 예도 없는 실정이다. 그도 그럴 것이 당시 불상의 조성은 대부분 운강석굴에 집중되어 있었기 때문이다. 금동불상이 다시 활발하게 조성되는 것은 석굴 조성이 한창이던 태화 연간(477~499)이다. 이 때 "태화양식"이라고 할 정도로 많은 금동불상이 만들어졌다. 금동불상들은 대부분 명문을 가지고 있는데, 이는 북위의 한화 정책에 따라 황족들의 한문 실력이 늘었기 때문이다.

태화 연간에 조성된 불상 중에서 최고작은 대만고궁박물원臺灣故宮博物院의 477년(태화원년)명 금동불좌상이다.[54] 하북성 안희현安憙縣(定縣)에서 출토된 불상은 운강석굴 불상(p.256)보다 가늘고 긴 모습이다. 오른쪽 어깨를 살짝 덮고 있는 중국식 편단우견법으로 옷을 입고 있으며, 왼손으로 옷자락을 잡고 있다. 불상은 다소 긴 타원형의 얼굴과 섬세하게 표현된 오관五官을 갖추고 있다. 가슴은 넓고 당당하며, 허리는 긴 편이다. 광배에는 과거칠불로 보이는 7존의 화불이 표현되어 있다. 보통 7존의 화불은 주존이 인간 세상에 이미 왔다갔던 과거칠불 중 일곱 번째 붓다인 석가모니불이거나 미래에 인간 세상에 올 여덟 번째 붓다인 미륵불이라는 것을 암시한다. 마침 명문에 석가모니불상을 뜻하는 "석가문불釋迦聞佛"이라고 기록되어 있어서 이러한 관점을 뒷받침해 준다. 광배 뒷면 중앙에는 앞면의 주존과 같은 모습을 한 불좌상이 있고, 그 위쪽에

금동불좌상, 북위 477년, 40.3cm, 대만고궁박물원

이불병좌상二佛幷坐像이, 이불병좌상 양옆에 유마경변상維摩經變相이, 그리고 불좌상 아래쪽에 불전도佛傳圖가 표현되어 있다. 대좌의 양옆에는 북위의 한화 과정을 보여주듯이 소매가 좁은 호복胡服과 소매가 넓은 한복漢服을 착용한 공양자상이 각각 표현되어 있다.

    북경시에서 출토된 5세기 후반의 금동불좌상도 운강석굴 불상과는 다른 가늘고 긴 조형이다. 불상은 왼손으로 옷자락을 잡고 있는 여느 불상과 달리, 아무 것도 잡지 않은 채 손바닥을 펴고 있다. 보살상에서도 조형적인 변화가 나타나는데, 484년(태화8)명 금동관음보살입상이 그 예이다. 조翩아무개가 돌아가신 부모를 위하여 조성한 보살상은 몸에 비해 큰 광배와 과장되게 표현된 천의 자락을 갖추고 있다.[55] 보살상은 『묘법연화경』[종지용출품從地踊出品]에 묘사된 연화수관음보살과 같이 오른손으로 연꽃 가지를 들고 있다.[56]

금동불좌상, 북경 출토, 북위 5세기 후반,
28.5cm, 북경수도박물관

금동관음보살입상, 북위 484년, 24cm, 일본 개인소장

금동이불병좌상, 북위 489년, 23.5cm, 네즈미술관
경전의 내용과 같이 다보불은 선정인을 결하고 있다.

네즈根津미술관의 489년(태화13)명 금동이불병좌상도 가늘고 긴 장신
형으로, 대좌에는 호복과 한복을 입은 공양자상이 새겨져 있다.[57] 물론
한복을 입었다고 해서 한족이라고 단언할 수 없으며, 한복을 입은 선비
족일 가능성도 없지 않다. 이불병좌상은『묘법연화경』[견보탑품見寶塔品]
과 관련된다. 즉 석가모니 붓다가 영취산靈鷲山에서 묘법연화경을 설법
할 때, 칠보탑七寶塔이 땅에서 솟아 나온다. 탑에서는 붓다께서 설법하
는 말씀이 모두 진실이라는 다보불多寶佛의 목소리가 들린다. 이 때 보
살과 제자들이 다보불 뵙기를 간절히 원하니 석가모니 붓다가 칠보탑
의 문을 열어 보인다. 탑 속의 사자좌에 앉아 선정에 드신 다보불이 "법
화경을 듣기 위하여 이곳에 왔다"고 말한다. 그리고 다보불은 앉았던
자리의 반을 내어 주며, 석가모니 붓다를 맞이하여 두 붓다께서 나란히
앉으셨고, 석가모니 붓다는 계속해서 묘법연화경을 설법하였다.[58] 금동
이불병좌상은 칠보탑[다보탑] 속의 두 붓다의 모습을 표현한 것이다.

태화 연간의 금동상은 붓다의 설법상, 이불병좌상, 관음보살입상이 주류를 이룬다. 태화 양식의 불상은 처음에는 운강석굴 불상의 영향을 받아 둥근 얼굴, 이마까지 연결된 우뚝 솟은 코, 넓고 당당한 가슴을 갖추었으나 점차 남조 귀족(한족)들의 체형을 모델로 한 가늘고 긴 조형으로 바뀌어 간다. 불상들은 운강석굴 20굴 불좌상(p.256)과 같이 오른쪽 어깨를 살짝 덮은 중국식 편단우견법을 취하고 있다. 486년(태화10), 효문제의 한화 정책에 따른 복제服制 개혁으로 인도식 옷이 아니라 한복漢服을 입은 불상이 출현한다.

정광正光 양식의 불상

494년, 북위는 한화정책을 본격적으로 추진하기 위하여 산서성 대동에서 하남성河南省 낙양으로 수도를 옮긴다. 한화 정책은 사회 전반에 걸쳐 시행되었고, 이것이 불상의 모습에서도 그대로 반영되어 나타났다. 불상들은 빼어난 풍체에 맑은 모습[수골청상秀骨淸像]을 하고 헐렁한 옷[포의박대褒衣博帶]을 입은 남조 귀족들을 모델로 하여 조성되었다. 대표적인 예가 프랑스 국립기메동양미술관Musée national des Arts asiatiques Guimet의 518년(희평熙平3)명 금동이불병좌상으로, 불상들은 가늘고 긴 조형에 헐렁한 옷을 입고 있다.[59] 정광 양식의 전조를 보여주는 불상의 옷에서는 신紳(옷고름)이 확인된다. 광배의 화염문과 상현좌裳懸座의 옷주름은 조각이 아닌 필선筆線으로 느껴질 만큼 유려하고 섬세하게 표현되었다. 양옆으로 비스듬히 치켜 올라간 눈

금동이불병좌상, 북위 518년, 26cm, 국립기메동양미술관

비교 예 | 금동보살입상, 군수리사지 출토, 백제 6세기 후반, 11.5cm, 국립부여박물관
보살상의 옷자락 표현은 정광 연간에 유행했던 포의박대식 착의법을 연상하게 한다.

과 부드럽게 미소를 머금은 입, 집중된 오관五官은 동위와 서위 초기 불상으로 이어지는 조형적인 특징들이다.

　정광 양식의 전형적인 특징은 뉴욕메트로폴리탄미술관의 524년(정광5) 명 금동미륵불입상에서 볼 수 있다.[60] 하북성 정정현正定縣(王定府)에서 출토된 불입상은 불상 좌우에 보살상, 보살반가사유상, 천왕상, 금강역사상이 각각 배치되어 있다. 대좌에는 향로를 중심으로 사자가 서로 마주 보고 있다. 투조 기법으로 표현된 화염문의 광배에는 기락천伎樂天이 있다. 옷주름은 이 불상이 정광 연간의 것임을 입증해 주듯이 매우 번잡하게 처리되었다. 한편, 우리나라 정림사지定林寺址에서 출토된 소조상과 비교되는 낙양의 영령사永寧寺 출토 소조상도 주목된다.[61] 이 중 가섭상과 아난상은 나이에 걸맞는 수행자의 모습을 사실적으로 표현한 수준 높은 작품이다.[62]

금동미륵불입상, 북위 524년, 75cm, 뉴욕 메트로폴리탄미술관

비교 예 | 연가칠년명 금동불입상, 고구려 539년, 16.3cm, 국립중앙박물관
표현 기법에서는 정광 5년명 금동미륵불입상과 다소 차이가 있으나, 전체적인 비례와 착의 형식, 대좌의 연꽃은 많이 닮았다.

아난상, 영령사 탑지 출토, 북위 6세기 초, 13.7cm

참고 예 | 예산 사면석불, 백제 7세기, 불상 크기 약1m~1.7m(좌)와 사면석불, 북위, 산동성 청주시박물관
두 사면석불은 도상 구성과 표현 방식에서 유사하다.

• 서위西魏(535~556)와 북주北周(557~581)의 불상

530년대에 들어와 북위가 멸망하면서 북방은 서위와 동위로 나뉘며, 이후 서위는 북주가, 동위는 북제가 계승한다. 이 시기의 불상은 서위와 북주의 수도 장안과 동위와 북제의 수도 업성鄴城을 중심으로 조성되었다.

서위와 북주는 선비족인 우문씨宇文氏에 의해 장안을 수도로 정한 나라이다. 황제들은 적극적으로 불교를 후원하였으며, 불상도 장안을 중심으로 활발하게 조성되었다.[63] 534년(영희永熙3)에 효무제孝武帝가 우문태宇文泰에게 의탁하여 장안에 세운 나라가 서위이다. 서위 불상은 북위의 영향을 받았으나,[64] 지방색이 가미되어 고졸하고 질박한 느낌을 준다.[65] 각진 얼굴과 번잡한 옷주름은 기존의 북위 불상에서는 볼 수 없던 새로운 특징으로서, 542년(대통8)명 석조불삼존상이 이러한 예이다.[66] 산서성 임의현臨猗縣 손리촌孫里村에서 발견된 548년(대통大統14)명 석조석가모니불입상에서는 북위의 영향에서 벗어나 새로운 조형적인 특징이 나타난다. 불상에 보이는 중후한 느낌은 서위 말기로 가면서 더욱더 두드러졌으며, 이후 북주 불상의 특징으로 자리 잡는다.

557년(효민제孝閔帝 원년), 서위의 실제 통치자였던 우문씨宇文氏는 황실에게 선양을 강요받아 주周(북주)를 세운다. 무제武帝의 폐불사건(573~577)이 있었지만, 북주의 황제들은 대부분 불교를 후원하고, 직접 불상을 조성하기도 하였다. 효명제孝明帝는 558년에 선황先皇을 위하여 2장 6척 크기의 노사나삼존상盧舍那三尊像 1폭을 제작하였고, 12존의 등신상

석조불삼존상, 서위 542년, 높이23.5cm, 폭14cm, 오사카시립미술관

석조불입상, 서위 548년, 3.3m, 산서성박물원

等身像을 조성하였다. 폐불 정책을 단행했던 무제도 560년(무성武成2)에 아버지 우문태를 위하여 장육의 금상錦像을 조성하였다. 폐불 사건이 끝난 뒤, 선제宣帝는 1만 존의 소상素像을 만들었다.[67]

서위의 영향을 받았던 북주 초기의 불상은 얼굴과 어깨가 둥글며, 전체적으로 편평하다. 서위 말인 553년(폐제廢帝2)에 사천성이, 554년(공제恭帝원년)에 강한江漢이 병합되면서 남조 불상의 영향이 북주에 미치게 된다. 즉 사천성 성도成都의 승려 50명이 보정保定 연간(561~565)에 장안으로 올 때 가져왔던 불상은 남조 불교의 중심지 성도의 영향이 북주의 수도 장안에 미쳤다는 것을 알려 준다.[68] 이러한 과정을 통하여 장안에서는 머리가 크고 몸이 단신이며, 입체감과 화려한 장엄을 갖춘 북주 불상과 보살상이 조성된다.[69]

북주 불상이 서위의 영향에서 완전히 벗어나 조형적으로 정립된 것은 천화天和 연간(566~571)이다. 이것을 입증하는 예로 570년(천화5)명 금동석가모니불입상이 있는데, 몸에 비해 큰 머리와 낮고 편평한 육계, 납작한 얼굴을 하고 있다. 북주 말인 580년(대상大象2)에 주기인周紀仁이 조성한 석조석가모니불입상에서는 더욱더 장대하고 중후한 분위기의 북주 불상을 볼 수 있다. 한편, 몸에 삼계육도三界六道가 새겨진 프리어 겔러리The Freer Gallery of Art의 석조불입상과 같이 당시의 불신관佛身觀을 보여주는 독특한 불상도 조성되었다. 사실 북주 불상은 무제의 폐불사건로 인하여 금동불상의 유례가 거의 남아 있지 않아 조형적인 특징을 완전하게 파악할 수 없는 실정이다.[70]

금동불입상, 북주 570년, 18.2cm,
서안박물원

석조석가모니불입상, 북주 580년,
56cm, 상해박물관

석조불입상, 북주~수, 176.5cm,
워싱턴프리어겔러리

비교 예 | 석조불의좌상, 경주 남산 장창곡 출토,
신라 7세기, 1.67cm, 국립경주박물관
불상은 우리나라에서는 드문 의좌상으로서, 전체적
인 비례와 표현 기법이 북주 불상의 전통을 지닌 장
안 불상의 조형적인 영향을 받았다.

- 동위東魏(534~550)와 북제北齊(550~577)의 불상

　동위와 북제는 선비족 고씨高氏들이 업성鄴城에 세운 나라이다. 즉,
534년(천평天平원년), 북위의 귀족 고환高歡은 효정제孝靜帝를 옹립하여 과
거 후조의 수도였던 업성에 동위를 건국한다. 황제들은 모두 불교를 적
극적으로 후원하였으며, 불상도 업성을 중심으로 활발하게 조성되었
다. 542년(흥화興和4), 동위에 3만 개의 사원과 200만 명의 승려가 있었다
는 『불조통기佛祖統紀』의 기록은[71] 사원에 봉안했을 많은 불상을 연상하
게 한다.[72]

　동위 초기인 천평天平 연간(534~537)의 불상은 북위의 영향이 남아 있
어서 마르고 긴 조형이지만, 부분적으로는 미세한 변화가 나타난다.[73]
즉 몸에 비해 작아진 머리, 부분적으로 나타나는 부드러운 조형, 화려
하고 정치한 광배 문양, 정적인 분위기의 얼굴 표정 등이 북위 불상에

서는 볼 수 없던 새로운 특징들이다.

후지유린칸의 535년(천평2)명 석조미륵불입상과[74] 펜실베니아Pennsylvania대학박물관의 536년(천평3)명 금동불입상 등에서 이러한 특징이 확인된다.[75] 535년명 석조미륵불입상은 부조와 선조, 반원, 둥근 선, 직선 등 다양한 기법으로 표현되었다. 536년명 금동불입상은 북위 불상과 같이 좌우대칭을 이룬 조형이지만, 균형 잡힌 몸과 정리된 옷주름에서 북위 불상보다 훨씬 더 온화하고 정적인 분위기를 느낄 수 있다.

동위 불상에 보이는 이러한 변화는 남조의 영향에 의한 것이다. 불상들은 점차 얼굴과 어깨가 둥글어지고 옷주름도 부드러워지는 등 온화한 분위기를 나타낸다. 오관이 아래쪽으로 약간 치우쳐 이마가 넓어진 둥근 얼굴에서는 사색적인 분위기도 느낄 수 있다.

금동미륵불입상, 동위 536년, 61.5cm, 펜실베니아대학박물관

백대리석제 보살입상, 동위 547년, 38.5cm, 북경고궁박물원

　　동위 불상의 전형적인 특징은 하북성 곡양曲陽과 정현定縣의 백대리석
제 불상에서 확인된다.[76] 곡양 수덕사지修德寺址에서 출토된 불상과 보살
상들은 둥근 얼굴에 집중된 오관을 갖춘 부드럽고 온화한 분위기를 띠
고 있다.[77] 흰색의 대리석이 주는 따뜻함이 이러한 느낌을 더해 준다.
곡양은 한나라 때 중산성中山城이 있었고, 후조와 후연의 수도였던 곳
으로, 이곳의 유서 깊은 문화적 전통을 기반으로·많은 불상이 조성되
었다.

| 산동 지방과 문화 루트 |

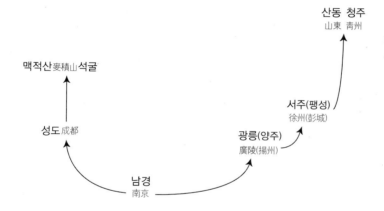

산동 청주
山東 青州

맥적산 麥積山 석굴

서주(팽성)
徐州(彭城)

성도 成都

광릉(양주)
廣陵(揚州)

남경
南京

석조불삼존상, 용흥사지 출토, 동위 536년, 83cm, 청주시박물관

    산동성 청주靑州의 용흥사지龍興寺址도 곡양과 정현 못지않게 중요한 동위 불상의 출토지이다.[78] 용흥사지에서 출토된 불상과 보살상들은 석회암으로 형체를 만든 다음, 채색과 금을 입혀 완성하였다. 이 중 지명智明이 죽은 부모와 형제 자매를 위해 조성한 536년(천평3)명 석조불삼존상은 둥근 얼굴에 집중된 오관, 부드러운 조형미를 갖춘 전형적인 동위 불상이다.[79] 한편, 산동성 제성諸城에서 출토된 금동불삼존상도 주목된다.[80] 커다란 광배 속에 불상과 협시상으로 구성된 일광삼존상一光三尊像으로, 불상과 대좌 윗부분, 보살상과 광배, 대좌 아랫부분을 따로 주조하여 조합하였다. 불상에 보이는 이러한 제작법과 좌우대칭적인 도상 배치, 광배 문양, 대좌 형식 등은 우리나라 간송미술관의 계미명癸未銘 금동불삼존상 등 삼국시대 7세기에 조성된 일광삼존상과 많이 닮았다는 점에서 주목된다. 동위 말이 되면, 서위 불상들과 같이 점차 둥글고 부드러운 조형에서 벗어나 중량감 있는 경직된 분위기로 바뀌게 된다.

금동불삼존상, 산동성 제성 출토, 동위 6세기,
17cm, 제성시박물관

비교 예 | 계미명 금동불삼존상,
삼국시대 563년, 17.5cm, 간송미술관

석조석가모니불좌상, 북제 556년,　　　석조아촉불좌상, 83cm　　　　석조무량수불좌상, 95cm
100cm, 하북성문물국

　　550년(천보天保원년), 고환의 둘째 아들, 고양高洋은 효정제孝靜帝에게 선
양을 강요하여 제齊를 세운다. 북제 초기인 천보 연간(550~559)에는 문
선제文宣帝가 적극적으로 불교를 후원함으로써 불상도 활발하게 조성된
다.[81] 실제 황실에서 발원한 불상이 출토되기도 하였다. 하북성 석가장
영수현靈壽縣의 유거사幽居寺 전탑에서 발견된 556년(천보7)명 석조석가모
니불좌상·석조아촉불좌상阿閦佛坐像·석조무량수불좌상이 그 예로, 조군
왕趙郡王 고예高叡가 돌아가신 백부亡伯 헌무황제獻武皇帝 고환高歡과 돌아
가신 형님 문양황제文襄皇帝 고징高澄을 위하여 석가모니불상을, 자신과
아내 정鄭씨를 위하여 아촉불상을, 돌아가신 아버지 고침高琛과 어머니
를 위하여 무량수불상을 조성한 것이다.[82] 비록 불상의 크기는 다르지
만 발원자가 같은 사람이라는 점과 대좌에 새겨진 "화불化佛", "비화불非
化佛", "법불法佛", "보불報佛" 등의 명문들로 보아 한 세트의 삼신불三身佛
로 추정된다.[83] 불상들은 몸에 나타난 입체감과 옷주름의 유기적인 표

현에서 황실 발원의 불상다운 면모를 보여 준다. 『속고승전續高僧傳』[정숭전靖嵩傳]의 수도 업성에만 4천 개의 큰 사원이 있었다는 기록도 이곳에 봉안되었을 황실 발원 불상들을 연상하게 한다.[84]

북제 초기의 불상에서는 동위의 영향이 여전히 남아 있지만, 인도와 동남아시아의 영향을 받은 남조 문화가 유입되면서 조형적으로 많은 변화가 일어난다.[85] 북위의 전통을 존중했던 북주와 달리, 북제는 한족 문화를 선호하여 남조와 적극적으로 교류하였다.[86] 또한 서역 문화도 적지 않게 받아들였는데, 조국曹國(서역 소그디아나) 출신의 조중달曹仲達은 불상의 조형적인 변화에 직접적인 영향을 미쳤다. 즉 그가 구사한 "얇은 옷을 입고 방금 물에서 나온 듯한(조의출수曹衣出水)" 조각 기법이 유행하여 몸의 굴곡이 그대로 드러나는 불상이 조성되었다.[87] 승려 도상道常이 553년(천보4)에 태자상太子像을 만들었다는 명문을 지닌 석조보살반가사유상이 이러한 예로, 동위 불상보다 훨씬 부드럽고 둥근 분위기가 느껴진다.[88]

석조보살반가사유상, 북제 553년, 52cm, 상해박물관

비교 예 | 국보83호 금동보살반가사유상, 삼국시대 7세기 초, 93.5cm, 국립중앙박물관
반가사유상의 사색적인 분위기는 동위와 북제의 반가사유상과 많이 닮았다.
상반신의 절제된 옷주름과 하반신의 활달한 옷주름도 비슷하다.

석조보살반가사유상, 북제, 높이 44.8cm, 폭 30.3cm, 국립중앙박물관

　비록 얼굴 모습 등 부분적으로 동위 말의 특징이 남아 있지만, 우리나라 국립중앙박물관의 석조보살반가사유상도 간결하게 처리된 옷주름과 온화하고 부드러운 분위기를 통하여 북제 초기에 조성되었음을 알 수 있다. 반가사유의 자세를 통하여 미륵보살로 추정되는 보살상은 연리목連理木 아래 앉아 있다.[89] 이 상은 도상적·재질적으로 하북성에서 출토된 불상과 많이 닮았다.

　북제 말이 되면, 천보 연간에 조성된 불상의 섬세한 조각 기법은 점

백대리석제 불입상, 북제 575년, 3.15cm,　　　석조쌍보살반가사유상, 북제 570년, 65.5cm,
네즈미술관　　　　　　　　　　　　　　　정정현문물보관소

차 형식화되고 단순화된다. 네즈미술관의 575년(무평武平6)명 백대리석
제 불입상이 이러한 예로, 간략화된 옷주름을 갖춘 형식화된 조형이다.
한편 북제에서는 남조의 영향을 받아 쌍사유상雙思惟像과 쌍관음상 등
존상이 쌍으로 조성되기도 하였다.[90] 570년(무평원년)에 조성된 석조쌍보
살반가사유상이 대표적인 예로, 연리목 아래 신체 비례와 조형적인 특
징이 동일한 2존의 보살반가사유상이 나란히 앉아 있다. 일반적인 반가
사유상의 모습을 한 왼쪽 상과 달리, 오른쪽 상은 왼쪽 다리를 오른쪽

석조불입상, 용흥사지 출토, 북제,
97cm, 청주시박물관

법계상 탁본

법계상, 용흥사지 출토, 북제,
115cm, 청주시박물관

무릎 위에 올려 놓고 왼손 손가락을 왼쪽 턱에 대고 있어 오른쪽 상과 대칭을 이루고 있다. 장방형에 가까운 얼굴 형태와 넓은 어깨에서 북제 말기 불상의 조형적인 특징이 확인된다.

북제 불상 중에는 수도 업성의 불상과는 다른 계보의 불상도 조성되는데, 산동성 청주의 용흥사지에서 출토된 다수의 북제 불상이 그 예이다.[91] 이 중에는 돈황 막고굴의 채색 소조상에 많이 보이는 분소의糞掃衣를 입은 불상도 있다. 중국에서 할의割衣라고도 하는 이 옷은 석가모니 붓다가 누더기 옷을 깁어 입었던 것에서 유래한다. 또한 불신관佛身觀이 발전하면서 삼계육도三界六道가 몸에 표현된 법계상法界像도 조성되었는데, 이는 법계의 주인으로서 노사나불상盧舍那佛像을 나타낸 것이다.[92] 용흥사지에서 출토된 북제 불상에서는 산동성이 지닌 지역성과 인도·동남아시아의 특징이 함께 나타난다. 이는 이곳이 5세기 초까지 남조의 동진과 송에, 469년부터 북위에 예속되는 등 남·북방 문화가 활발하게 교류되던 곳이기 때문이다. 즉 산동성 청주는 거야巨野를 거쳐 수도 업성으로 연결되고, 서주徐州(팽성彭城)와 광릉廣陵(양주揚州)을 거쳐 남조의 수도 남경으로 이어지는 교통로의 주요 거점이었다.

1 "황제즉당금여래皇帝卽當今如來"와 "보살황제菩薩皇帝"라는 표현은 이 시기 북방과 남방의 불교적인 성격을 대변한다.

2 劉慧達, 「北魏石窟與禪」, 『考古學報』 1978-3, pp. 337~352.

3 吉村怜, 「南北朝佛像樣式史論」, 『國華』 1066(1983. 9), pp. 5~18; 町田甲一, 「南北朝佛像樣式史批判」, 『國華』 1102(1987. 4), pp. 13~35; 吉村怜, 「龍門樣式南朝起源論—町田甲一氏の批判に答えて—」, 『國華』 1121(1989. 2), pp. 7~18; 松原三郎, 「中國佛像樣式南北—その試論として」, 『美術史』 59(1965. 12), pp. 63~77; 松原三郎, 「中國佛像樣式の南北—再考」, 『美術研究』 296(1975. 3), pp. 20~39; 江梅, 「魏晉南北朝佛教造像南北風格演變之研究」, 『朵雲』 60(2004), pp. 263~292.

4 Soper, A. C., "South Chinese Influence on the Buddhist Art of the Sixth Dynasties Period," pp. 47~112; 松原三郎, 「中國南朝像資料考」, 『佛敎藝術』 130(1980. 5), pp. 64~76; 羅世平, 「四川南朝佛敎造像的初步研究」, 巫鴻 主編, 『漢唐之間宗敎藝術與考古』, pp. 397~428.

5 『高僧傳』 卷13, [釋法獻], T. 50, No. 2059, p. 411下.

6 『道宣律師感通錄』, T. 52, No. 2107, p. 437下; 『法苑珠林』 권14, T. 53, No. 2122, pp. 395上~396上; 『宋書』 권97, 『文淵閣四庫全書』 258册, p. 644上中.

7 『宋書』 卷97, 文淵閣四庫全書, 258册, p. 649下; 『廣弘明集』 卷11, T. 52, No. 2103, p. 69上~70上. 실제로 금동불상을 녹여 돈으로 바꾸었다는 기록도 확인된다(『法苑珠林』 卷79, T. 53, No. 2122, p. 874中下).

8 『出三藏記集』 卷12, T. 55, No. 2154, p. 92中.

9 『法苑珠林』 卷17, T. 53, No. 2122, p. 408下; 『集神州三寶感通錄』 卷下, T. 52, No. 2106, p. 434中; 『高僧傳』 卷7, T. 50, No. 2059, pp. 372中~373上. 이 외에 많은 불상들이 황실을 중심으로 조성되었다(『出三藏記集』 卷12, T. 55, No. 2154, p. 92中下).

10 『比丘尼傳』 卷2, [建福寺道瓊比丘尼傳], T. 50, No. 2063, p. 938上.

11 『比丘尼傳』 卷2, [梁郡築戈村寺慧木尼傳], T. 50, No. 2063, p. 938下.

12 『고승전』 권13 [석법열釋法悅]에 보이는 송왕사宋王寺의 장팔무량수금상丈八無量壽金像(T. 50, No. 2059, pp. 412下~413上)과 『속고승전』 권10 [수서경선정도량석승랑전隋西京禪定道場釋僧朗傳]의 영취산靈鷲山 과실사果實寺의 삼존은상三尊銀像(T. 50, No. 2060, pp. 507下~508上), 『집신주삼보감통록』의 425년(원가2)명 문수금상文殊金像과 435년(원가12)명 동좌상, 437년(원가14)명 미륵금상에 대한 기록도 확인된다(T. 52, No. 2106, p. 418上中). 한편 금동불상 외에 아육왕의 넷째 딸이 금동서상金銅瑞像을 조성하였다는 기록도 확인된다(『續高僧傳』 卷10, [隋西京光明道場釋慧最傳], T. 50, No. 2060, p. 507下).

13 『名僧傳抄』 續藏經 134册, [道矯傳], p. 13下.

14 『高僧傳』 卷7, [釋道汪傳], T. 50, No. 2059, pp. 371下~372上.

15 『集神州三寶感通錄』 卷中, T. 50, No. 2106, p. 418中下.

16 『歷代名畫記』 卷5, [敍歷代能畫人名 戴逵條], 『文淵閣四庫全書』, 子部 118, 藝術類, No. 812, 臺北; 臺灣商務印書館, 1983, p. 324上; 『宋書』 卷93, 『文淵閣四庫全書』, 258册, pp. 587上~588上; 『南史』 卷75, 『文淵閣四庫全書』, 265册, pp. 1065上~1066上.

17 『集神州三寶感通錄』, T. 52, No. 2106, pp. 416下~417上; 『法苑珠林』 卷13, T. 53, No. 2122, p. 386中.

18 『集神州三寶感通錄』, 卷中, T. 52, No. 2106, p. 421上; 『法苑珠林』 卷14, T. 53, No. 2122, p. 390中.

19 "元嘉十四年歲在丑邴五朔五月一日, 弟子韓謙敬造佛像, 願令亡父母姨子兄弟, 値遇諸佛, 常與三寶共會". 松原三郎, 「元嘉十四年銘佛坐像」, 『國華』 1032(1980. 3), pp. 22~29.

20 『辯正論』 卷3, T. 52, No. 2110, p. 503上.

21 『出三藏記集』 卷12, T. 55, No. 2154, p. 93.

22 『南齊書』卷18, [志]10, p. 366.

23 『南齊書』卷18, [志]10, p. 366; 『法苑珠林』卷12, T. 53, No. 2122, p. 379下; 『廣弘明集』卷16, T. 52, No. 2103, pp. 211下~212上.

24 『南齊書』卷58, [列傳]39, 東南夷, pp. 1014~1017.

25 吉川忠夫, 「五, 六世紀東方沿海地域の佛敎-攝山棲霞寺の歷史によせて」, 『東洋史硏究』42-3(1983. 12), pp. 1~27; 林蔚, 「棲霞山千佛崖第13窟的新發見」, 『文物』1996-4, pp. 32~36; 宿白, 「南朝龕像遺迹初探」, 『朶雲』60(2004), pp. 115~156; 費泳, 「棲霞佛敎造像及傳播路徑探究」, 『朶雲』60(2004), pp. 214~262.

26 『高僧傳』卷3, [建福寺智勝尼傳], T. 50, No. 2059, pp. 942下~943上.

27 불상의 옷주름은 남경 서선교西善橋 죽림칠현竹林七賢의 영향을 받았다고 한다. 袁曙光, 「四川茂汶南齊永明造像碑及有關問題」, 『文物』1992-2, pp. 67~71; 邵磊, 「茂汶南齊永明造像碑質疑」, 『四川文物』2001-3, pp. 51~54.

28 "齊永明元年歲次癸亥七月十五日, 西涼曹比丘釋玄嵩, 爲帝主, 臣王, 累世師長, 父母兄弟六親眷屬及一切衆生, 敬造無量壽, 當來彌勒成佛二世尊像".

29 張肖馬·雷玉華, 「成都市商業街南朝石刻造像」, 『文物』2001-10, pp. 4~18.

30 제나라 건원建元 연간(479~482)에 보이는 부남국의 석상에 대한 기록은 이러한 상황을 입증해 준다. 『集神州三寶感通錄』卷中, T. 52, No. 2106, p. 418下.

31 諏訪義純, 「梁武帝佛敎關係事蹟年譜考(一)(二)」, 『佛敎史學硏究』 26-1(1983. 11), pp. 45~76; 26-2(1984. 3), pp. 72~94; 鈴木啓造, 「皇帝卽菩薩と皇帝卽如來について」, 『佛敎史學』10-1(1962. 3), pp. 1~15; 顔尙文, 「梁武帝受菩薩戒及捨身同泰寺與『皇帝菩薩』地位の建立」, 『東方宗敎硏究』新1期(1990. 10), pp. 43~89.

32 『梁書』卷54, 文淵閣四庫全書, 本 260冊, p. 465上. 이 외에 502년(천감원년)의 단상과 관련된 기록(『集神州三寶感通錄』卷中, T. 52, No. 2106, p. 419中下; 『法苑珠林』卷14, T. 53, No. 2122, p. 389上)과 『출삼장기집出三藏記集』권12의 내용(T. 55, No. 2154, p. 92), 『양서梁書』 [열전列傳]에 보이는 529년(중대통원년)에 반반국盤盤國과 530년에 단단국丹丹國에서 아상牙像을 보내온 기록, 『양서』 권54의 우진국于闐國에서 541년(대동大同7)에 옥불玉佛을 헌상한 것, 『양서』 권54와 『광홍명집廣弘明集』 권15의 519년(천감18)에 부남국의 사신이 천축의 전단서상旃檀瑞像을 보내온 사실(『梁書』卷54, pp. 787~793; 『廣弘明集』卷15, T. 52, No. 2103, pp. 203下~204上), 양무제 때 우전왕상과 관련된 『속고승전』의 기록 등도 있다(『續高僧傳』卷29, [唐楊州長樂寺釋住力傳], T. 50, No. 2060, p. 695上).

33 米芾, 『畫史』, [六朝畫], 『文淵閣四庫全書』, 子部, 118, 藝術類, No. 812, 臺北: 臺灣商務印書館, 1983, p. 4上.

34 동진의 고개지顧愷之가 흥령興寧 연간(363~365)에 건강康康의 와관사瓦官寺에서 그린 유마상은 병들고 야윈 모습이었다(『歷代名畫記』卷2, [論畫體工用搨寫], 『文淵閣四庫全書』, 子部, 118, 藝術類, No. 812, p. 295下). 이 유마상은 구마라집이 『유마힐소설경維摩詰所說經』을 번역하기 전의 상으로, 아마 후한의 엄불조嚴佛調가 188년에 번역한 『고유마힐경古維摩詰經』이나 오吳나라 지겸支謙이 번역한 『유마힐경維摩詰經』(223~252년 번역)에 근거한 것으로 추정된다.

35 낙양의 용문석굴에서 유마와 문수의 대화 장면이 표현되는 것은 선문제宣文帝가 『유마경』을 좋아했던 것과 관련된다. 유마와 문수에 대해서는 다음의 글을 참고하였다. 石松日奈子, 「維摩·文殊像の硏究-中國南北朝佛敎美術における左右對置表現の一例として-」, 『南都佛敎』71(1995), pp. 31~63.

36 『集神州三寶感通錄』卷中, T. 52, No. 2106, p. 419下; 『法苑珠林』卷14, T. 53, No. 2122, p. 389上中.

37 『高僧傳』卷13, [釋法悅], T. 50, No. 2059, pp. 412下~413上. 2009년, 남경 신가구新街口에서 출토된 금동불상들도 이러한 조형적 전통을 잇는 양나라 불상의 예이다. 이들 불상에 관해서는 다음의 글에서 확인할 수 있다. 南京市博物館, 『博古珍賞 南京市博物館精品集』1, 2011; 양은경, 「남경지역 남조 금동불상에 대한 일고찰」, 『CHINA연구』11(2011), pp. 67~98; 후지오카 유타카藤岡穰, 「중

국 南朝造像의 제작과 전파」, 『미술자료』89(2016), pp. 216~251.

38 劉志遠·劉廷璧, 『成都萬佛寺石刻藝術』, 北京: 中國古典藝術出版社, 1958; 袁曙光, 「成都萬佛寺出土的梁代石刻造像」, 『四川文物』1991-3, pp. 27~31; 李巳生, 「成都萬佛寺梁代造像藝術特色的形成」, 『敦煌研究』1992-3, pp. 86~92; 山名伸生, 「吐谷渾と成都の佛像」, 『佛敎藝術』218(1995. 1), pp. 11~38; 袁曙光, 「四川省博物館藏萬佛寺石刻造像整理簡報」, 『文物』2001-10, pp. 19~38; 八木春生, 「中國成都地方の佛敎造像について−520~540年代の作例を中心として−」, 『佛敎藝術』260(2002), pp. 33~60; 四川博物院·成都文物考古研究所·四川大學博物館 編, 『四川出土南朝佛敎造像』, 北京:中華書局, 2013.

39 金子典正, 「中國四川省出土阿育王像に関する調査研究−阿育王像說話の成立と南北朝時代の造像を中心に−」『鹿島美術研究年報別册』20(2002), pp. 361~369; 蘇鉉淑, 「政治, 祥瑞和復古:南朝阿育王像的形制特徵及其含義」, 『故宮博物院院刊』2013-5, pp. 145~160.

40 『歷代三寶紀』卷6, T. 49, No. 2034, p. 65上; 卷11, p. 98中.

41 吉村怜, 「成都萬佛寺出土佛像と健康佛教」, 『佛敎藝術』240(1998. 9), pp. 33~52; 成都市文物考古研究所, 『成都市西安路南朝石刻造像發掘簡報』, 『佛敎藝術』252(2000. 9), pp. 13~34; 李裕群, 「試論成都地區出土的南朝佛敎石造像」, 『文物』2000-2, pp. 64~75; 雷玉華, 「成都市商業街南朝石刻造像」, 『文物』2001-10, pp. 4~18.

42 山名伸生, 「吐谷渾と成都の佛像」, pp.11~38; 姚崇新, 「吐谷渾佛敎論考」, 『敦煌研究』2001-1, pp. 53~63.

43 "普通四年三月八日, 弟子康勝, 發心造釋迦文石像一軀, 願現在眷屬, 常安隱, 舍身受形, 常見佛聞法, 及七世父母, 合一切有形之類, 普同此願, 早得成佛, 廣度一切".

44 "中大同三□二月□□比丘, 愛奉爲亡□兄及現□□□, 敬造官世菩薩一軀, 願□□遊神淨土□□□奉供養佛現□眷屬□常□□□六□□切衆生普同□".

45 "梁中大同元年太歲丙寅十一月五日比丘釋慧影奉爲亡父亡母并及七世久遠出家師僧并及自身廣及六道四生一切眷屬咸同斯福". 명문 아래쪽에는 청나라 1868년에 이가복李家福이 소주蘇州에서 얻어 공양하였다는 또다른 명문이 추각되어 있다("梁造像記, 同治七年戊辰元旦石門李家福全妻徐氏章氏得吳門一心供養"). 이 존상에 대해서는 다음의 글을 참고하였다. 丁文光, 「梁中大同元年造釋迦石像(上海博物館藏)」, 『文物』1961-12, pp. 50~51; 文明大, 「南北朝樣式問題와 梁中大同元年銘 金石三尊佛像의 硏究」, 『講座美術史』9(1997. 9), pp. 7~24.

46 吉村怜, 「南朝法華經普門品變相」, 『天人誕生圖の硏究』, 東京: 東方書店, 1999, pp. 385~402; 金惠瑗, 「중국 초기 淨土 표현에 대한 고찰 − 四川省 成都 발견 造像을 중심으로−」, 『美術史硏究』17(2003), pp. 3~29.

47 『續高僧傳』卷29, [唐楊州長樂寺釋住力傳], T. 50, No. 2060, p. 695上中.

48 『辯正論』卷3, T. 52, No. 2110, p. 503中下.

49 『續高僧傳』卷10, [唐吳郡虎丘山釋智聚傳], T. 50, No. 2060, pp. 502下~503中.

50 "太建元年十二月十日徐大智爲自身造佛□及六道四生".

51 『請觀世音菩薩消伏毒害陀羅尼呪經』, T.20, No.1043, p. 34下.

52 "太平眞君四年高陽蠡吾任丘村人菀申發願, 爲東宮皇太子造白玉菩薩, 下爲父母一切知識, 彌勒下生, 龍華三會, 聽受法言, 一時得道. 申弟菀覇菀景菀恩菀亮侍佛時, 所求如意, 常見諸佛. 淸信士女劉文美菀景妻侍佛時".

53 『方廣大莊嚴經』卷3, T. 3, No. 187, p. 557下.

54 "太和元年九月十日, 安憙縣堤陽□□, 願己身爲(亡)(父)母, 造釋加文佛, 又爲居家眷屬大小現世安隱, 亡者生(天). 宜語諸佛所願, 如是故記之耳".

55 "太和八年七月六日, 淸信士趙 爲亡父母造觀世音像壹軀".

56 本田義英, 「觀音釋名考」, 『奈良』13(奈良: 奈良發行所, 1930), pp. 15~31.

57 "太和十三年三月四日九門縣南鄃村寬法王兄弟四人爲亡父母造釋迦多寶願使亡者生天常以佛會故記之".

58 『妙法蓮華經』卷4, [見寶塔品] 第11, T. 9, No. 262, pp. 32中~33下.

59 "熙平三年二月十六日, 蒲吾縣□辟寺比丘曇任道密兄弟二人, 上爲父母己身□□, 敬造多寶釋迦. □世尊禮拜供養, 父王□侍佛時, 母□□□□".

60 "大魏正光五年九月戊申朔十八日, 新市縣□牛猷, 爲亡儿□秩造彌勒像一軀, 願亡儿居家眷屬, 常與佛會".

61 백제 위덕왕威德王(554~597) 때부터 남조만이 아니라 북조의 영향도 받기 시작한다.

62 李力, 「北魏洛陽永寧寺塔塑像的藝術與時代特徵」, 巫鴻 主編, 『漢唐之間的宗敎藝術與考古』, 北京: 文物出版社, 2000, pp. 353~375.

63 李淞, 『陝西古代佛敎美術』, 西安: 陝西人民敎育出版社, 2000, pp. 25~29.

64 于春, 「長安北魏佛敎造像分期硏究－以紀年造像爲中心－」 『故宮博物院院刊』 2016-5, pp. 92~102.

65 松原三郎, 「西魏北周佛の一考察」, 『增訂中國佛敎彫刻史硏究』, 東京: 吉川弘文館, 1966, pp. 117~128; 八木春生, 「西安北周石造如來立像の特徵について」 『中國佛敎造像の變容 南北朝後期および隋時代』, 京都: 法藏館, 2013, pp. 267~296; 于春, 「長安における北周時代の佛敎造像」, 『佛敎文明の輪回と表現 文字·言語·造形と思想』, 東京:勉誠出版, 2015, pp. 407~433; 하마다 타다미(濱田瑞美), 「중국 西魏·北周의 불교조각－如來像의 樣式變容에 대하여」, 『미술자료』89(2016), pp. 80~100.

66 "大統八年歲在壬戌□月□未佛弟子楊□愛一心時, 妻馬金丑一心時…".

67 『釋迦方志』卷下, T. 50, No. 2088, p. 974下; 趙力光·裵建平, 「西安市東郊出土北周佛立像」, 『文物』 2005-9, pp. 76~90; 中國社會科學院 考古硏究所 編, 『古都遺珍－長安城 出土的北周佛敎造像』, 北京:文物出版社, 2010.

68 『續高僧傳』卷16, [周京師大追遠寺釋僧實傳], T. 50, No. 2060, pp. 557下~558中.

69 王敏慶, 『北周佛敎美術硏究－以長安造像爲中心』, 北京: 社會科學文獻出版社, 2013.

70 『周書』卷5, [帝紀]5, 武帝, p. 85.

71 『續高僧傳』卷10, 「隋彭城崇聖道場釋靖嵩傳」, T. 50, No. 2060, pp. 501中~502上.

72 『佛祖統紀』卷38, T. 49, No. 2035, p. 356中. 2012년, 업성 유적 동쪽 북오장北吳莊에서 다량의 동위와 북제 불상이 출토되었다. 中國社會科學院考古硏究所·河北省文物硏究所 鄴城考古隊, 「河北鄴城遺址趙彭城北朝佛寺與北吳莊佛敎造像埋藏院」, 『考古』 2013-7, pp. 49~68; 허리췬(河利群), 「東魏·北齊시기 鄴城의 불교조각」, 『미술자료』89(2016), pp. 168~182.

73 松原三郎, 「東魏彫刻論－その特性とわが飛鳥止利樣式との關係」, 『美術硏究』 202(1959. 1), pp. 17~33.

74 "□魏天平二年(中略)乙卯十(月)…甘六日高陽郡…(縣)張白奴寺尼□欽張寧遠造(彌)勒尊像一軀…祚永萬万…(泰)七世師僧…現在宗親□學徒衆生生世世常與佛會一切衆生咸同斯福. 比丘尼靖鈫比丘尼靖姜比丘尼僧姬比丘尼靖珎靖生比丘尼羽姜比丘尼智敬比丘尼阿盡比丘尼靖圓靖云靖艶靖賓靖林靖寶靖顥靖邑靖勝靖照靖會洪但□敬靖幻(申)奉叔申歡(張)白奴申蒲丘□寧遠申憍張(暾)…申遺(中略)奴□姜□□(助)(中略)王陽…寶王□□(張)人伯".

75 "天平三年三月三日, 定州中山上曲陽縣, 佛弟子樂□, 樂□龍, 東檀□樂道…, 敬造彌勒像一區, 願天下太平…, 一切衆生, 俱成正覺".

76 王巧蓮·劉友恒, 「正定收藏的部分北朝佛敎石造像」, 『文物』1998-5, pp. 70~74. 이곳에서 대략 북위 552년(신구3)부터 당나라 750년(천보天保9)까지 조성된 2,200여 존의 불상이 출토되었다.

77 楊伯達, 「曲陽修德寺出土紀年造像的藝術風格與特徵」, 『故宮博物院院刊』 2(1960. 3), pp. 43~52; 『埋もれた中國石佛の硏究』, 東京: 東京藝術, 1985.

78 王華慶·莊明軍,「析龍興寺造像中的"螭龍"」,『文物』2000-5, pp. 46~61; 莊明軍,「靑州 佛敎造像 중의 "螭龍"」,『美術을 通해 본 中國史』, pp. 206~219; 李森,「北朝崔氏家族靑州龍興寺造像活動發覆」,『敦煌硏究』2013-2, pp. 36~38.

79 "大魏天平三年六月三日, 張河間寺尼智明, 爲亡父母亡兄弟亡姉, 敬造尊象一區, 願令亡者託生淨土見在蒙福, 又爲一切咸同斯慶…".

80 李少南,「山東博興出土百餘件北魏至隋代銅造像」,『文物』1984-5, pp. 21~31; 韓崗,「山東諸城出土北朝銅造像」,『文物』1986-11, pp. 95~96; 곽동석,『한국의 금동불 I』, 다른세상, 2016.

81 岡田健,「北齊樣式の成立とその特質」,『佛敎藝術』159(1985. 4), pp. 31~47; 정예경,『중국 북제 북주 불상연구』, 혜안, 1998.

82 『世界美術大全集 3 三國·南北朝』, 東京: 小學館, 2000, pp. 264~265.

83 중앙의 석가모니불상, 동방의 아축불상, 서방의 무량수불상이라는 관점에서 보면, 중국 최초의 횡삼세불橫三世佛일 가능성도 배제할 수는 없다. 과거, 현재, 미래의 시간적인 개념에 기준한 수삼세垂三世와 달리, 횡삼세는 중앙, 동방, 서방 등 공간적인 개념으로 사용된다.

84 『續高僧傳』卷9, [隋彭城崇聖道場釋靖嵩傳], T. 50, No. 2060, p. 501中.

85 Soper, A. C., "South Chinese Influence on the Buddhist Art of The Six Dynasties Period," *Museum of Far Eastern Artiquities Bulletin*, 32(1960), pp. 94~95; 岡田 健,「北齊樣式の成立とその特質」, pp. 31~48; 村松哲文,「中國南北朝期における菩薩像の胸飾について」,『美術史硏究』37(1999), pp. 77~98.

86 宮崎市定,『九品官人法の硏究』, 東京: 同朋社, 1977, p. 513.

87 宿白,「靑州龍興寺窖藏所出佛像的幾個問題」,『山東靑州龍興寺出土佛敎石刻造像精品』, 北京: 中國歷史博物館出版社, 1999, pp. 14~23; 金維諾,「靑州龍興寺造像的藝術成就-兼論靑州背屛式造像及北齊"曹家樣"」,『漢唐之間的宗敎藝術與考古(巫鴻 主編, 北京: 文物出版社, 2000), pp. 377~396; 邱忠鳴,「曹仲達與"曹家樣"硏究」,『故宮博物院院刊』2006-5, pp. 86~105. 한편 이러한 원인보다도 동위말 북제초의 고승 法上의 승복 개혁(『續高僧傳』卷8, [釋法上], T. 50, No. 2060, p. 485下)이나 선비화鮮卑化의 유행과 관련되는 것으로 보기도 한다(劉東光(勝木言一郎 譯),「響堂山石窟に關するいくつかの問題について」,『佛敎藝術』230(1997.1), pp. 37~55).

88 "大齊天保四年歲次癸酉八月辛卯朔十九日乙酉, 口宋寺比丘道常…".

89 Yen, Chuan-ying, "The double tree motif in Chinese Buddhist iconography(Ⅰ)(Ⅱ) ," *National Palace Museum of Bulletin*, 14-5(1979. 12), pp. 1~14; 14-6(1980. 2), pp. 1~13; 崔善柱,「國立中央博物館 所藏 北齊〈樹下半跏思惟像〉에 대한 考察」,『美術資料』69(2003. 10), pp. 115~132; 姜熺靜,「龍樹, 龍華樹, 連理木」,『美術을 通해 본 中國史』, 2004, pp. 70~81.

90 북제에서 쌍으로 같은 도상을 조성하는 전통은 사천성 문천현汶川縣 등지에서 출토된 쌍보살입상에서 볼 수 있는 것과 같이 5세기말이나 6세기 초에 남조에서 찾을 수 있다.

91 宿白 等,「盛世重光:山東靑州龍興寺出土佛敎石刻造像精品」, 北京: 中國歷史博物館·中國華觀藝術品有限公社·山東靑州市博物館, 1999; 宿白,「靑州龍興寺窖藏所出佛像的幾個問題-靑州城與龍興寺之三」,『文物』1999-10, pp. 44~59; 東京國立博物館,『中國國寶展』, 東京: 東京國立博物館, 2000; 夏名釆·王(山瑞)霞, 「靑州龍興寺出土背屛式佛敎石造像分期初探」,『文物』2000-5, pp. 50~61; Lukas Nickel ed., *The Return of the Buddha: Buddhist Sculptures of the 6th Century from Qingzhou, China*, Zürich: Museum Rietberg Zürich, 2002; Katherine R. Tsiang, "Embodiments of Buddhist Texts in Early Medieval Chinese Visual Culture," in Wu Hung and Katherine R. Tsiang eds, *Body and Face in Chinese Visual Culture*, Cambridge: Harvard University Asia Center, 2005, pp. 49~78; 八木春生,「山東地方における北齊如來立像に關する一考察」,『佛敎藝術』293(2007. 7), pp. 55~77; 吉村怜,「靑州龍興寺址出土·北齊インド風佛像の起源」,『奈良美術硏究』16(2015), pp. 1~2.

92 법계상 속의 산수山水는 선관 수행과 관련될 가능성이 높다. 용흥사지 출토 법계상에 표현된 육도六道는 산동성 제성 출토의 법계상에서는 거의 없는 도상이다. 제성 출토 법계상은 일반적으로 가슴 중앙에 수미산과 용이 표현된다. 吉村怜,「盧舍那法界人中像の硏究」,『美術硏究』203(1959.03),

pp. 235~269; Howard, A. F., "The Monumental Cosmological Buddha in the Freer Gallery of Art: Chronology and Style," *Ars Orient*, 14(1984), pp. 53~73; *The Imagery of the Cosmological Buddha*, Leiden, 1986; 朴亨國, 「いわゆる人中像という名稱について-吉村怜「盧舍那法界人中像の研究」の再檢討-」, 『密敎圖像』 16(1997), pp. 78~106; 吉村怜, 「盧舍那法界人中像再論-華嚴敎主舍那佛と宇宙主的釋迦佛」, 『佛敎 藝術』 242(1999. 1), pp. 27~49; 顏娟英, 「北朝華嚴經造像的省思」, 『中世紀以前的地域文化, 宗敎與 藝術』, 臺北: 中央研究院第三屆國際漢學會議論文集歷史組, 2002, pp. 333~368.

3
불상의 전성기

수의 불상
당의 불상

一 수의 불상

수나라 황제들은 적극적으로 불교를 후원하였으며, 많은 불상을 조성하고 보수하였다. 문제文帝(581~604 재위)는 불상을 새로 조성하는 것은 물론, 북주 무제(560~578 재위)의 폐불 정책[1]으로 인하여 파손된 불상들을 수리하는데 주력하였다.[2] 즉 금은과 단향檀香, 협저夾紵, 상아牙, 돌 등 다양한 불상재佛像材를 이용하여 106,580존의 불상을 조성하고, 1,508,940존을 수리하였다.[3] 600년(개황開皇20)에는 불상을 훼손하는 사람을 대역죄로 다스린다는 칙령을 내리기도 하였다.[4] 또한 대흥선사大興善寺를 창건하고, 담연曇延을 위하여 연흥사延興寺를, 부인 독고씨獨孤氏를 위하여 603년(인수仁壽3)에 선정사禪定寺를 건립하였다.[5] 그의 재위 기간에 3,790개의 사원과 112기의 불탑이 건립되었다.[6]

양제煬帝(604~617 재위)는 양주총관揚州總管이던 591년(개황11)에 천태대사天台大師 지의智顗를 계사戒師로 삼아,[7] 스스로 "보살계제자菩薩戒弟子"라고 칭하였다. 그도 아버지 문제만큼 불교를 후원하고, 많은 불상을 조성하였다. 그는 3,850존의 불상을 조성하고, 101,000존을 보수하였다.[8] 남조 문화를 애호한다는 그의 소문을 듣고 강남의 많은 승려들이 장안으로 오면서 불상에도 남조의 영향이 미치게 된다.

황제들이 불교를 후원하는 분위기 속에서 황실과 귀족들도 적극적으로 불상 조성에 참여하였다. 문제의 비 독고황후는 친정아버지 독고신獨孤信을 위하여 장안의 상락방常樂坊에 조경공사趙景公寺를 건립하였다. 조경공사의 화엄원華嚴院에는 그가 조성한 600여 존의 소은상小銀像과 13존의 금불金佛, 6척의 대은상大銀像, 유석鍮石으로 만든 노사나불입상盧舍那佛立像이 봉안되어 있었다.[9] 문제 때 예부상서禮部尙書를 지낸 장영張穎은 장안의 안읍방安邑坊에 있던 자신의 집을 응법사應法寺로 개조하여 10만 존의 유금은불상鎏金銀佛像[은제도금불상]을 봉안하였다.[10] 또한 지자대사智者大師는 평생 동안 36개의 사원을 건립하고 80만 존의 불상을 조성하였다.[11]

불상을 조성하고 보수하는데 많은 장인이 동원되었다.[12] 이 중 가장 특출한 사람은 한백통韓伯通이었다. 그는 장안의 대운사大雲寺 소조불상 등 많은 불상을 조성하고, 그 능력을 인정받아 "상장相匠"으로 불렸다. 당나라 때에도 계속해서 활동하였는데, 667년(건봉乾封2)에는 고종高宗의 명을 받들어 도선道宣의 초상을 조각하였다. 수나라에서 활동한 많은 장인들 중에는 일부 외국 승려들도 포함되어 있었다.『집신주삼보감통록集神州三寶感通錄』에는 문제 때에 천축 승려 담마졸차曇摩拙叉가 사천성 성도成都의 대석사大石寺에서 12존의 신상을 나무로 조각하였다는 기록이 있다.[13] 대석사의 신상이 외국 승려에 의해 조성되었다는 단순한 이유만으로 특기한 것인지, 아니면 담마졸차가 외국 승려들을 대표하는 장인이었기 때문인지는 알 수가 없다. 그러나 그의 활동은 수나라 불상이 전통적인 조형 위에 인도의 영향을 받았다는 것을 짐작하게 해 준다.

금동아미타불좌상, 수 584년, 41cm, 섬서성역사박물원

　수나라 불상은 조형적으로 지역성이 짙지만, 점차 수나라 불상의 전형적인 특징이 정립된다. 개황 연간(581~600)에 보이는 이러한 양상은 북주 폐불 이전에 조성된 장안 불상의 기초 위에서 이루어졌다.[14] 개황 연간 후기가 되면, 북주 폐불로 인하여 강남으로 피신했던 승려와 장인들이 장안으로 돌아오면서 남조의 영향 속에 전형적인 수나라 불상의 조형이 완성된다.[15] 즉 불상은 적절한 신체 비례와 균형 잡힌 몸을 갖추고 있으며, 보살상은 좌우대칭적인 부동자세에서 벗어나 목과 허리를 살짝 비틀고, 한쪽 무릎을 내민 유연한 모습을 하고 있다.

　섬서성 서안西安에서 출토된 금동아미타불좌상은 동흔董欣이 584년(개황4)에 조성한 것으로,[16] 균형 잡힌 몸에 사색적인 얼굴 표정을 한 전형적인 수나라 불상이다. 모든 존상이 두광을 갖추고 있다는 점, 남조 불

석조보살입상, 수 585년,
3.07m, 도쿄국립박물관

● 비교 예1 | 석조불입상, 하북성 보정시 숭광사 출토, 수 585년,
　　　5.78m, 영국박물관
●● 비교 예2 | 금동불입상, 양평출토, 삼국시대 7세기, 30cm,
　　　국립중앙박물관

상에서나 볼 수 있던 난간으로 꾸며진 좌대, 솔방울 모양의 대좌 앙련
은 새롭게 나타난 특징들이다.

　한편, 석조불상은 하북성 곡양曲陽과 정현定縣에서 많이 조성되었다.
곡양 출토 불상 중 수나라의 기년명을 지닌 불상이 80여 존이나 되는 것
은 하북성이 당시 불상 조성의 중심이었다는 것을 알려 준다.[17] 이 중 정
현에서 전래된 585년(개황5)명 석조보살입상은 대작으로서,[18] 온화한 표
정과 안정감 있는 자세를 하고 있다. 양쪽 어깨에서 시작된 영락 장식
은 배 앞에서 교차되어 다리까지 흘러내리고 있다. 명문의 숭광사崇光寺
는 하북성 한최촌韓崔村에 있던 사원이다. 섬서성 서안의 사원에서 전래
되었다고 하는 보스톤미술관의 석조관음보살입상도 개황 연간에 조성

석조관음보살입상, 수 580년경, 2.49m 보스톤미술관

된 보살상의 전형적인 특징을 보여 준다. 보살상은 네모서리가 사자로 장엄된 방형 좌대와 그 위의 연화좌를 갖추고 있다. 개황 연간의 보살 상답게 당당한 자세를 하고 있으며 양손으로는 연꽃을 잡고 있다. 살짝

비교 예 | 금동관음보살입상, 선산출토 ,삼국시대 7세기, 34cm,
국립대구박물관

숙인 머리와 그윽한 눈빛, 미소를 머금은 입에서 자비로운 관음보살의
종교성이 묻어 나온다. 번잡할 정도의 화려한 장엄과 옥수수 다발을 연
상하게 하는 영락 장식, 감입 기법이 표현된 허리띠는 수나라 보살상에
보이는 전형적인 특징이다.

금동아미타불좌상, 수 593년, 76.5cm, 보스톤미술관

한편, 하북성 조현趙縣의 정가곽鄭家廓에서 출토된 593(개황13)명 금동아미타불좌상은 범씨范氏 등 30명이 황제를 위하여 조성한 것이다.[19] 불상을 중심으로 보살상, 제자상, 벽지불辟支佛이 양옆에서 협시하고 있다.[20] 도상 구성과 대좌 형식이 584년명 금동아미타불좌상과 많이 닮았다. 불상은 상체가 약간 긴 듯하지만, 우아한 분위기의 안정된 자세를 하고 있다. 얼굴은 이마가 넓은 방형이다. 여느 불상과 달리, 투각 기법으로 표현된 두광을 갖추고 있다. 북제와 북주의 수하설법상樹下說法像의 전통을 계승한 듯 불상은 두 그루의 나무 아래에서 설법하는 모습이다. 보살상은 입체적인 머리와 편평한 몸을 가지고 있으며, 화려한 장엄으로 치장되어 있다. 대좌의 문양은 감입 기법으로 넣은 듯이 표현되었다. 일부 후보된 것도 있지만, 존상들을 앞뒤로 배치하여 공간감을 부여함으로써 이곳이 아미타불이 설법하는 서방극락정토라는 것을 암시하고 있다.

600년 이후, 불상은 개황 연간의 조형적인 특징을 그대로 계승하였지만, 보살상은 더욱더 유연한 모습으로 바뀌었으며, 번잡하게 느껴질 정도로 화려하게 장엄되었다.[21]

당의 불상

당나라는 일반적으로 초당, 성당, 중당, 만당으로 구분된다. 불상은 조형적인 변화가 나타나는 8세기 중반 안사安史의 난을 기준으로 전기(초당과 성당)와 후기(중당과 만당)로 나뉜다. 당나라 건국 후, 태종太宗은 불상 매매를 금지하는 등 도교 정책을 실시함으로써 불교는 상당히 위축되었다.[22] 당나라 초기에 황제 발원의 불상이 거의 없는 것은 당연한 것이었다. 도교 정책은 귀족들에게도 영향을 미쳐 불상 조성에 소극적인 자세를 갖게 하였다. 이러한 점에서 중서사인中書舍人 마주馬周가 639년(정관貞觀13)에 조성한 석조불좌상은 몇 예 되지 않는 이 시기의 불상으로서 주목된다. 불상은 머리가 크고 어깨는 좁으나 전체적으로 안정된 자세로, 옷주름도 몸의 굴곡을 따라 유기적으로 표현된 편이다.

7세기 후반이 되면, 불상은 중국불교조각의 전성기를 맞는다.[23] 645년(정관19)에 귀국한 현장玄奘(596~668)을 필두로 인도와 서역을 왕래했던 전법승傳法僧과 구법승求法僧들에 의해 새로운 도상의 인도 불상이 당나라에 전래되고,[24] 측천무후則天武后 (624~705)의 적극적인 불교 후원에 힘입어 많은 불상이 조성된다.

629년(정관3), 인도 성지 순례와 불교 원전原典을 구할 목적으로 구법 여행을 떠났던 현장은 645년에 귀국할 때, 여러 존의 불상을 가지고 돌아왔다.[25] 이들 불상은 당나라 불교 조각에 도상적으로 상당한 영향을 미쳤다. 『남해기귀내법전南海寄歸內法傳』과 『대당서역구법고승전大唐西域求法高僧傳』의 저자 의정義淨 (625~713)도 671년(함형咸亨2)에 광동성 광주廣州를 출발하여 695년(증성證聖원년)에 귀국하였는데, 구법승들이 반드시 들렀

석조불좌상, 당 639년, 81cm, 후지유린칸

던 마하보리사摩訶菩提寺에서 그도 정각상正覺像을 예불하고 그것을 모방한 금강좌진용상金剛座眞容像 1존을 가지고 돌아왔다.[26]

한편, 인도를 왕래했던 사신들도 불상을 참배하고 그것을 베껴 왔다. 643년(정관17)부터 약 20년 동안 서너 차례나 인도를 왕래했던 왕현책王玄策은 대표적인 사람이다.[27] 인도를 세 번째로 방문하던 660년(현경顯慶5)에 그는 동행했던 화가 송법지宋法智에게 마하보리사의 정각상을 그리게 하여 장안에 가져왔는데, 많은 승려와 도속道俗들이 앞을 다투어 그것을 모사하였다고 한다.[28] 왕현책은 『서국지西國志』 60권과 『화도畵圖』 40권으로 구성된 100권의 책을 666년(건봉乾封원년)에 완성하였는데,[29] 그가 찬술한 이들 도화서에 포함된 인도 불상의 그림들은 당나라 불상의 모델이 되었다. 이 불상도상집의 실체는 구체적으로 알 수 없으나,[30]

돈황 출토 비단 그림
비단 그림의 가장자리에 배치된 도상들은 대부분 불전도와 관련된다.

마하보리사 촉지인 불좌상, 팔라시대

● 참고 예 | 감산사 석조미륵보살입상, 통일신라시대 719년, 높이 201cm, 국립중앙박물관
신라 사신 김지성이 당나라 수도 장안을 방문하고 돌아와 조성한 보살상으로, 광배 뒷면에는 "유가사지론"
이 새겨져 있다. 당시 장안의 랜드마크였던 자은사 대안탑과 현장의 『유가사지론』에 감명을 받아 조성한 것
으로 추정된다.

아마 인도의 뉴델리국립박물관National Museum of India, New Delhi과 영국박
물관The British Museum의 비단 그림과 많이 닮았을 것이다.[31] 즉 인도 불상
들을 그리고 그 옆에 그것이 어떤 불상인지 이름을 써서 구체적으로 설
명하는 형태의 그림책이었을 것이다. 낙양의 경애사慶愛寺 불전佛殿에 있
던 보리수菩提樹 아래의 소조미륵보살상이 왕현책이 서역에서 그려온
보살상을 모델로 하였다는 『역대명화기歷代名畫記』[동도사관화벽東都寺觀畫
壁]의 기록은 이러한 불상도상집을 참고로 하여 불상이 실제로 조성되
었다는 것을 알려 준다.[32]

7세기 후반 당나라 불상에 가장 큰 영향을 준 인도 불상은 단연 마하
보리사의 정각상이었다. 당나라 사람들에게 마하보리사 정각상에 대한

"인도불상"명 선업니불좌상, 당 7세기 중반

예불은 매우 특별한 것이었다. 즉, 정각처正覺處의 불상이 지닌 상징성과 미륵보살이 만든 석가모니 붓다의 진용眞容(참모습)이라는 의미가 부여되어 있기 때문이다.[33] 마하보리사 정각상이 7세기 후반에 당나라에 소개되면서 이것을 모델로 한 불상이 많이 조성되었다.[34] 이 불상은 의정이 귀국하면서 다시 소개되어 현장과 왕현책이 활동하던 때부터 의정이 활동하던 8세기 전반까지 당나라에서 지속적으로 조성된다.

마하보리사 정각상은 선업니善業泥 불상, 장엄여래상莊嚴如來像, 항마촉지인降魔觸地印 불좌상 등 다양한 형식으로 당나라에서 조성되었다.[35] 이들 불상은 『대당서역기』의 기록과 송법지의 그림에 기초하여 만들어졌다. 『대당서역기』에는 정각상의 수인, 착의법, 좌향坐向(동향東向), 불상 재료(향니香泥), 크기가 구체적으로 명시되어 있다.[36] 송법지가 그렸다는 정각상은 전하지 않지만, 아마 『대당서역기』에 기록되어 있는 편단우견식으로 옷을 입고 항마촉지인을 결한 가부좌한 불상이었을 것으로 추정된다.

"인도 불상印度佛像"과[37] "묘색신상妙色身相"의 명문을 지닌 선업니 불상은 마하보리사 정각상에 사용된 향니와 관련될 가능성이 높다.[38] 선업니 불상은 『대당서역기』에서 처음 사용되기 시작한 "인도"라는 이름에서도 알 수 있듯이 인도 불상, 즉 정각상을 모델로 하여 조성되었다. 불상은 대부분 편단우견식으로 옷을 입고 항마촉지인을 결한 채 가부좌하고 있다. 불상은 어깨가 넓고 허리가 가늘며, 보살상은 팔등신의 늘씬한 비례를 하고 있어서 인도 불상의 영향을 받았다는 것을 알 수 있다. 불상 아래쪽에 있는 명문은 연기법송緣起法頌이다. "묘색신상"의 명문을 지닌 선업니 불상도 『대당서역기』에 기록된 "여래의 묘妙한 상相", 즉 마하보리사 정각상과 관련된다.[39] 즉 선업니 불상은 마하보리사 정각상을 조형적·도상적·재질적으로 답습한 것이다.

마애불삼존상, 광서성 계림, 당 679년

천불애 연화동 장엄여래상, 사천성 광원, 당 7세기 말

칠보대 불삼존상 부분, 당 8세기 초, 높이 104cm, 폭 65cm, 도쿄국립박물관

7세기 후반의 기록에서는 마하보리사 정각상을 지칭하는 "보리수상菩提樹像", "서상瑞像", "금강좌진용상" 등의 이름이 확인된다.[40] 현장은 입적하기 전 보리수상을 실견하고 베껴 온 바 있는 송법지에게 부탁하여 가수전嘉壽殿에서 보리상골菩提像骨을 만들게 하였다.[41] 도세道世는 마하보리수상, 즉 대각사大覺寺(마하보리사)의 정각상을 서국西國의 서상瑞像으로 기록하고 있다.[42] 실제로 뉴델리국립박물관의 비단 그림에는 마하보리사 정각상으로 추정되는 불상 옆에 "□□□마가다국방광서상도(□□□摩伽陀國放光瑞像圖)"라고 기록되어 있다.[43]

　　『대당서역기』의 기록과 비단 그림에 근거해 볼 때, 당시 마하보리사 정각상은 보관과 팔찌, 목걸이 등으로 장엄한 불상이었다.[44] 당나라 7세기 후반에도 장엄한 불상들이 다수 조성되었다. 장엄여래상은 679년(조로調露원년)에 이식李寔이 조성한 광서성廣西省 계림桂林의 마애불삼존상이 가장 이른 예이다.[45] 불상은 항마촉지인을 결하였으며, 왼쪽 팔뚝에는 팔찌가 표현되어 있다. 사천성 광원廣元 천불애千佛崖의 연화동蓮花洞 북벽에도 장엄을 한 항마촉지인 불좌상이 있다.[46] 이 불상은 만세통천萬歲通天 연간(696~697)에 조성된 것으로, 수식垂飾이 많은 화려한 목걸이와 꽃문양의 팔찌를 하였다. 산동성 익도益都 타산駝山석굴 1굴의 불좌상도 목걸이와 팔찌를 착용하고 있다. 불상은 702년(장안長安2)에 조성된 것으로, 편단우견식으로 옷을 입고 있으며, 항마촉지인이 아니라 선정인을 결하고 있다. 서안의 칠보대七寶臺 불상 중에서도 7존의 장엄여래상이 있으며, 이 중 도쿄국립박물관의 불삼존상의 주존은 대표적인 예이다. 용문석굴에서도 700년경에 조성된 극남동極南洞, 뇌고대동擂鼓臺洞, 유천동劉天洞 등에서 장엄여래상이 확인된다. 장엄여래상은 이 시기에 중원지방(장안과 낙양)은 물론, 산동성, 사천성 등 중요한 교통로에 골고루 분포하고 있다. 이후 장엄여래상은 항마촉지인 불좌상 뿐만 아니라 설법인

불상에서도 점차 나타나기 시작한다.[47]

한편 원래 석가모니 붓다의 정각을 표현한 불좌상이지만, "아미타불阿彌陀佛"의 명문을 가진 불상도 조성된다. 681년(영륭永隆2), 최순례崔純禮와 왕현口(王玄口)이 조성한 병령사석굴炳靈寺石窟 53감과 54감의 불삼존상의 주존이 이러한 예로(p.244), 불상은 편단우견식으로 옷을 입고 촉지인을 결하였는데, 명문에는 "아미타불"로 기록되어 있다.[48] 불상은 촉지인을 결한 아미타불이라는 것 외에도 오른손이 아닌 왼손으로 촉지인을 결하고 있다는 점에서 주목된다.[49]

참고 예 | 군위삼존석굴, 통일신라시대 7세기 후반
석굴은 중국식으로 조성되었으며, 주존은 촉지인 아미타불좌상이다. 7세기 후반 당나라에서 유행했던 촉지인 아미타불좌상의 영향을 받았다.

우전왕상, 공현석굴, 당 7세기 후반   우전왕상, 용문석굴 경선사구,
당 7세기 후반

　　마하보리사 정각상은 8세기 전반에도 조성되었는데, 사천성 광원廣元
의 천불애千佛崖 보리서상菩提瑞像[50]과(p.306) 산서성 태원太原 천룡산天龍山
석굴의 촉지인 불좌상이 그 예이다.[51] 이는 695년에 귀국한 의정이 금
강좌진용상을 가져옴으로써 다시 한 번 마하보리사의 정각상이 유행한
것과 연관된다.

　　마하보리사 정각상 외에 인도와 서역의 영향에 의해 당나라 7세기 후
반에 유행했던 또 다른 도상으로 단상檀像(단목 불상)과[52] 우다야나Udayana
왕이 석가모니불상을 만들었다는 전설과 관련되는 우전왕상優塡王像도
있다.[53]

　　인도와 서역으로부터 전래된 새로운 불상이 7세기 후반부터 8세기

초에 걸쳐 당나라 불상을 주도하였지만, 전통적인 계보를 잇는 불상들
도 여전히 조성되었다.[54] 이들 불상도 인도와 서역 불상의 영향을 받아
7세기 후반부터 조형적인 변화가 나타난다. 즉 689년(영창永昌원년)명 석
조불좌상과 같이 얼굴은 중국적이지만 입체적인 몸과 몸의 굴곡이 드
러날 만큼 유기적으로 처리된 옷주름을 갖춘 불상들이 그것이다.

　8세기 초가 되면, 팔등신의 비례와 탄력적인 몸, 자연스럽고 사실적
인 옷주름을 갖춘 불상이 조성된다. 칠보대七寶臺에 조성되었던 보경
사寶慶寺 전래의 불상들이 이러한 예이다.[55] 불상들은 703년(장안長安3)부
터 724년(개원開元12) 사이에 승려와 귀족들이 측천무후를 위하여 조성한
것이다. 이들 존상은 미륵불과 아미타불, 석가모니불을 주존으로 하는

칠보대 불삼존상, 당 8세기 초,
높이 105cm, 폭 74cm,
도쿄국립박물관

칠보대 십일면관음보살입상,
당 703년, 높이 85cm, 폭34cm,
일본 문화청

비교 예 | 석굴암 십일면관음보살입상, 통일신라시대 8세기 중반
보살입상은 당나라 8세기 초에 조성된 십일면관음보살입상과
전체적인 비례, 도상적인 표현에서 매우 유사하다.

석조불좌상, 당 703년, 80cm, 예성현박물관　　　참고 예 | 석조불좌상, 당 710년, 93cm,　　　석조관음보살입상, 당 706년, 2.43m,
　　　　　　　　　　　　　　　　　　　　　　　　　　　예성현박물관　　　　　　　　　　　펜실베니아대학박물관

석조불삼존상과 석조십일면관음보살입상으로 이루어져 있다. 산서성 예
성현芮城縣에서 출토된 703년(장안3)명 석조석가모니불좌상도 어깨가 넓
고 허리가 가는 인도 불상의 영향을 받아 중국화 된 것이다.[56] 또한 706년
(신룡神龍2)에 조성된 석조관음보살입상도 인도 보살상과 같이 팔등신의
늘씬한 비례이지만 전체적으로 전통적인 조형을 따르고 있다.

　한편 8세기 초에 폐불령廢佛令이 있었지만,[57] 소조상塑造像, 건칠상乾漆像,
목조상木造像 등 다양한 불상재로 불상들이 조성되었다.[58] 이 중에는 철
로 만든 불상도 있어서 주목된다. 서안의 정법사지靜法寺址에서 출토된
철조미륵불의좌상이 그 예로, 현존하는 최고의 철불이다.[59] 철불 표면

철조미륵불좌상, 당 8세기 초, 1.85m,
서안시문물보호고고소

석조불좌상, 당 726년, 1.55m,
산서박물원

석조불좌상, 당 728년

에서 마麻 직물이 확인되어 철로 주조한 후, 마 직물로 마감한 것을 알 수 있다. 8세기 전반이 되면, 7세기 후반보다 중국화 된 불상이 조성된다. 산서성 안읍현安邑縣에서 발견된 726년(개원14)명 석조아미타불좌상이 이러한 예로, 이도례李道禮와 이원봉李元封 등에 의해 조성된 불상은 가슴이 넓고 풍만한 모습이다.[60] 우리나라 석굴암 불좌상과 조형적으로 유사한 728년(개원16)명 석조불좌상도 이러한 범주에 속하는데, 불상은 원래 개원사開元寺에 소장되어 있던 것을 하북성 정정현正定縣의 광혜사廣惠寺 화탑華塔(다보탑)으로 옮겨온 것이다.[61] 불상은 넓은 어깨와 가는 허리, 안정된 하체를 갖추고 있으며, 옷주름은 몸의 굴곡을 따라 유기적으로 표현되었다.

석조미륵불좌상, 당 745년, 1.55m, 산서성박물원

    산서성 예성현에서 출토된 745년(천보天寶4)명 석조미륵불의좌상에서
는 삼족오三足烏와 두꺼비가 새겨진 해와 달이 어깨 좌우에 각각 표현되
어 있어서 주목된다.[62]

    한편, 8세기 전반에 장안을 중심으로 백대리석제의 밀교 존상이 조
성되었다.[63] 710년(경운景雲원년), 안국사安國寺의 건립과 함께 조성된 백옥
마두명왕상白玉馬頭明王像이 이 중 하나이다. 일부 파손되었지만, 말머리
의 흔적으로 보아 마두명왕으로 추정된다. 명왕상은 화염문 광배를 배
경으로 삼아 연화대좌 위에서 유희좌遊戱坐를 하고 있다. 3개의 얼굴과
8개의 팔을 가지고 있으며, 일반적인 밀교 존상과 같이 눈을 부릅뜨고

백옥마두관음보살상, 당 8세기초, 89cm, 서안비림박물관

있다. 경전의 기록과 같이 합장한 두 손을 제외하곤 막대기[장杖], 연꽃, 보병寶甁, 도끼, 염주, 밧줄 등을 손에 쥐고 있다. 이러한 밀교 존상은 당나라 현종玄宗 때 선무외善無畏(637~735), 금강지金剛智(669~741), 불공不空(705~774)에 의해 밀교가 유행하면서 조성되었다. 서안의 청룡사靑龍寺를 중심으로 발전했던 당나라 밀교는 사천성 안악安岳 중심의 천북(사천성 북부), 성도成都 중심의 천서(사천성 서부), 그리고 대족大足 중심의 천중(사천성 중부)으로 퍼져 나가 사천성 밀교에 지대한 영향을 미쳤다.

7세기 후반부터 조성되던 단상檀像은 8세기 전반에도 유행하였는데,

송광사 목조불감, 당 8세기 중반, 높이 13.9cm, 송광사성보박물관

고야산 곤고부지 목조불감, 당 8세기 중반, 높이 23.1cm

우리나라 송광사松廣寺의 목조불감이 대표적인 예이다. 백단白檀으로 만든 불감은 불좌상이 있는 중앙 감실과 사자[청사靑獅]를 탄 문수보살상·코끼리[백상白象]를 탄 보현보살상이 있는 좌우 감실이 한 세트를 이루고 있다.[64] 사자 오른쪽에는 곤륜노崑崙奴(불림拂霖)가, 코끼리 왼쪽에는 상노象奴(요만獠蠻)가 각각 표현되어 있다. 비슷한 예가 일본의 와카야마和歌山 곤고부지金剛峰寺에도 소장되어 있다.

751년(천보10), 당나라는 서아시아의 탈라스Talas에서 아랍에게 패하면서 서아시아와 남아시아와의 교류가 단절되었다. 755년(천보14), 안록산安祿山의 난이 일어난 후에는 대외적인 교류가 거의 불가능하였으며, 불상도 더 이상 인도와 서역의 영향을 받지 못하였다.[65] 이 난으로 인하여 당나라 황실이 사천성 성도로 잠시 옮겨가면서 불상 조성의 중심도 중원지방에서 사천성으로 바뀌게 된다.

잦은 전쟁의 여운이 남아 있던 북방에서는 불상 조성의 명맥은 유지되었지만, 불상은 조형적으로 더 이상 발전하지 못하고 형식화된다. 산서성 오대산五臺山의 불광사佛光寺 무구정광탑無垢淨光塔에서 발견된 752년(천보11)명 백대리석제 석가모니불좌상이 이러한 예이다.[66] 불상은 탄력감이 전혀 없는 풍만하고 살찐 모습이다. 8세기 중반 이후, 이러한 백대리석제 불상이 유행한 것은 금동령禁銅令에 따라 금동불상 조성이 어려워졌기 때문이다.[67]

석조불삼존상, 당 752년, 높이 1.12m, 불광사

8세기 말 9세기 초가 되면, 불상은 더욱더 형식화 된 모습을 하게 되는데, 8세기 후반의 풍만한 조형과는 다른 장신형으로 바뀌게 된다. 하남성 형양현榮陽縣의 대해사지大海寺址에서 출토된 9세기 초의 불상들이 그 예로,[68] 이 중 장신형의 "금계金髻"명 석조보살입상은 간략해진 가슴 장식을 통하여 형식화 되었음을 알 수 있다.[69]

한편, 회창會昌 연간(841~846)의 폐불 사건은 4,600개의 사원과 40만 개의 암자를 파괴하였으며, 260,500명의 승려를 환속시켰다.[70] 회창 폐불은 그나마 유지되었던 승단僧團을 와해시켰고, 많은 불상이 파괴되는 결과를 초래했다. 선종宣宗(846~859 재위)이 즉위하면서 불교 부흥 정책을

"금계"명 석조보살입상, 당 8세기 후반,
165cm, 정주시박물관

은제도금보살좌상, 당 871년,
38.5cm, 법문사

펼쳤지만, 참선과 법회 등 신앙 활동에 치중한 불교로 성격이 바뀌면서 불상의 조성은 거의 이루어지지 않는다. 이러한 분위기 속에서도 의종懿宗(859~873 재위)이 871년(함통咸通12)에 조성한 은제도금보살좌상銀製鍍金菩薩坐像과 같은 수준작이 나타나기도 하였다.[71] 섬서성 부풍현扶風縣 법문사法門寺의 진신보탑眞身寶塔에서 발견된 보살상은 조형적으로나 제작기법적인 면에서 최고의 수준이다.[72] 보살상은 꽃으로 장엄된 보관을 쓰고 화려한 영락 장식을 걸친 채 연화대좌 위에 꿇어 앉아 있다. 노출된 상반신은 왼쪽 어깨에서 흘러내린 낙액絡腋(조백)을 걸치고 있으며, 하반신은 치마를 입고 있다. 명문을 통하여 진신[붓다의 사리]을 받드는 보살을 뜻하는 "봉진신보살捧眞身菩薩"이라는 것을 알 수 있다. 대좌 연판에 표현된 범자梵字와 삼두육비三頭六臂의 금강상金剛像은 보살상이 밀교와 밀접한 관련이 있음을 알려 준다.

1 북주의 폐불 정책은 574년(건덕建德3)부터 577년(건덕6)까지 이루어졌다. 『資治通鑑』 卷171, 陳紀5, 宣帝太建五年.

2 수나라 문제의 불교 부흥 정책은 581년(개황開皇원년)과 584년, 593년, 600년에 내려진 칙령을 통하여 알 수 있다(『資治通鑑』 卷175, 陳紀9, 宣帝太建十三年; 『佛祖統紀』 卷39, T. 49, No. 2035, p. 359中下; 『歷代三寶記』 卷12, T. 49, No. 2034, pp. 101下~108下).

3 『辯正論』 卷3, T. 52, No. 2110, p. 509中; 『法苑珠林』 卷100, T. 53, No. 2122, p. 1026中.

4 『佛祖統紀』 卷39, T. 49, No. 2035, p. 361上.

5 韋述 撰, 『兩京新記』, 北京: 中華書局, 1985, p. 37.

6 601년(인수仁壽원년) 7월에는 인도 아육왕의 숭법崇法을 모방하여 전국에 사리탑을 건립하였다.

7 『續高僧傳』 卷17, [隋國師智者天台山國淸寺智顗傳], T. 50, No. 2060, pp. 564上~568上.

8 『法苑珠林』 卷100, T. 53, No. 2122, p. 1026中; 『辨正論』 卷3, T. 52, No. 2110, p. 509下.

9 『長安志』 卷9, 『文淵閣四庫全書』, 史部 345, 地理類, p. 138.

10 『酉陽雜俎續集』 卷之, 藍吉富 編, 『大藏經補編』, 17册, 臺北: 華宇出版社, 1985.

11 『續高僧傳』 卷17, [隋國師智者天台山國淸寺智顗傳], T. 50, No. 2060, pp. 564上~568上.

12 『역대명화기』 [서사자전수남북시대敍師資傳序南北時代]에 의하면, 수나라에서 활동했던 장인은 장승요의 영향을 받은 정법사鄭法士, 고개지·육탐미·장승요의 영향을 받은 손상자孫尙子와 양계단楊契丹, 동백인董佰仁 등이 있다.

13 『集神州三寶感通錄』 卷上, T. 52, No. 2106, p. 408中.

14 松原三郞, 「隋造像樣式成立考 —とくに北周廢佛と關連して—」, 『美術硏究』 288(1973. 12), pp. 52~71; 「隋造像樣式成立の一考察—石造如來立像の場合」, 『佛敎藝術』 208(1993. 5), pp. 102~112.

15 『續高僧傳』 卷10, [隋彭城嵩聖道場釋靖嵩傳], T. 50, No. 2060, pp. 501中~502上.

16 "開皇四年七月十五日, 寧遠將軍□武强縣丞董欽, 敬造彌陀像一區, 上爲皇帝陛下, 父母兄弟, 姉妹妻子, 俱聞正法…".

17 馮賀軍, 『曲陽白石造像硏究』, 北京: 紫禁城出版社, 2005.

18 대좌에 추각된 당나라 685년(수공垂拱원년)명 명문의 내용은 다음과 같다. "□□□□大像□二菩薩, 去隋開皇五年, 合道俗等于廢崇光寺敬造, 卽爲歲月深遠, 壯彩煙滅, 屬大唐上元元年, 有詔復興此寺. 合僧一十一人幷士女等痛相好之幽微, 傷莊嚴之凋零, 粤垂拱元年十一月一日, 遂各舍淨財, 選求妙手, 然則毫光流曜, 似鏡周霄…".

19 "惟大隋開皇十三年四月八日□人等, 上爲皇帝, 敬造阿彌陀像一區, 范漢若母趙, 范海讓母趙, 范寶藏母李, 范士岐母趙, 范□季母路, 范伯仁母李, 范希石母李, 范子希母馮…". J. Leroy Davison, The Lotus Sutra in Chinese Art, New Haven: Yale University, 1954, p. 61.

20 『묘법연화경』의 삼승三乘 사상과 관련되는 벽지불은 연각불緣覺佛과 나계범왕螺髻梵王으로도 번역된다.

21 Rhie, M. M., "Late Sui Buddhist Sculpture: a chronology and regional analysis," Archives of Asian Art, vol. 35(1982), pp. 27~54.

22 『全唐文』 卷9, [太宗]條의 [斷賣佛像勅], 上海: 上海古籍出版社, 1995(1990 초판), p. 42中.

23 배재호(배진달), 『唐代佛敎彫刻』, 一志社, 2003.

24 『大唐西域求法高僧傳』, T. 50, No. 2066, pp. 1~12; 이주형 편, 『동아시아 구법승과 인도의 불교 유적—인도로 떠난 순례자들의 발자취를 따라』, 사회평론, 2009.

25 마가다국摩揭陀國 정각산正覺山의 용굴 영상龍窟 影像을 모사한 금불상 1존, 바라나시국婆羅疤斯國 녹야원鹿野苑의 초전법륜상初轉法輪像을 모사한 금불상 1존, 코삼비국憍賞彌國 출애왕出愛王이 조성한 석가상을 모방한 단상檀像 1존, 카피시국劫比他國의 여래가 천궁天宮으로부터 내려오는 모습

을 모사한 단상 1존, 마가다국摩揭陀國의 영취산鷲峰山에서 『법화경』을 설법하는 모습을 모사한 은불상銀佛像 1존, 나가라하라국那羅曷國에서 독룡毒龍을 항복시킨 유영상留影像을 모사한 금불상 1존, 바이샤리국吠舍釐國의 행상行像을 모방한 단상 1존 등이다. 『大唐西域記』 卷12, T. 51, No. 2087, p. 946下; 『開元釋敎錄』 卷8, T. 55, No. 2154, p. 558下; 肥田路美, 「佛蹟仰慕と玄奘三藏の將來佛像—七軀の釋迦像の意味をめぐって」, 『早稻田大學大學院文學硏究科紀要』 48–3(2003. 3), pp. 153~168.

26 金理那, 「印度佛像의 中國傳來考－菩提樹下 金剛座眞容像을 중심으로」, 『韓沽劢博士停年退任史學論叢』, 知識産業社, 1982, pp. 737~752; 肥田路美, 「唐代における佛陀伽耶金剛座眞容像の流行について」, 『町田甲一先生古稀記念論叢佛敎美術史』, 東京: 吉川弘文館, 1986, pp. 155~186; 金理那, 「中國의 降魔觸地印佛坐像」, 『韓國古代佛敎彫刻史硏究』, 一潮閣, 1991(1989년 초판), pp. 291~336; 이주형, 「보드가야 항마성도상의 前史－불전미술의 〈降魔〉敍事와 촉지인 불상의 탄생」, 『시각문화의 전통과 해석』, 靜齋金理那敎授停年退任美術史論文集, 2007, pp. 53~82.

27 왕현책 일행이 천축에서 본 불상들을 모사하여 엮었다고 추정되는 「중천축행기中天竺行記」의 존재가 기록에서 확인된다. 『歷代名畵記』 卷3, [述古之秘畵珍圖]條, 『文淵閣四庫全書』, 子部 118, 藝術類, No. 812, p. 314上.

28 『法苑珠林』 卷29, T. 53, No. 2122, p. 503上.

29 『法苑珠林』 卷5, T. 53, No. 2122, p. 310下; 卷29, p. 496下; 卷55, p. 703下; 卷100, p. 1024上.

30 Rowland, B. Jr., "Indian Images in Chinese Sculpture," *Artibus Asiae*, vol. 10, no. 1(1947), pp. 5~20; Soper A. C., "Representations of Famous Images at Tun–huang," *Artibus Asiae*, vol. 27, no. 4(1965), pp. 349~364.

31 Arthur Waley, *A Catalogue of Paintings Recovered from Tun-huang by Sir Aurel Stein*, London: The British Museum, 1931, pp. 268~269.

32 『歷代名畵記』 卷3, [東都寺觀畵壁], 『文淵閣四庫全書』, 子部 118, 藝術類, No. 812, p. 310上.

33 현장은 634년경에, 왕현책은 645년에 이곳을 순례하였다. 또한 의정의 『대당서역구법고승전』 권상(T. 51, No. 2066, pp. 1~12中)에는 약 20여 명이 이곳을 참배하였다고 기록되어 있다. 의정도 "진용상眞容像"을 예불하고 산동山東 지역의 불교도와 승려들이 부탁했던 가사袈裟와 나개羅盖를 불상에 헌납하였다고 한다.

34 『釋迦方志』 卷下, T. 51, No. 2088, pp. 961中~962下; 『法苑珠林』 卷29, T. 53, No. 2122, pp. 502下~504中.

35 배진달(배재호), 『唐代佛敎彫刻』, pp. 220~254 참조. 선업니 조상이 마하보리사 정각상을 모델로 하였다면, 마하보리사 대탑의 모습을 한 선업니 조상은 왜 조성되지 않았는지에 대한 의문이 여전히 남는 것도 사실이다.

36 『大唐西域記』 卷第8, T. 51, No. 2087, pp. 915下~916中.

37 黃濬, 『尊古齋金石集拓』, 上海古籍出版社, 1990, pp. 65~70; 배진달(배재호), 『唐代佛敎彫刻』, pp. 220~229.

38 『南海寄歸內法傳』 31, [灌沐尊儀], T. 54, No. 2125, p. 226中; 大村西崖, 『支那美術史雕塑編』, 東京: 佛書刊行會圖像部, 1915(『中國美術史彫塑編』, 東京: 佛書刊行會, 1980), pp. 596~598, 附圖 824~829; 黃濬, 『尊古齋陶佛留眞』 卷上, 第4, 北京: 北平尊古齋, 1933; 『尊古齋金石集拓』, 上海: 上海古籍出版社, 1990, pp. 1~95; 陳直, 「唐代三泥佛像」, 『文物』 1959–8, pp. 49~51; 「西安出土隋唐泥佛像通考」, 『現代佛學』 1963–3, pp. 42~47; 『佛敎藝論集』 現代佛敎學術叢刊 20, 臺北: 大乘文化出版社, 1978, p. 215; 肥田路美, 「會津八一コレクション中の唐代塼佛」, 『會津八一記念博物館硏究紀要』 2(2001. 3), pp. 1~15; 萩原哉, 「玄奘發願 '十俱胝像'考」, 『考古與文物』 2003–6, pp. 61~70; 馮賀軍, 「長安終南山至相寺多寶塔善業佛考」, 『考古與文物』 2005–1, pp. 73~77; 샤오 구이톈(肖貴田), 「白陶佛과 脫佛에 대한 고찰」, 『미술자료』 89(2016), pp. 122~124.

39 『大唐西域記』 卷第8, T. 51, No. 2087, p. 916上.

40 肥田路美, 「菩提瑞像關係史料と長安における觸地印如來像」, 『奈良美術硏究』 1(2004. 3),

pp. 104~112; 久野美樹, 「廣元千佛崖, 長安, 龍門石窟の菩提瑞像關係像」, 『奈良美術研究』 1(2004. 3), pp. 113~118.

41 『大唐大慈恩寺三藏法師傳』 卷10, T. 50, No. 2053, p. 277上. 『속고승전』[현장전玄奘傳]에서는 같은 내용을 보리상의 골조骨彫를 향나무로 만들었다고 기록하고 있다(『續高僧傳』 卷4, T. 50, No. 2060, p. 458上).

42 『法苑珠林』 卷29, T. 53, No. 2122, pp. 502下~503上.

43 松本榮一, 『燉煌畫の研究』, 東京: 東方文化學院 東京研究所, 1937; 京都: 同朋社, 1985, p. 323; Rowland, B. Jr., "Indian Images in Chinese Sculpture," pp. 5~20; Soper, A. C., "Presentations of Famous Images at Tun—Huang," pp. 349~364.

44 高田修, 「寶冠佛の像について」, 『佛敎藝術』 21(1954. 4), pp. 42~58.

45 "大唐調露元年十二月八日隋太師大保申明公孫昭州司馬李寔造像一鋪". 山名伸生, 「桂林の調露元年銘磨崖佛について」, 『佛敎藝術』 198(1991. 9), pp. 85~108.

46 邢軍, 「廣元千佛崖初唐密敎造像析」, 『文物』 1990-6, pp. 37~40, p. 53; 廣元市文物管理所·中國社會科學院宗敎所佛敎室, 「廣元千佛崖石窟調査記」, 『文物』 1990-6, pp. 1~23.

47 金理那, 「玄奘의 인도 여행과 統一新羅 佛像의 새로운 圖像」, 『韓國古代佛敎彫刻의 比較 研究』, 文藝出版社, 2003, pp. 222~240.

48 53감: "大唐永隆二年閏七月八日, 巡察使判官, 岐州 縣丞, 輕車都尉崔純禮, 爲亡考亡 敬造阿彌陀佛一軀并二菩薩"; 54감: "大唐永隆二年閏七月八日, 隴右道巡察使, 行殿中侍御使王玄□, 敬造阿彌陀佛一軀并二菩薩". 甘肅省文物工作隊·炳靈寺文物保管所 編, 『中國石窟 永靖炳靈寺』, 北京: 文物出版社, 1989, 도 155; 董玉祥, 『梵宮藝苑 - 甘肅石窟寺 -』, 蘭州: 甘肅敎育出版社, 1999, p. 202.

49 배재호, 「군위삼존석굴−촉지인 불좌상의 성격을 중심으로」, 『미술사의 정립과 확산』2권, 항상안휘준교수정년퇴임기념논문집, 2006, pp. 34~51; 久野美樹, 『唐代龍門石窟硏究』, 東京:中央公論美術出版, 2011, pp. 309~353.

50 Howard, A. F., "Buddhist Sculpture of Pujiang, Sichuan: A Mirror of the Direct Link Between Southwest China and India in High Tang," *Archives of Asian Art*, 42(1989), pp. 49~61; 羅世平, 「廣元千佛崖菩提瑞像考」, 『故宮學術季刊』 9−2(1991 冬季), p. 117.

51 Rhie, M. M., "A T'ang Period Stele Inscription and Cave XXI at T'ienlung—shan," *Archives of Asian Art*, vol. 28(1974−1975), pp. 6~33.

52 단상이란 단목檀木으로 만든 불상을 말한다. 久野健, 「檀像彫刻の展開」, 『佛敎藝術』 43(1960. 7), pp. 31~55; Phyllis Granoff, "A Portable Buddhist Shrine From Central Asia," *Archives of Asian Art*, vol. 22(1968~1969), pp.81~95; 山田磯夫, 「中國の優塡王思慕像について−檀像解釋に關する一考察−」, 『美術史研究』 26(1988), pp. 23~41; 「檀像 − 白檀佛から日本の木彫佛へ −」, 奈良國立博物館, 1991; 拙稿, 「松廣寺 木彫三尊佛龕(國寶 第42號)의 圖像과 編年」, 『松廣寺 普照國師 木彫三尊佛龕』, 松廣寺 聖寶博物館, 2001, pp. 45~70; 배재호(배진달), 『唐代佛敎彫刻』, pp. 215~220.

53 우전왕상은 용문석굴에서 70여 존과 공현석굴에서 몇 존이 확인된다. 존상은 의좌 자세와 편단우견의 착의법, 무문의 옷주름, 방형 대좌 등에서 굽타 시대 사르나트 양식을 답습하고 있는 것을 알 수 있다. 李文生, 「我國石窟中的優塡王造像−龍門石窟優塡王造像之早之多爲全國石窟之最−」, 『中原文物』 1985-4, pp.102~106; 松原三郞, 「初唐彫刻と印度−特に優塡王像造像を中心として−」, 『佛敎美術における「インド」風について−彫刻を中心に−』, 佛敎美術硏究上野記念財團助成硏究會報告書 14(1986. 3), pp. 11~13; 肥田路美, 「初唐時代における優塡王像−玄奘の釋迦像請來とその受容の一相」, 『美術史』 120(1986. 4) pp. 81~94; 山田磯夫, 「中國の優塡王思慕像について−檀像解釋に關する一考察−」, pp. 23~41; Martha L. Carter, "The Mystery of the Udayana Buddha," *Annali*, vol. 50(Istituto Universitario Orientale, Napoli, 1990), pp. 1~43; 배진달(배재호), 『唐代佛敎彫刻』, pp. 207~215.

54 水野淸一, 「唐代佛像の彫刻」, 『佛敎藝術』 9(1950. 10), pp. 3~30.

55 福山敏男, 「寶慶寺派石佛の分類」, 『佛敎藝術』 9(1950. 10), pp. 31~43; 杉山二郎, 「寶慶寺石佛硏究
序說」, 『東京國立博物館紀要』, 13(1978. 3), pp. 241~291; 山本路美, 「寶慶寺石佛群の造像事情に
ついて」, 『美術史硏究』, 18(1981. 3), pp. 1~23; Yen Chuan-ying, *The Sculpture from the Tower of Seven
Jewels: The Style, Patronage and Iconography of the T'ang Monument*, Harvard Univ., Ph. D. diss., 1986; 顔娟
英, 「武則天與唐長安七寶台石雕佛相」, 『藝術學』 1(1987. 3), pp. 40~89; 배재호(배진달), 「唐代佛敎
彫刻」, pp. 187~206; 八木春生, 「則天武后期末の西安佛敎造像について-寶慶寺塔石佛龕を中心と
して-」, 『佛敎藝術』 341(2015. 7), pp. 28~59.

56 "大周長安三年歲次癸卯正月癸亥朔廿三日乙酉, 佛弟子張思慶弟虔璧敬造釋迦牟尼像一鋪…". 李
虎讓·薛正民, 「山西芮城的三尊石雕佛像」, 『文物』 1983-7, p. 88.

　"維大唐景雲二年歲次辛亥十二月辛丑朔十五日乙卯邑義一十六人芋知身幻化命若浮ロロ火宅之赴
三車離四ロ蚍而登彼岸所以從勵ロロ各各ロ心抽捨珎財ロ敬造阿彌陀像一鋪上爲皇帝皇后下及法
界蒼生俱勉蓋纏咸登正覺".

57 『佛祖統紀』 卷40, T. 49, No. 2035, p. 373中.

58 顔娟英, 「盛唐玄宗期佛敎藝術的轉變」, 『中央硏究院歷史語言硏究所集刊』, 66-2(1995), pp.
559~677.

59 李恭, 「關于唐代夾紵大鐵佛出土時間與地點的商榷」, 『考古與文物』 2003-6, pp. 56~60. 위진남북조
시대 남조에서 철불을 조성하였다는 기록이 있으나 현존하진 않는다.

60 "李道禮造阿彌陀佛…大唐開元十四年…".

61 郭玲娣·樊瑞平, 「正定廣惠寺華塔内的一尊唐開元年白石佛造像」, 『文物』 2004-5, pp. 78~85.

62 "中信邑彌勒像…大唐天寶四載歲次乙酉四月戊子朔八日乙未, 絳郡稷山縣還淳鄕永安里李村邑子
一十九人發心逮ロ".

63 金申, 「西安安國寺遺址出土的密敎石像考」, 『佛敎美術叢考』, 科學出版社, 2004, pp. 104~115.

64 배진달(배재호), 「松廣寺 木彫三尊佛龕(國寶 第42號)의 圖像과 編年」, 『松廣寺 普照國師 木彫三尊佛
龕』, 松廣寺聖寶博物館, 2001, pp. 45~70.

65 松原三郎, 「唐代八世紀半ばの佛敎造像についての一考察」, 『美術史』 31(1958. 1), pp. 69~78; 「盛唐
彫刻以降の展開」, 『美術硏究』 257(1969. 3), pp. 11~30.

66 "大唐天寶ロロ載十一月十五日博陵郡陘邑縣西子ロロ爲國敬造臺山佛光寺無垢淨光塔玉石釋迦牟
尼佛一軀…".

67 松原三郎, 「唐代玄宗期造像考-石彫と木彫-」, 『增訂中國佛敎彫刻史硏究』, 東京: 吉川弘文館,
1966, pp. 173~188.

68 河南省鄭州市博物館, 「河南滎陽大海寺出土的石刻造像」, 『文物』 1980-3, pp. 56~66; 張秀淸·張柯
新, 「淺談河南滎陽大海寺石刻造像的藝術特點」, 『北方文物』 1990-1, pp. 45~46; 鄭州博物館 叢書
編輯委員會, 『鄭州古代石刻藝術』, 香港: 香港國際出版社, 2001.

69 松田誠一郎, 「八世紀の胸飾における傳統の形成と新樣の受容について(上)(下)-彫塑附屬の胸飾
を中心として」, 『Museum』 422(東京國立博物館, 1986), pp. 4~19; 『Museum』 423, pp. 27~34.

70 『舊唐書』 卷18上, [本紀]18上, 武宗, pp. 604~606; 『資治通鑑』 卷248, [唐紀]64, 武宗 會昌五年.

71 陝西省法門寺考古隊, 「扶風法門寺唐代地宮發掘簡報」, 『考古與文物』 1988-2, pp. 94~106.

72 "奉爲睿文英武明德至仁大聖廣孝皇帝, 敬造捧眞身菩薩, 永爲供養. 伏願聖壽萬春, 聖枝萬果, 八荒
來服, 四海無波, 咸通十二年辛卯歲十一月十四日, 皇帝誕慶日記".

4
불상의 대중화

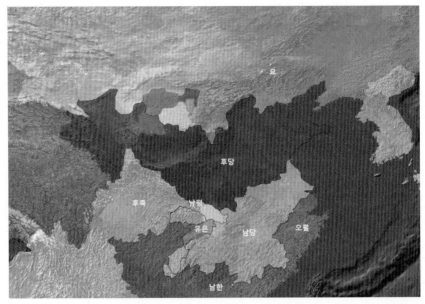

오대십국

오대십국의 불상

오대십국이란 10세기 전반에 있었던 북
방의 후량後梁, 후당後唐, 후진後晉, 후한後漢, 후주後周 등 다섯 나라와 남
방의 남당南唐, 오월吳越 등 10개 나라를 말한다. 이 시기의 불상은 대부
분 일반인들에 의해 조성되었다.[1] 불교는 잦은 전쟁으로 인해 발전이 어
려웠으며, 후주의 세종世宗이 955년(현덕顯德2)에 단행한 폐불 정책은 불
교계에 결정적인 타격을 주었다.[2] 오대의 불상은 이러한 피해가 비교적
적었던 돈황 막고굴에 많이 남아 있는데, 현재 40여 존의 채색 소조상
이 있다.

관음단감, 소주 호구 운암사탑, 10세기 중반,
높이19.3cm, 소주박물관

오대 불상 중 대표적인 예는 강소성 소주蘇州의 운암사탑雲巖寺塔(호구탑虎丘塔)에서 발견된 관음단감觀音檀龕의 관음보살입상으로, 이 탑은 후주의 959년(현덕顯德6)부터 송나라 961년(건융建隆2)까지 조성되었다. 보살상은 높은 보관을 착용하고 굵은 염주를 두 손으로 잡고 다소곳이 서 있다.[3] 보살상의 왼쪽 아래에는『대방광불화엄경』[입법계품入法界品]에 나오는 관음보살을 참배하는 선재동자善財童子가 꿇어 앉아 있다.

십국 중 남당, 오월, 남한南漢, 민閩에서는 안정된 사회적 분위기 속에서 불상이 활발하게 조성되었다. 남한南漢 왕 유창劉鋹은 967년(대보大寶10)에 광주廣州의 광효사光孝寺에서 천불철탑千佛鐵塔을 조성하였으며,[4] 민閩의 태조 왕번지王審知는 906년(천우天祐3)에 장육丈六 크기의 동불상銅佛像과 장삼丈三의 보살상을 각각 1존씩 조성하여 복주福州의 개원사開元寺 수산탑원壽山塔院에 봉안하였다.[5] 당시에 활동했던 수준 높은 장인들로는 간주簡州의 허후許候, 동주東州의 옹중본雍中本과 양원진楊元眞, 군주君州의 정승변程承辨 등이 있다.[6]

오대십국에서는 현세구복적인 불교 신앙으로 인하여 사람들의 요구에 맞는 관음보살상과 지장보살상이 많이 조성되었다. 또한 여러 계층의 사람들이 불상 조성에 참여함으로써 돌, 금동, 나무, 건칠, 철 등의 다양한 불상재가 사용되었다.[7] 목심건칠불상은 날씨가 따뜻한 십국에서 주로 조성되었고, 철불은 귀족들의 금은기金銀器 사용을 금지하는 조치와 함께 대체 재료로써 철이 부각되면서 유행하였다. 목조 불상은 오대십국 구별 없이 중국 전역에서 조성되었다.

오대십국의 불상은 당나라 불상의 조형적인 특징을 계승하고 있는데,

건칠불좌상, 당~오대, 96.5cm, 뉴욕 메트로폴리탄미술관　　　　소조보살좌상, 북한 963년, 2.84m, 진국사

메트로폴리탄미술관의 건칠불좌상이 대표적인 예이다. 얼핏 보면, 얼굴
표정과 착의법 등에서 승려로 착각할 정도로 인간적이다. 불상은 오대
나 당으로 편년된다. 이 시기의 보살상에서도 조형적으로 부분적인 변화
가 있지만, 당나라의 전통을 계승하고 있다. 북한北漢의 963년(천회天會7)경
에 조성된 산서성 평요현平遙縣 진국사鎭國寺 만불전萬佛殿의 소조보살좌
상이 이러한 예이다.

　십국 중 오월의 왕들은 특히 불교를 후원하고 불상과 탑을 조성하는
데 적극적이었다. 오월 왕 전홍숙錢弘俶이 954년(현덕顯德 원년)에 1천 존의
천관天冠 보살과 8만 4천 기의 보협인탑寶篋印塔을 조성한 것은 대표적인
예이다.[8] "아육왕탑阿育王塔"과 "금도탑金塗塔"이라고도 하는 보협인탑은
마우리아 왕조의 아쇼카왕이 불법을 전파하기 위하여 세운 탑을 흠모

하여 만든 것이다.[9] 이들 탑은 10년 만에 완성되었으며, 탑 속에는 『보협인다라니경寶篋印陀羅尼經』의 인쇄본이 납입되었다. 실제로 절강성 숭덕현崇德縣의 숭복사崇福寺 서탑西塔과 금화金華의 만불탑萬佛塔에서 보협인탑이 발견되기도 하였다.[10]

금화 만불탑에서는 15개의 보협인탑과 64존의 불교 존상이 발견되었다.[11] 탑신 네 면에는 불상이 표현되어 있으며, 이 중 한 면에는 사신사호도捨身飼虎圖가 부조되어 있다. 탑에서는 "오월국 전홍숙이 삼가 팔만 사천보탑을 만든다"는 명문이 확인된다.[12] 탑 기단 아래(지궁地宮)에서 발견된 금동보살좌상은 입체적인 머리와 편평한 몸, 보주형의 광배를 갖추고 있다.

오대십국에서는 불교가 현세구복적인 성격으로 바뀌면서 포대화상布袋和尙과 같은 독특한 도상이 유행하기도 하였다. 불상은 예배 대상으로서 갖추어야 할 종교성보다 세속성이 강해졌으며, 이러한 성향은 송나라 이후 더욱더 심해진다.

금동보살좌상, 만불탑 지궁, 오대~북송, 38.5cm, 중국국가박물관

비교 예 | 석조관음보살좌상, 고려시대, 1.2m, 개성 관음사

송의 불상

송나라는 하북성 개봉開封 중심의 북송 (960~1127)과 절강성 임안臨安(항주杭州) 중심의 남송(1127~1279)으로 나뉜다. 송을 건국한 태조太祖 조광윤趙匡胤은 960년(건륭建隆원년)에 후주의 폐불 사건으로 파괴되었던 사원과 불상을 복원하는 등 적극적으로 불교를 후원하였다.[13] 그가 상국사相國寺의 불상에 예불하려 할 때, 승려들이 현재불인 황제가 과거불에게 예를 올릴 필요가 없다고 할 정도로 그는 살아있는 붓다로 여겨졌다.[14] 이후 진종眞宗(997~1022 재위)과[15] 흠종欽宗 (1125~1127 재위)도 적극적으로 불교를 후원하였다.[16]

송나라 황실에서는 다수의 불상을 조성하였다. 971년(개보開寶4)에 태조의 명에 의해 조성된 하북성 정정현正定縣 융흥사隆興寺(대불사大佛寺) 대비각大悲閣의 금동천수천안관세음보살입상金銅千手千眼觀世音菩薩立像은 대표적인 예이다.[17] 보살상은 직립부동의 자세와 대칭적이고 일률적인 옷주름 처리에서 다소 경직된 감이 없지 않으나, 전체적으로 적절한 비례를 갖춘 장중한 모습이다. 『대비심다라니경大悲心陀羅尼經』(당, 가범달마伽梵達

금동천수천안관세음보살입상, 송 971년, 22m, 융흥사

摩 번역)에 도상적인 근거를 둔 보살상을 3천 명의 장인이 동원되어 전체를 7등분하여 주조하고, 팔은 따로 만들어 결합하였다는 내용이 [정정부용흥사주동상기正定府龍興寺鑄銅像記]에 기록되어 있다.

한편 송나라에서는 주희朱熹(1130~1200)에 의해 유교가 재해석되어 주자학朱子學이 사족士族들의 정신세계를 지배하였다. 휘종徽宗(1100~1125 재위) 때에는 도교가 주도적인 사상이 되었는데, 1116년(정화政和6)에 저승 세계의 주도권이 불교의 염라대왕閻羅大王에서 도교의 옥황상제玉皇上帝로 넘어간 것은 당시의 분위기가 어떠했는지를 짐작하게 해 준다.[18]

이러한 상황 속에서 불교는 점차 쇠퇴되어 민간 신앙과 결합하는 양상이 나타난다. 현세구복적인 성격을 지닌 관음보살신앙에서 이러한 성향은 더욱더 농후하여 중국식의 다양한 관음보살상이 조성된다.[19]

송나라 불교가 세속적인 성향으로 바뀌자 불상도 당시 사람들의 모습을 반영한 사실적인 형태로 조성된다. 송나라 불상에 보이는 사실성은 당나라 불상의 이상적인 사실성과는 다른, 보다 현실적인 표현을 말한다. 즉 인도와 서역의 영향을 받아 성립된 당나라 금강역사상의 근육질 몸매나 보살상의 관능적인 표현과는 다른, 보통 사람들의 표정과 몸을 그대로 불상과 보살상에 투영한 것이 송나라의 사실성이다.

송나라에서는 여러 계층의 사람들이 불상 조성에 참여함으로써 금, 동, 철 등 다양한 불상재가 활용되었다. 또한 전륜성왕轉輪聖王이 앉는 자세에서 유래되었다는 윤왕좌輪王坐와 보타락가산補陀洛迦山의 수월관음보살水月觀音菩薩과 연관되는 유희좌遊戲坐 등의 독특한 좌세도 출현한다. 이러한 안락좌安樂坐(윤왕좌와 유희좌)를 취하는 보살상은 대부분 관음보살이다. 특히 절강성 보타산普陀山을 중심으로 보타락가산의 수월관음신앙이 유행하여 관음보살상의 전형적인 모습으로 자리잡았다.[20] 넬슨아킨스미술관The Nelson Atkins Museum of Art의 목조관음보살좌상이 이러한 예로, 보살상이 앉아 있는 바위산 대좌는 다름 아닌 보타락가산을 상징한다.

송나라 때 유행했던 또 하나의 도상은 선종禪宗과 관련되는 나한상羅漢像이다.[21] 선종은 붓다의 마음을 공부하는 것으로,[22] 깨달음을 위해 수행하는 나한이 주목 받으면서 나한상이 많이 조성된다.

목조관음보살좌상. 송, 2.41m, 넬슨아킨스미술관 　비교 예 | 금동관음보살좌상. 조선시대 15세기, 81.5cm, 서울 보타사

소조나한상, 송 11세기 중반, 1.51m, 영암사 천불전   소조나한상, 송 1079년, 1.57m, 숭경사

산동성 장청長淸 영암사靈岩寺 천불전千佛殿의 가우嘉祐 연간(1056~1063)에 조성된 40여 존의 나한상이 이러한 예이다.[23] 오랜 수행과정을 통해 상당한 깨달음의 경지에 도달한 것 같은 나한상들은 특별한 법회에서나 입었을 법한 화려한 색깔의 가사袈裟를 입고 있다. 1079년(원풍元豊2)에 산서성 장자현長子縣 숭경사崇慶寺 삼대사전三大士殿에 봉안된 소조나한좌상에서도 나한 본연의 모습이 엿보이는데, 특정한 승려를 모델로 한 듯이 사실적으로 표현되었다.

포대화상, 남송 12세기, 항주 비래봉 68감

나한상 외에 실존 인물을 모델로 한 조사상도 유행하였다.[24] 1026년
(천성天聖4)에 조성된 절강성 항주 비래봉飛來峰 옥유동玉乳洞 육조사상六祖
師像과 같이 선종의 조사들을 모델로 한 것도 있지만,(p.320) 포대화상布袋
和尙, 김지장金地藏보살, 사주대성泗洲大聖 등 당시 사람들에게 인기 있던
특정한 도상들이 유행하기도 하였다.

포대화상은 오대 후량後梁의 고승이자 미륵보살의 화신으로 알려져
있으며, 민간에서는 이 상을 섬기면 복을 가져다준다고 생각하여 집집
마다 모셔 두었다. 포대화상 조각으로 가장 잘 알려진 것이 남송 때의
항주 비래봉 68감 포대화상이다. 포대화상은 입을 크게 벌리고 만면에
미소를 머금고 있으며, 커다란 배가 드러날 만큼 가사를 대충 걸치고
기대어 앉아 있다. 왼손으로 염주를 들고, 오른손은 복福 보따리 위에
올려놓았다.

금동김지장보살좌상, 북송, 여순박물관

  김지장보살은 신라 왕자 김교각金喬覺이 환생했다는 지장보살이다.[25]
대좌 아래쪽에 강아지가 표현된 요령성遼寧省 여순旅順박물관의 금동보
살좌상은 김지장보살상으로 추정된다. 강아지는 김교각이 신라에서 당
나라로 올 때 데려왔던 "지청地聽"과 "선청善聽" 중의 한 마리이다. 금동
보살좌상은 바위 대좌 위에 반가부좌로 앉아 있으며, 왼손에는 보주를,
오른손으로는 지금은 없어진 석장錫杖을 쥐고 있었던 것으로 보인다.

석조사주대성상, 북송 1100년

비교 예 | 승가사 승가대사상, 고려시대 1024년, 86.5cm
북한산 승가사 승가대사상은 사주대성 신앙의 영향을 받아 조
성된 것으로, 얼굴 표정과 비례 등에서 중국의 사주대성상과
조형적인 차이가 있지만, 풍모와 가사 등은 비슷하다.

승가僧伽대사로도 알려져 있는 사주대성[泗洲文佛, 泗洲菩薩]은 당나라 때
서역에서 온 승려로, 송나라에서는 관음보살의 화신으로 여겼다.[26] 사
주대성상은 풍모風帽와 가사를 착용하고 가부좌한 채 선정인을 결한 승
려의 모습이다. 북송의 1100년(원부元符3)에 조성된 사주대성상도 같은
모습을 하고 있다.[27] 얼굴 표정과 살짝 나온 광대뼈에서 특정한 승려를
모델로 하여 조성한 것을 알 수 있다.

북송의 불상은 당나라와 오대십국의 전통을 이어받아 섬세하고 사실
적으로 표현되었다. 일본 도다이지東大寺의 조렌奝然이 변경汴京에서 우
전왕상優塡王像을 예불한 후, 985년(옹희雍熙2)에 중국 태주台州의 장형제張
兄弟에게 제작을 의뢰한 교토京都 세이료지清凉寺의 목조석가모니불입상

목조석가모니불입상, 985년, 1.6m, 세이료지　　　금동불좌상, 서광사탑 출토, 송 11세기 초, 18.5cm,
　　　　　　　　　　　　　　　　　　　　　　소주박물관

이 이러한 예이다. 불상에서는 장방형에 가까운 둥근 얼굴과 긴 코, 둥근 눈썹 등 당나라와 오대십국 불상의 조형적인 특징이 엿보인다.[28] 북송의 1009년(대중상부大中祥符2)부터 1030년(천성天聖8)사이에 건립된 강소성 소주蘇州의 서광사瑞光寺 탑에서 나온 금동관음보살상과 금동지장보살상 등 8존의 금동상도 이러한 조형적인 특징을 보인다.[29] 이 중 금동불좌상은 편단우견식으로 옷을 입고 선정인을 결한 채 가부좌하고 있다. 불상은 옷주름이 생략되는 등 전체적으로 정적靜的인 분위기를 띠고 있으며,

옥인관음보살좌상, 남송, 대족 북산

대좌에는 명문이 새겨져 있다.[30]

북송 말, 휘종이 도교를 적극적으로 후원함으로써 불교는 상당히 위축되었으나 절강성 임안(남송의 수도, 항주)으로 천도한 후, 고종高宗(1127~1162 재위)이 적극적으로 불교를 후원하면서 불상의 조성도 활발하였다. 남송 불상의 대부분은 절강성 항주 비래봉飛來峰석굴과 사천성 대족大足석굴 등에 집중되어 있다. 이 중 남송 소흥紹興 연간(1131~1162)에 조성된 대족 북산北山석굴 136굴의 옥인玉印관음보살좌상은 남송 조각의 조형적인 특징을 잘 보여준다. 보살상은 아무 문양도 없는 커다란 광배를 배경으로 삼아 통견식으로 옷을 입고 가부좌하고 있다. 머리에는 화려한 보관을 쓰고 있으며, 가슴에는 영락장식이 표현되어 있다. 어깨까지 들어 올린 오른손에는 옥인玉印(옥도장)이 들려 있다. 보살상은 전체적인 비례가 적절하며, 균형 잡힌 안정된 자세이다. 자비로움의 상징인 관음보살답게 화사한 미소를 머금고 있다.

목조위타천상, 남송, 86.8cm, 센뉴지
위타보살이라고도 하는 위타천은 인도 브라흐만교의 천신 스칸다데바Skanda deva(室健陀天)가 와전
되어 중국에서 만들어진 신이다. 명나라 때의 『봉신연의封神演義』와 『서유기西遊記』 등을 통하여 석
가모니 붓다의 호법신으로서 보다 한화漢化된다.

일본 교토 센뉴지泉涌寺의 위타천상韋駄天像도 남송 조각의 한 예로, 같은 사찰에 봉안된 관음보살상의 협시상이다. 위타천상은 구름 위에서 두 손은 모으고 왼발은 살짝 앞으로 내딛고 있다. 좌우대칭을 이룬 정적인 분위기의 무릎 윗부분과 활달한 옷주름으로 구성된 동적인 아랫부분이 자연스럽게 어우러져 있어서 조각가의 수준 높은 표현력을 엿볼 수 있다.

요의 불상

요나라 건국 후, 태조 야율아보기耶律阿保機(916~926 재위)는 대다수인 한족의 민심을 수습하기 위한 정책으로 불교를 국교로 정하였다. 이후의 황제들도 적극적으로 불교를 후원하였는데, 성종聖宗(耶律隆緖, 982~1031 재위), 흥종興宗(耶律宗眞, 1031~1055 재위), 도종道宗(耶律洪基, 1055~1101 재위) 때에 불교와 불상은 전성기를 맞는다. 자신을 문수노文殊奴(문수보살의 종)라고 했던 성종은 운강석굴을 중수하였고,[31] 흥종과 도종은 『거란대장경』을 간행하고 완성하였다. 특히 오계五戒를 받을 만큼 독실한 불교도였던 흥종은 부처님 오신 날을 국경일로 삼았는데, 이러한 분위기 속에서 1천 명이 넘는 읍회邑會가 결성되기도 하였다. 성종 때에 하북성 독락사獨樂寺와 요령성 봉국사奉國寺가, 흥종 때엔 산서성 대동의 대화엄사大華嚴寺가 건립되었다.

황실의 적극적인 불교 후원은 민간에서도 불교가 발전하는 계기가 되었다. 사람들은 삼보노三寶奴, 즉 관음노觀音奴, 문수노文殊奴, 약사노藥師奴 임을 자청하였고,[32] 여성들 사이에는 붓다의 모습으로 화장하는 불장佛裝이 유행할 정도였다.

　요나라 불상은 11세기가 되어 특히 발전하였는데, 이는 성종의 비이자 흥종의 어머니 법천法天 황후가 적극적으로 불교를 후원하였기 때문이다.[33] 불상들은 사원과 석굴 외에도 불탑佛塔, 경당經幢, 사리 석함舍利石函 등 다양한 곳에서 표현되었다.[34] 불상, 보살상, 천인상 등이 부조되어 있는 1020년(개태開泰9)명 요령성 의현義縣 가복사嘉福寺 백탑白塔은 불탑의 대표적인 예이다. 사리석함의 불상은 북경 조양문朝陽門에서 출토된 1105년(건통乾統5)명 석조사리함에서 확인된다.[35] 석함 바깥 네 면에는 『대반열반경』의 내용과 같이 붓다의 열반부터 사리 운반까지 순서대로 부조되어 있다. 사리함 표면을 장식하고 있는 불상, 보살상, 제자상, 금강역사상 등 30여 존의 다양한 존상들은 열반의 적정한 분위기와 어울리는 표정을 짓고 있다.

　한편 요나라에서는 소조상이 많이 조성되었다. 하북성 천진의 독락

석조사리함, 북경 조양문 출토, 요 1105년, 북경수도박물관

독락사 보살입상, 요 984년, 3m

사와 응현應縣 불궁사佛宮寺 목탑, 대동의 하화엄사下華嚴寺와 선화사善化寺, 개태開泰 연간(1012~1021)에 조성된 요령성 의현의 봉국사 등에 봉안된 소조상들이 대표적인 예이다. 984년(통화統和2)에 조성된 독락사 관음각 觀音閣 관음보살상의 협시보살상은 강렬한 채색과 여의두문如意頭紋이 없었다면, 당나라 보살상과 조형적으로 구별하기 어려울 정도로 많이 닮았다. 1056년(청령清寧2)에 건립된 불궁사 오층목탑에는 사방불상四方佛像과 비로자나불상을 중심으로 팔대보살상이 봉안되어 있다. 요나라 불상의 전형적인 특징은 1038년(중희重熙7)에 조성된 하화엄사 박가교장전

하화엄사 소조불상, 요 1038년, 높이 5.4m   참고 예 | 금동불좌상, 요, 20.7cm, 북경고궁박물원

薄迦(伽)敎藏殿의 소조상에서 확인된다.[36] 소조상들은 석가모니불상·미륵
불상·아미타불상과 문수보살상·보현보살상·관음보살상·지장보살상,
제자상 등으로 이루어져 있다. 불상의 대좌 연판에는 금으로 화불化佛이
그려져 있다. 『범망경梵網經』에 근거를 두어 주존은 법신法身 비로자나불
상이며, 화불은 화신化身 석가모니불상 임을 알 수 있다. 불상들이 화엄
계통인 이 경전과 관련되는 것은 화엄 사상이 요나라 황실 불교의 주축
이었기 때문이다. 불상은 비교적 긴 상반신과 낮고 편평한 육계, 짧은
턱과 직선적인 콧대를 가진 얼굴을 하고 있다.

하화엄사 소조보살좌상, 요 1038년

비교 예 | 석조보살좌상, 한송사지출토,
고려시대 초기, 92.4cm, 국립춘천박물관
보살상의 다소곳한 모습과 터질 듯한 양볼 등 조형적
인 특징과 원통형의 높은 보관이 요나라 보살상과 많
이 닮았다.

　　보살상은 원통형의 높은 보관을 쓴 늘씬하고 유연한 모습이다. 이 보
관은 요나라 귀족 무덤에서 비슷한 것이 출토되어 귀족 남성들의 모자
이거나 샤만이 쓰던 법관法冠과 관련될 가능성이 높다. 얼굴이 계란형이
고 대좌의 연판이 도톰한 것은 요나라 존상의 전형적인 특징이다. 이들
소조상은 차가운 느낌의 원색原色이 아니라 따뜻한 질감이 나는 중성색
中性色으로 채색되었다. 요나라 때 삼채三彩 도자 재질로 만든 영국박물
관의 나한상도 중성색이다.

도제나한상, 요, 1.1m, 영국박물관

비교 예 | 해인사 희랑조사상, 고려시대 초기, 82.4cm

실존했던 희랑조사를 모델로 한 듯한 희랑조사
상은 조선시대 말에 가채되었지만, 얼굴 표정과
신체 비례가 요나라 나한상들과 비슷한 분위기
이다.

금동보살좌상, 요 1008년, 28.5cm, 북경 고궁박물원

　1008년(통화統和26)에 조성된 금동보살좌상도 요나라 보살상의 전형
적인 특징을 보여준다. 보살상은 계란형의 얼굴과 얼굴에 비해 상대적
으로 큰 코, 살며시 내려 뜬 눈을 지니고 있다. 연화 대좌의 도톰한 연
판과 앙련의 연꽃 끝부분이 대좌 윗부분보다 치솟아 올라온 것이 눈에
띈다.

금의 불상

금나라 황제들은 요나라에서 불교를 수용하여 적극적으로 후원하였다. 태종太宗(1123~1135 재위)은 해마다 1만 명의 승려들을 궁중으로 초청하여 공양하였으며, 희종熙宗(1135~1149 재위) 때에는 1백만 명 이상이 출가할 정도로 불교가 발전하였다. 이러한 분위기 속에서 금나라 불상은 세종世宗(1161~1188 재위) 때에 이르러 전성기를 맞는다. 그러나 장종章宗(1188~1208 재위)은 부모의 장례식에 승려들이 의무적으로 참여하도록 하였고, 승과僧科를 실시하는 등 불교를 통제하였다.

금나라에서는 요나라의 영향을 받은 불상과 요나라 불상의 조형적인 기초 위에 성립된 새로운 모습의 불상이 조성되었다. 요나라 불상을 답습한 것은 요나라 불상과 조형적인 차이가 거의 없지만, 중성색의 요나라 불상과 달리, 차가운 느낌의 원색으로 채색되었다. 새로운 모습의 금나라 불상은 요나라 불상보다 중량감이 있는 장대한 모습을 하고 있으며, 질감이 풍부한 옷을 입고 있다. 금나라 불상은 자상사慈相寺, 불광

목조관음보살입상(좌)과 목조대세지보살입상(우), 금 1195년, 1.9m, 캐나다 로얄온타리오미술관

사佛光寺, 숭복사崇福寺 등 산서성의 사원에 많이 남아 있다. 이 중 한 예가 1195년(명창明昌6)에 산서성 평양부平陽府 홍동현洪洞縣(임분시臨汾市)에서 조성된 목조관음보살입상과 목조대세지보살입상이다.[37] 이들 보살상은 중량감 있는 장대한 모습으로, 창백해 보이는 하얀 얼굴에 차가운 질감의 붉은색과 푸른색으로 채색된 두꺼운 옷을 입고 있다. 이러한 분위기는 원나라 1349년(지원至元19)에 중수된 목조보살입상으로 이어진다.(p.187)

금나라에서도 나한상과 조사상이 많이 조성되
었다. 1180년(대정大定20)에 조성된 석조나한입상은
턱을 약간 내밀고 양발을 벌린 채 서 있다.[38] 튀어
나온 광대뼈, 짙은 눈썹과 턱수염, 커다란 코는 서
역에서 온 승려를 연상하게 한다. 내려뜨린 오른
손으로는 사람들에게 법문法問을 전하듯 염주
를 굴리고 있으며, 왼손은 살짝 들어 올려 손
바닥을 앞으로 내보이고 있다.

석조나한입상, 금 1180년, 11.5cm, 미국 개인소장

一 서하의 불상

중국 북동쪽에 송, 요, 금나라가 있을 때, 북서쪽에서는 탕구트족[당항족党項族, Tangut]이 세운 서하가 있었다.[39] 서하는 문화 전반에 걸쳐 송나라의 영향을 받았다. 한어에 능통한 경종景宗(1038~1048 재위)은 한족 인재를 등용하고, 송나라 연호를 사용하는 등 송나라 문화를 수용하였다.[40] 서하의 전성기는 한화 정책을 펼쳤던 인종仁宗(仁孝, 1139~1193 재위) 때로, 그의 어머니와 부인은 모두 한족이었다. 혈통상 한족에 가까운 그의 아들 환종桓宗(純祐)도 당연히 한화 정책을 고수하였다.[41]

서하의 불교도 이러한 분위기 속에서 지속적으로 송나라의 영향을 받았다. 경종은 1038년(천수天授원년)에 불교를 국교로 정하고, 송나라에 여섯 번이나 대장경을 요청하였으며, 경전 번역을 위한 번한이자원蕃漢二字院을 설립하였다.[42] 송나라에 장인을 요청하였다는 1063년(가우嘉祐8)의 기록은 불상 조성에도 송나라의 영향이 적지 않았다는 것을 추측하게 한다. 한편 서하의 불교는 송나라 뿐만아니라, 티베트(서장西藏)의 영

쌍신불상, 서하, 62cm, 에르미타주미술관　　　　　　조사상, 영하 굉불탑 천궁 출토, 서하

향도 많이 받았는데,[43] 1159년(천성天盛11), 티베트의 까귀파kagyu(喝擧派, bKh'brgyudpa) 승려를 상사上師로 임명하기도 하였다. 실제로 돈황과 안서 安西 지역의 석굴에서는 티베트식 불상이 다수 확인된다.[44]

　서하의 불상은 영하寧夏 은천銀川과 내몽골 흑수성黑水城(하라호토, Khara-khoto) 주변에서 주로 발견된다. 이 중 흑수성에서 출토되어 현재 러시아 에르미타주미술관The State Hermitage Museum에 소장된 쌍신불상이 주목된 다. 머리가 두 개라는 것을 제외하곤 북송 불상과 조형적으로 별반 차 이가 없다. 북송의 영향은 영하 하란현賀蘭縣 굉불탑宏佛塔 천궁天宮에서 출토된 조사상에서도 확인된다.

안서 유림굴 3굴 천수천안관음보살도, 서하

　서하가 돈황(사주沙州)과 안서安西(과주瓜州)를 점령하던 1036년(대경大慶원년)부터 돈황 막고굴과 안서 유림굴楡林窟에서는 90개 이상의 석굴이 조성되었다.[45] 이 중 인종仁宗 때 조성된 안서 유림굴 3굴은 서하 불상의 다양성을 가장 잘 보여준다.[46] 석굴 중앙에 있는 채색의 소조상들은 청나라 때에 보수되었으나, 석굴 벽면을 장식하고 있는 여러 벽화에서 서하 불교와 불상의 성격을 충분히 읽을 수 있다. 티베트 밀교[장밀藏密]의 만다라, 중국 밀교[한밀漢密]의 천수천안관음보살, 중국 현교顯教의 문수보살과 보현보살 등은 서하 불교가 지닌 다양성을 대변해 준다.

一
대
리
국
의
불
상

　　운남성雲南省에 위치한 대리국은 "불국佛
國"과 "묘향국妙香國"이라 불릴 정도로 불교가 발전하였다. 대리국에서는
밀교가 현교보다 유행하였으며, 중원지방과 티베트불교가 대리국 문화
와 결합하여 성립된 아사리교(Ācārya, 阿吒力敎, 전밀滇密, 백밀白密)가 주류를
이루었다.[47]

　　불교 존상 중에는 고조高祖 기가왕奇嘉王(세노라細奴羅, 649~674 재위)이 남
조 대몽국南詔 大蒙國(649~728)을 세울 때 도와 주었다는 아차야阿嵯耶관음
보살(Āryāvalokiteśvara, 성관음보살聖觀音菩薩)이라는 독특한 도상이 있다. 아사
리교의 주요 신이던 아차야관음보살은 이후 대리국大理國(937~1253) 백족
白族의 주신主神이자 보호신으로 간주되어 매우 유행하였다.[48]

　　아차야관음보살은 『남조도전南詔圖傳』에서 처음 확인된다.[49] 책에서는
보살을 "진신관세음보살眞身觀世音菩薩"로 기록하고 있다.[50] 현존하는 대
부분의 관음보살상이 책에 그려진 진신관세음보살과 도상적으로 일치
하여 "아차야"가 "성聖" 외에 "진신眞身"의 뜻으로도 사용되었다는 것을

장승온 범상도권 내 진신관세음보살,
대리국 1180년, 전체크기 30.4cm x 164cm,
대만고궁박물원

알 수 있다. 아차야관음보살상은 현재 30여 존이 남아 있으며, 이 중 운남성박물관의 아차야관음보살입상이 대표적인 예이다. 늘씬하고 우아한 자태의 보살상은 상반신은 벗고 있으며, 하반신은 치마를 입고 있다. 얇은 치마 자락은 양다리 위에서 각각 U자를 그리며 흘러내리고 있다. 높게 묶어 올린 머리카락의 장식에는 화불이 표현되어 있다. 긴 역삼각형의 얼굴 모습에서 대리국 백족의 모습이 연상된다.

한편 1163년(성명盛明2)에 조성된 금동대일여래좌상은 대리국 불상이 송나라와 티베트불상의 영향을 받았음을 알려 준다.[51] 불상은 편단우견식으로 옷을 입고 촉지인을 결한 채 가부좌하고 있다. 옷은 몸의 굴곡을 따라 유기적이며 활달하게 표현되었다. 커다란 꽃무늬 귀걸이와 화려한 팔찌를 착용하였다. 중앙 계주髻珠는 송석松石을, 백호白毫는 붉은 산호를 감입하여 표현하였다. 불상은 송나라 불상의 신체 비례와 얼굴 표정을 하고 있지만, 장엄 방식과 옷주름 표현법에서는 티베트불상을 따르고 있다.

아차야관음보살입상. 대리국, 49cm, 운남성박물관

금동대일여래좌상, 대리국 1163년, 상해박물관

금동대일여래좌상 밑면 내부

1 松原三郎, 「五代造像考」, 『美術研究』 207(1960. 3), pp. 35～50.

2 『五代會要』卷27, [鹽鐵雜條下], 帛貨(上海: 商務印書館, 1937, p. 334).

3 蘇州市文物管理委員會, 「蘇州虎丘靈岩寺塔發現文物內容簡報」, 『文物參考資料』 1957-11, pp. 32～33, 51; 顧公碩, 「"檀龕寶相"－蘇州虎丘塔中發現的文物」, 『文物參考資料』 1957-11, p. 46; 蘇州市文管會, 『蘇州虎丘塔出土文物』, 北京: 文物出版社, 1958.

4 『十國春秋』60, [南漢]3, 後主本紀, 『文淵閣四庫全書』 466, 史部 223, 載記類, p. 526下.

5 『十國春秋』90, [閩]1, 太祖世家, 『文淵閣四庫全書』 466, 史部 223, 載記類, p. 179上.

6 전촉前蜀의 간주簡州에서 활동한 허후許侯는 무성武成 연간(908～910)에 대성자사大聖慈寺에서 치성광불熾盛光佛을 조성하였고, 동주東州의 웅중본雍中本은 성흥사聖興寺 천왕원天王院의 천왕상을 제작하였다.

7 松原三郎, 「五代造像考」, pp. 35～50; 崔聖銀, 「唐末五代 佛敎彫刻의 경향」, 『美術史學』 6(1992), pp. 161～191.

8 Howard, A. F., "Royal Patronage of Buddhist Art in Tenth Century Wu Yüeh," *Museum of Far East Antiquities*, 57(1985), pp. 1～60.

9 岡崎讓治, 「錢弘俶八万四千塔考」, 『佛敎藝術』 76(1970. 7), pp. 111～125; 金申, 「吳越國王造寶篋印阿育王塔」, 『佛敎美術叢考』, 北京: 科學出版社, 2004, pp. 125～134; 浙江省博物館 編, 『天覆地載－雷峰塔五代地宮發掘阿育王塔特展』, : 中國文化藝術出版社, 2009.

10 浙江省文物管理委員會, 「金華市萬佛塔塔基淸理簡報」, 『文物』 1957-5, pp. 41～47.

11 浙江省文物管理委員會, 「金華市萬佛塔塔基淸理簡報」, pp. 41～47.

12 "吳越國錢弘俶敬造八萬四千寶塔乙卯歲記".

13 『佛祖統紀』卷43, T. 49, No. 2035, p. 397中.

14 『歸田錄』卷上, 『文淵閣四庫全書』, 子部 342, 小說家類, p. 532下.

15 『佛祖統紀』卷44, T. 49, No. 2035, p. 402上.

16 『佛祖統紀』卷45, T. 49, No. 2035, p. 413下.

17 [正定府龍興寺鑄銅像記], 『金石萃編』卷123(王昶 輯, 『金石萃編』 第4冊(北京: 中國書店, 1985), pp. 6～7.

18 吉岡義豊, 「中國民間の地獄十王信仰について－玉歷寶鈔を中心として」, 『道敎の硏究』, 吉岡義豊著作集 第 1卷, 東京: 五月書房, 1989, pp. 279～452.

19 Chun-fang, Yu, *Guanyin: The Chinese Transformation of Avalokiteshvara*, New York: Columbia University Press, 2001.

20 수월관음보살의 명칭은 장언원이 『역대명화기』에서 당나라 화가 주방周昉이 그린 관음보살을 수월의 모습으로 창작하였다는 기록에서 비롯되었다(『歷代名畵記』卷10, 「唐朝下」(長廣敏雄, 『譯注歷代名畵記』2, 東京: 平凡社, 1995, p. 295)).

21 Spencer Museum of Art & The University of Kansas, *Latter Days of the Law: Images of Chinese Buddhism 850-1850*, University of Hawai'i Press, 1994.

22 송나라에서는 조동종曹洞宗, 임제종臨濟宗, 운문종雲門宗, 법안종法眼宗, 위앙종潙仰宗, 황룡종黃龍宗, 양기종楊岐宗 등 오가칠종五家七宗이 성립될 정도로 선종이 유행하였다.

23 濟南市文管會·濟南市博物館, 「山東長淸靈巖寺羅漢像의 製作年代及有關問題」, 『文物』 1984-3, pp. 76～82.

24 남방에서는 나한상의 유행과 함께, 입적한 승려들의 주검에 천과 칠을 입혀 진신상眞身像을 만들어 조사당에 봉안하기도 하였다.

25 김지장보살상은 명·청대에 구화산九華山 지장보살상의 도상에 많은 영향을 주었다. 尹文漢·張總, 「九華山"地藏三尊"圖像的形成」, 『故宮博物院院刊』 2015-4, pp. 126～140.

26 徐苹芳, 「僧伽造像的發現和僧伽崇拜」, 『文物』 1996-5, pp. 50~58; 石建剛·高秀軍·賈延財, 「延安地區宋金石窟僧伽造像考察」, 『敦煌研究』 2015-6, pp. 30~40.

27 "唐縣東明鄉南赤村張湊妻趙氏合家一十五口, 共發願心造石聖像一尊, 永爲供養, 時元符三年七月二十四日建, 謹記".

28 毛利久, 「淸凉寺釋迦像 變遷考」, 『佛敎藝術』 35(1958. 7), pp. 1~23; 由水常雄, 「淸凉寺 釋迦如來立像の胎內納入物のガラスについて」, 『美術史研究』 4(1966. 3), pp. 53~72; 小杉一雄, 「肉身像及遺灰像の硏究」, 『東洋學報』 24(1968. 10), pp. 405~436; 姚長壽, 「旃檀釋迦瑞像與奝然入宋」, 『法音』 1987-1, pp. 26~29; 金申, 「日僧奝然在台州模刻的旃檀佛像」, 『佛敎美術叢考』, 北京: 科學出版社, 2004, pp. 135~142.

29 蘇州市文管會·蘇州博物館, 「蘇州市瑞光寺塔發現一批五代, 北宋文物」, 『文物』 1979-11, pp. 21~31; 蘇州博物館 編, 『蘇州博物館藏虎丘雲岩寺塔, 瑞光寺塔文物』, 北京: 文物出版社, 2006.

30 "女弟子龜四娘捨", "過賢".

31 辛長靑, 「雲岡石窟的遼代修建工程」, 『大同史論精選』, 北京: 新華出版社, 1994, pp. 184~185.

32 성종의 거란 이름은 문수노文殊奴였고, 세종世宗의 둘째 딸과 경종景宗의 셋째 딸 이름은 관음이었다. 한편 고려시대 우왕禑王(1375~1388)의 별명이 모니노牟尼奴라는 점도 이러한 전통과 관련될 가능성이 높다.

33 법천황후는 운강석굴을 중수하였는데, 금金나라 1147년(황통皇統7)에 조연曹衍이 찬술한 [대금서경무주산중수대석굴사비]에 의하면, 1049년(중희重熙18)에 모후가 중수하고, 1060년(청령淸寧6)에 유전운劉轉運에게 감독하게 하였다고 한다. 여기서의 모후는 법천황후로 추정된다. 辛長靑, 「雲岡石窟的遼代修建工程」, pp. 186~187.

34 Howard, A. F., "Buddhist Sculptures of the Liao Dynasty," *Museum of Far East Antiquities*, 56(1984), pp. 1~96.

35 李靜杰, 「中原地方遼金時期涅槃圖像考察」, 『故宮博物院院刊』 2008-3, pp. 6~46.

36 『遼史』 卷41, [志]11, 地理志 5, p. 506. 박가교장전에 봉안된 29존의 소조상들은 『산서통지山西通志』와 『대동부지大同府志』, 1931년에 발견된 천정 대들보의 먹 글씨를 통하여 박가교장전과 함께 1038년(중희7)에 조성되었음을 알 수 있다. 금金나라 1163년(대정大定2)에 기록된 [대금국서경대화엄사중수박가교장기大金國西京大華嚴寺重修薄伽敎藏記]에 의하면, 봉안된 불상들은 삼세불三世佛임을 알 수 있다.

37 L. Bachhofer, "Two Chinese Wooden Statue," *Burlington Magazine*, 73(Oct., 1938), pp. 142~146; 田辺三郎助, 「アメリカ·カナダにある中國木彫像(1) -金の明昌六年銘像を中心に-」, 『Museum』, 205(東京国立博物館, 1968. 4), pp. 30~34. 목조관음보살입상의 복장(영동靈洞) 뒷개판 안쪽에 먹 글씨가 쓰여 있다. "峕明昌六年南步沉村聖行者請到, 平陽府洪洞縣賈顔記筆".

38 방형 대좌에 새겨진 명문의 내용은 다음과 같다. "大定二十季歲次庚子秋月四方善人敬造羅漢像一軀".

39 史金波, 『西夏佛敎史略』, 銀川: 寧夏人民出版社, 1988, pp. 1~10.

40 『宋史』 卷485, [列傳]244, 外國1, 夏國傳, pp. 13992~13993.

41 國立歷史博物館, 『絲路上消失的王國-西夏黑水城的佛敎藝術』, 臺北, 1996, pp. 51~54.

42 『宋史』 卷485, [列傳]244, 外國1, 夏國傳, pp. 13994~13996.

43 謝繼勝, 『西夏藏傳繪畵-黑水城出土西夏唐卡研究』, 石家庄: 河北敎育出版社, 2002.

44 Kira Fyodorovna Samosyuk, 「西夏王國的藝術歷史風格上的詮釋」, 『絲路上消失的王國-西夏黑水城的佛敎藝術』, 臺北: 國立歷史博物館, 1996, p. 64.

45 劉玉權, 「瓜·沙西夏石窟槪論」, 『中國石窟 敦煌莫高窟』 5冊, 敦煌研究院 編, 北京: 文物出版社, 1987, pp. 175~185.

46　Rob Linrothe, "Ushnishavijaya and the Tangut Cult of the Stupa at Yulin Cave 3," *National Palace Museum Bulletin*, vol. 31, no. 4&5(1996), pp. 1~25; 배재호, 『세계의 석굴』, 사회평론, 2015, pp. 301~322.

47　王海濤, 『雲南佛敎史』, 昆明: 雲南人民出版社, 2001.

48　John Guy, "The Avalokiteśvara of Yunnan and Some South East Asian Connections," *Colloquies on Art and Archaeology in Asia*, no. 17(1994), pp. 76~83; 李雲晉, 「雲南大理的阿嵯耶觀音造像」, 『文博』 2005-1, pp. 32~35; 傅雲仙, 『阿嵯耶觀音』, 昆明 :雲南美術出版社, 2006; 李玉珉, 「阿嵯耶觀音菩薩考」, 『故宮學術季刊』 27-1(2009), pp. 1~72. 아차야관음보살의 도상적인 시원에 대해서는 티베트, 인도, 동남아시아 전래설이 있다.

49　『남조중흥이년화권南詔中興二年畵卷』이라고도 하는 이 책은 남조의 898년(중흥2)에 그려졌는데, 원본은 현재 남아 있지 않다. 일본 후지유린칸 소장의 『남조도전』은 12세기 모본으로 알려져 있다. Moritaka Matsumoto, *Chang Sheng-wen's Long Roll of Buddhist Images: A Reconstruction and Iconology*, Ph. D. Diss., Princeton Univ., 1976; 張輝·齊林 編, 『張勝溫畵梵像卷』, 天津: 人民美術出版社, 2001; 劉長久, 『南詔大理國宗敎藝術』, 成都: 四川人民出版社, 2001, p. 68.

50　최선아, 「〈大理國梵像卷〉과 眞身觀音」, 『美術史學硏究』 290 ·291(2016), pp. 201~235.

51　杭侃, 「大理國大日如來鎏金銅佛像」, 『文物』 1999-7, pp. 61~63. 불상 안쪽에는 119자의 명문이 있다.

5

불상의 티베트화

원의 불상
명의 불상
청의 불상

원의 불상

원나라는 장전藏傳불교를 국교로 정하고 도교, 기독교, 마니교摩尼教 등 여러 종교를 수용하였다. 장전불교[라마교喇嘛教]란 티베트(서장西藏)에서 전래된 불교를 말한다. 1239년(태종太宗11), 태종(오코타이 한, 1229~1241 재위)의 둘째 아들인 고덴Godan khan이 티베트를 공략하고, 샤카파薩迦(Sakya)派(Sa-skya-pas)의 5대 조사인 파스파Phagspa(팔사파八思巴(癹思巴), 1235~1280)를 북경으로 모셔와 1270년(세조世祖, 지원至元7)에 제사帝師(황제의 스승)로 삼았다.[1] 파스파는 제사가 되기 전 1264년(지원至元원년)에 황제 다음의 지위인 총제원總制院 수장이 되었으며, 원나라의 대도大都 북경에서 티베트불교(장전불교)가 발전하는데 결정적인 역할을 하였다. 그가 죽은 지 40여 년이 지난 1321년(지치至治원년)에 영종英宗(1320~1323 재위)이 그를 위하여 제사파스파사帝師八思巴寺를 건립하였으며, 1324년(태정泰定원년)에는 파스파제사상八思巴帝師像을 그려 각 성省에 나누어 줄 정도로 그의 영향력은 계속되었다.[2] 티베트 승려들에 대한 특별한 대우는 승려들에게 욕하는 사람은 혀를, 때리는 자는 손을 자른다는

금동파스파상, 청, 북경수도박물관

1309년(지대至大2)에 내려진 황제의 칙령에서 충분히 알 수 있다.[3] 이와 같이 황제들의 후원 속에서 티베트불교는 북경을 중심으로 발전해 나 갔다.

티베트불교가 발전하면서 티베트불상을 답습한 티베트식 불상도 활 발하게 조성된다. 이들 불상은 주로 북경과 상도上都(제너두Xanadu)를 중심 으로 조성되었다. 불상은 처음엔 티베트 장인에 의해, 이후엔 중국 장 인에 의해 만들어졌다. 즉 파스파가 1262년에 네팔 출신 장인工匠 아니 꺼(Anige, Anyikor, Aniko, 阿尼哥, 1245~1306)를 북경으로 데려와 불상을 만들었 는데,[4] 대도와 상도의 불상들이 모두 그의 작품이라고 할 정도였다.[5] 그 가 만든 불상을 사람들은 "범상梵像" 혹은 "서천범상西天梵像"이라고 불렀 다.[6] 그의 문하에는 픔삭사稟搠思, 타인지朶儿只, 아승꺼阿僧哥, 유원劉元 등 이 있었는데, 이 중 중국 장인 유원이 가장 뛰어났다.[7] 티베트불상을 답습한 14세기의 불상들이 아니꺼와 그의 제자 유원이 만든 불상 형식을 따르고 있는 것은 다 이러한 이유에서이다.[8] 이들은 황제와 황후의 칙명을 받드는 중앙선정원中央宣政院의 범상제거사梵相提擧司에서 활동하였다.[9] 아니꺼가 1305년(성종成宗, 대덕大德9)에 황후 의懿의 뜻을 받들어 조성한 대천수만령사大天壽萬寧寺의 불상도 중앙선정원이 주관한 것이다.[10] 당시 북경에는 중앙선정원의 통제를 받는 사원이 360여 개나 되었다. 이들 사원의 불상은 대부분 티베트에서 가져온 티베트불상이거나 그 영향을 받은 티베트식 불상이었다. 중앙선정원 소속 장인들이 불상을 조성할 때, 소요 경비는 국가에서, 금·은 등 귀금속은 황제의 개인 창고인 봉신고奉宸庫에서 충당하였다.

원나라 불상은 티베트불상의 영향을 받은 티베트식 불상과 전통적인 불상으로 나뉜다. 티베트식 불상은 네팔과 티베트불상을 모델로 하여 조성한 것이다. 이들 불상은 전통적인 불상의 조형 위에 탑 형태를 이루고 있는 육계와 중앙 계주, 화려한 귀걸이와 목걸이, 촘촘하게 접혀진 옷주름, 앙련仰蓮과 복련伏蓮이 맞붙어 있는 연화대좌, 대좌의 연주문 장식 등 부분적으로는 네팔과 티베트불상의 특징을 가지고 있다. 전통적인 불상은 다시 중량감 있는 장대한 모습의 금나라 불상과 섬세한 조형의 송나라 불상의 계보로 나뉜다. 이들 존상은 금동, 돌, 나무, 도자기 등 다양한 불상재로 조성되었다.

티베트식 불상에는 이자진언二字眞言과 주어呪語만 새겨져 있어서 수인手印 등 도상적 특징만으로는 정확하게 어떤 불상인지 알기가 어렵다. 이는 티베트의 여러 종파에서 인도 불상을 그들의 방식대로 수용하여 제작하였기 때문에 티베트불교를 이해하지 않으면 쉽게 알 수가 없다. 정서와 괴리감이 있는 환희불歡喜佛(희금강喜金剛)같은 경우가 티베트불교를 모르면 정말 이해하기가 쉽지 않은 도상이다.[11]

티베트식 불상은 전통적인 불상보다 섬세하고 우아하며, 마치 틀에서 찍어낸 것 같이 모두 비슷한 모습을 하고 있다. 따라서 같은 형식의 불상이 반복해서 조성되었기 때문에 명문이 없으면 편년에 어려움이 따른다. 불상들은 대부분 어깨가 넓고 허리가 잘록하며, 보살상들은 전통적인 보살상에서는 볼 수 없는 강렬한 눈빛을 가지고 있다.

1305년(대덕大德9)에 고전신高全信 일가에 의해 조성된 금동문수보살좌상은 티베트식 보살상의 전형적인 예이다. 보살상은 세련된 조형에 보석을 감입한 화려한 장식을 하고 있다. 살짝 비튼 상반신, 양옆으로 치켜 올라간 눈, 커다란 귀걸이, 감입 기법으로 표현된 장식, ∪형으로 배꼽까지 드리워진 목걸이 등에서 티베트 보살상의 특징이 확인된다.[12] 대좌 밑바닥에는 보륜寶輪이 새겨져 있고, 복장에서는 사리舍利와 함께 오장五臟의 상징물인 오곡五穀, 오보五寶, 만다라曼茶羅 등이 발견되었다.

금동문수보살좌상, 원 1305년, 18cm, 북경고궁박물원

금동문수보살좌상 밑면

181

금동석가모니불좌상, 원 1336년, 25cm, 북경고궁박물원

1336년(지원至元2)에 중인귀仲仁貴 등에 의해 조성된 금동석가모니불좌
상도 티베트식 불상이다.[13] 불상은 안정된 구도와 비례를 갖추고 있으
며, 앙련과 복련이 맞붙은 연화대좌 위에서 촉지인을 결하고 있다. 왼
쪽 어깨 위와 발목 등 가장자리에만 옷주름이 접혀진 모습은 티베트불
상의 특징이다. 한자로 새겨진 대좌의 명문도 전통적인 한자 표기방향
이 아니라 왼쪽에서 오른쪽으로 쓴 티베트식을 따르고 있다.

심곡사 불상과 보살상, 조선시대 15세기, 불상 14.5㎝, 보살상 12.4㎝

금동아미타불삼존상, 조선시대 1451년, 불상 17.7cm, 평양 조선중앙역사박물관

불상은 탑 형태를 이루고 육계와 정상계주, 촘촘히 접혀진 법의 표현, 맞닿은 앙련과 복련, 연주문을 갖춘 대좌에서, 보살상은 화려한 장엄과 복부까지 드리워진 ʊ 형의 목걸이 장식에서 티베트식 불상의 영향이 확인된다.

| 티베트불상의 영향 |

티베트불상(티베트) → 티베트식 불상(원) → 티베트식 불상을 답습한 불상(고려 말 조선 초)

티베트불상의 영향을 받은 또 다른 예로 1345년(지정至正5), 순제順帝가 대승상大丞相 아노도阿魯圖와 좌승상左丞相 별아겁불화別兒怯不花에게 명하여 만든 북경 창평현昌平縣 거용관居庸關 과가탑過街塔의 존상이 있다.[14] 원래 기단 위에 있던 3개의 티베트식 불탑은 원·명대에 전화戰火로 부서졌으며, 지금은 회백색 대리석으로 만든 탑기塔基, 즉 운대雲臺만 남아 있다. 운대에는 티베트식 불상 외에 전통적인 불상도 조성되어 있어서 원나라 불상의 다양성을 보여준다.[15] 운대에는 티베트어, 파스파어(몽골어), 위구르어, 서하어 등 여러 나라 문자와 함께, 천정엔 오불만다라五佛曼茶羅가, 양쪽 벽면에는 사천왕상이 부조되어 있다. 사천왕상은 정면을 뚫어져라 바라보는 시선과 평판적인 조형, 정치한 갑옷 장식, 기旗를

다문천왕, 원 1345년, 높이 약 2.8m, 거용관 운대

들고 있는 모습에서 티베트 사천왕상의 영향이 확인된다. 특히 사천왕상
이 들고 있는 교차금강저交叉金剛杵는 샤카파 불상의 광배에서 많이 확인
된다. 세조(1260~1294 재위) 때 창건된 북경 백탑사白塔寺(원대의 묘응사妙應寺)
의 라마백탑喇嘛白塔에서 발견된 많은 불상들도 티베트식 불상의 중요한
예이다.

부동불상, 원 1345년, 거용관 운대

비교 예 | 금판여래좌상, 고려시대 1361년, 5.1㎝,
국립전주박물관
불상 광배를 장식하고 있는 꽃문양과 대좌 형식은
거용관 운대의 부동불상과 많이 닮았다.

소조관음보살좌상, 원, 1.95m, 산서박물원

　한편, 진흙 위에 첩금貼金 기법으로 만든 산서박물원山西博物院의 소조
관음보살좌상은 전통적인 불상의 대표적인 예로서, 오뚝한 코를 지닌
장신형의 중년 여성상이다. 관음보살좌상은 요나라 보살상의 얼굴과
금나라 보살상의 장대한 조형을 갖추고 있다. 금나라의 계보를 잇고 있

목조보살입상, 원 1349년 중수, 1.9m, 넬슨아킨스미술관

는 원나라 보살상으로는 1349년(지정9) 명 목조보살입상이 있다. 보살상
은 금나라 1195년(명창明昌6) 명 목조관음보살입상의 조형적인 특징을 따
르고 있다.(p.166) 부드러운 조형과 유려한 옷주름 선, 정치한 보관 장
식, 하얀 얼굴 빛과 차가운 눈빛, 원색 위주의 채색이 그것이다. 그러나
움직임이 크고 장식이 많아진 것은 금나라 보살상에서는 볼 수 없는 새
로운 특징이다. 목조보살입상에서는 1349년에 중수되었다는 먹으로 쓴
발원문이 발견되었다.[16] 발원문의 "본현신촌本縣辛村"은 산서성 태원현의
신촌진辛村鎮이거나 같은 성 호관현壺關縣의 신촌辛村으로 추정되어 산서
성에서 전래되었음을 알 수 있다. 현재 산서성에는 14세기의 불상과 불
화가 다수 남아 있다. 이는 14세기 초에 발생한 지진으로 인해 부서졌
던 불상과 불화가 새로 만들어지거나 보수되었기 때문이다.

석조해운선사상, 원 13세기, 북경수도박물관

　　원나라에서는 송나라의 전통적인 조형을 답습하고 있는 승려상도 조
성되었다. 북경 쌍탑雙塔 경수사慶壽寺 해운탑기海雲塔基에서 출토된 석조
해운선사상石造海雲禪師像이 그 예이다.[17] 선사상은 돌을 골격으로 삼아 그
위에 흙을 바르고 채색을 입혀 완성하였다. 해운선사(1202~1257)는 북경
에서 활동했던 임제종臨濟宗의 선승으로, 원나라 세조世祖(1260~1294 재위,
쿠빌라이 한)가 두 번이나 법문法問을 청할 정도로 덕망 높은 고승이었다.
인자한 표정을 하고 웅크리고 앉아있는 선사상은 둥근 얼굴과 살찐 턱,
큰 귓불 등에서 해운선사의 실제 모습을 보는 듯하다.

명의 불상

태조 주원장朱元璋(1368~1398 재위)은 안휘 성安徽省 황각사皇覺寺 승려 출신으로, 황제가 된 후 승려들에게 직접 열 반경과 반야심경, 능가경楞伽經을 강의하였다. 비록 한족들이 티베트불 교를 신봉하는 것을 금지하였으나, 세 번이나 대장경을 간행하는 등 불 교를 적극적으로 후원하였다.

명나라 황제들은 세종世宗(가정제嘉靖帝, 1522~1566 재위)이 도교를 중시하 여 불교를 억압한 것을 제외하곤 대부분 불교를 후원하였다. 성조成祖 (영락제永樂帝, 1403~1424 재위)는 라마승을 후원하는 정책을 펼쳤으며,[18] 황 궁에 티베트식 불교사원을 건립하고 티베트식 불상을 조성하였다. 그 가 얼마나 티베트불교를 믿었는지는 당시 남경에 와 있던 대보법왕大寶 法王과 대승법왕大乘法王, 대자법왕大慈法王으로 봉해졌던 티베트 승려들 을 우대하고,[19] 그들이 티베트로 돌아갈 때 불상을 만들어 선물로 주었 던 것으로도 알 수 있다.[20] 또한 영락 연간에 조성된 불상 중 현존하는 것만 300여 존이나 된다는 점도 적극적으로 불교를 후원했던 그의 모습을 연상하기에 충분하다. 한편 그는 1407년(영락5)에 수도 남경에서 태조 주원장과 고제후高帝后의 천복薦福을 위한 보도대재普度大齋를 지내기 위해 1406년(영락4)에 데싱 섹파De-bzhīn-gshegs-pa(却貝桑波, 哈立麻, 1384~1415)를 티베트에서 초청하였다. 데싱 섹파는 이후 대보법왕大寶法王에 봉해 졌다.[21] 이 보도대재, 즉 49재의 내용은 장권화長卷畵의 형식으로 전해 내려온다.[22] 성조는 직접 『문수찬文殊讚』, 『보살찬菩薩讚』, 『불명경佛名經』, 『불보살명칭불곡佛菩薩名稱佛曲』 등을 저술하기도 하였다.

무종武宗(정덕제正德帝 1505~1521 재위)도 대경법왕서천각도원명자재대정혜불大慶法王西天覺道圓明自在大定慧佛이라고 자칭할 정도로 불교를 신봉하였다. 그러나 불교를 억압했던 세종(가정제)은 1522년(가정원년)에 대능인사大能仁寺의 재산을 몰수하고, 현명궁玄明宮의 불상을 파괴하였다. 1536년에 황궁에서의 불전佛殿 건립을 금지하고, 169존의 금은 불상을 부수었으며, 1543년(가정22)에는 티베트 승려가 거주하는 대자은사大慈恩寺를 파괴하고 불상을 훼손하였다.[23] 그러나 다른 황제들은 황궁에 영화전英華殿이나 홍경전洪慶殿과 같은 티베트식 불교사원을 건립하여 불상을 봉안하고 예불하였다.

명나라 불상도 원나라 불상과 같은 흐름 속에서 발전하였는데, 티베트식 불상과 전통적인 불상이 조성되었다. 명나라 초기인 홍무洪武 연간에는 원나라 불상의 영향이 계속되고 있어서 조형적인 변화가 거의 없었다. 1396년(홍무29) 명 금동석가모니불좌상이 이러한 예이다.[24] 주원장朱元璋의 다섯째 아들 주숙朱肅이 조성한 금동석가모니불좌상은 함께 만든 5,048존 중의 2존으로, 이들 불상은 『개원석교록開元釋教錄』(당, 지승智升 찬)의 5,048개로 분류된 경전 목록과 관련될 가능성이 높다. 명문이 없다면, 금동석가모니불좌상은 송나라 불상으로 착각할 정도로 많이 닮았다.

금동석가모니불좌상, 명 1396년, 북경수도박물관
두 불상은 같은 배경에서 조성되었기 때문에 크기, 형식, 특징이 동일하다.

명나라 불상은 영선(永宣, 영락과 선덕) 연간(1403~1435)을 지나면서 장대한 모습의 원나라 불상에서 벗어나 단아한 자태로 바뀐다. 이러한 변화는 대도(북경)를 중심으로 나타났는데, 이를 "영선조상永宣造像(永宣宮庭造像, 北京造像)"이라고 한다.[25] 영선조상에는 대부분 "대명영락년시大明永樂年施"와 "대명선덕년시大明宣德年施"라는 6자의 명문이 새겨져 있다. 영선조상은 명나라 황실과 티베트의 활발한 교류 속에서 조성되었다. 1406년(영락4)부터 1417년(영락15)까지 티베트에서 명나라로 일곱 번이나 불상을 보내왔고, 1408년(영락6)부터 1418년(영락16) 사이에 명나라에서 티베트로 여섯 번 불상을 보냈다. 이러한 상황은 영선조상이 명나라 초기에 전래된 티베트불상의 영향을 받아 이 무렵에 성립되었다는 것을 추정하게 한다.[26]

실제 대좌 윗부분에 작은 글자로 음각된 "대명영락년시"명 불상들은 이러한 영향 관계를 알려주듯이 티베트불상과 전통적인 불상의 특징을 모두 갖추고 있다. "대명영락년시"나 "대명선덕년시"의 명문도 전통적인 표기 방향과 달리 왼쪽에서 오른쪽으로 진행되는 티베트식을 따

참고 예 | 영락연간명 금동불좌상, 명

르고 있다. 이 때 만들어진 불교 존상들은 티베트의 각 종파에서 공통
적으로 숭배하던 석가모니불, 오방불五方佛, 금강지불金剛持佛, 문수보살,
사비四臂관음보살, 금강수金剛手보살, 녹도모綠度母 등 이었다.

 사실 영선조상이라고 하지만, 영락 연간에 조성된 금동불상은 선덕
연간의 것보다 주조도 정세하고 도금의 발색도 훨씬 좋다. 심지어 영
락 연간의 불상을 1421년을 기준으로 영락 전기와 후기로 나누기도 하
는데, 가장 큰 변화는 대좌 연판에서 나타난다. 즉 전기에는 티베트불
상의 대좌 연판과 같이 연꽃잎이 가늘고 긴 도톰한 형태이지만, 후기가
되면 연판의 폭이 넓어지고, 연꽃 끝부분에 권초문卷草文이 나타나기 시

참고 예 | 선덕원년(1426)명 금동석가모니불좌상

작한다. 영락 후기에 보이는 연판의 이러한 특징은 선덕 연간에도 계속 되는데, 연판의 폭은 더욱더 넓어지고 권초문은 보다 더 장식화 된다.

티베트식 불상은 원나라 불상과 같이 편단우견식으로 옷을 입고 꽃 무늬 장식의 광배를 갖추고 있지만, 원나라 불상보다 턱이 넓어져 방형 에 가까운 얼굴을 하고 있다. 보살상은 대개 양쪽 끝이 반전된 오화관五 花冠을 착용하고 있는데, 역삼각형을 이룬 보관을 쓴 머리의 측면이 몸 에 비해 상당히 큰 편이다.

황실에서 발원한 불상들은 대부분 티베트식 불상이다. "어제후서御製 後序"라는 제목의 여래법장如來法藏을 찬한 글이 발견되어 황실과 관련되 는 불상임을 알 수 있는 1411년(영락9)명 목심건칠불좌상木心乾漆佛坐像이 이러한 예이다.[27]

금동삼세불좌상, 명 1450년, 북경수도박물관

금동금강지불좌상, 명 1436년, 북경수도박물관

티베트식 불상들은 원나라 때와 같이 북경을 중심으로 유행하였다. 불상은 전통적인 조형을 따르면서도 탑 형태의 육계와 가늘고 긴 허리, 앙련과 복련이 맞붙은 연화 대좌 등 티베트불상의 특징을 갖추고 있다. 한족 승려나 티베트 승려 구분없이 티베트식 불상을 조성하였다. 1450년(경태景泰원년)에 북경 용천사龍泉寺 36대 율종律宗 종사宗師 도관道觀이 조성한 금동삼세불좌상은 한족 승려가 조성한 대표적인 예이다.[28] 명문의 광선계단廣善戒壇은 명나라 때 북경에 있던 2대 계단의 하나로, 원래는 담자사潭柘寺에 있었다.

선덕 연간 이후, 민간에서는 영선조상을 모방한 불상이 만들어진다. 1436년(정통正統원년)에 조성된 금동금강지불좌상金銅金剛持佛坐像이 그 예이다. 불상은 영선조상과 같이 균형 잡힌 안정된 자세에 양손을 교차한 채 금강저金剛杵와 금강령金剛鈴을 잡고 있다. 보관 장식과 얼굴 표정, 장엄 형태, 착의법 등에서 영선 조상과 많이 닮았다. 금강살타金剛薩埵와 관련 있는 금강지불金剛持佛은 티베트불교에서 보현여래왕普賢如來王과 함께 가장 중요시되었던 도상으로, 중국에 많은 영향을 주었다. 대좌의 명문은 중국 전통의 표기 방향인 오른쪽에서 왼쪽으로 새겨져 있다.[29]

금동무량수불좌상, 명 1454년, 14.5cm, 북경고궁박물원   철제나한좌상, 명 1482년, 80cm, 프랑스기메동양미술관

1454년(경태景泰5)에 조성된 금동무량수불좌상도 명문에서 확인되는 바와 같이 민간에서 조성된 불상이다.[30] 전체적인 분위기는 전통적인 불상이지만, 앙련과 복련이 맞붙은 연화 대좌와 화려한 장엄, 보살 모습을 한 불상이라는 점에서 티베트불상의 영향을 받았다는 것을 알 수 있다.

한편 전통적인 불상들은 티베트불교의 영향이 미치기 어려운 지방에서 주로 조성되거나 티베트에서 그다지 유행하지 않았던 도상에서 확인된다. 1482년(성화成化18)에 조성된 철제나한좌상이 이러한 예로,[31] 원래 하남성 숭현嵩縣 복우산伏牛山 운암사運岩寺에 봉안되었던 53존의 나한상 중 한 존이다.[32] 단아한 모습의 나한상은 명나라의 조형적인 특징을

청동보살좌상, 명,
69cm, 인천시립박물관

갖추고 있으며, 수행 중인 나한의 성격이 잘 드러나 있다. 산서
성 경안진京安鎭에서 반출되어 인천시립박물관에 소장되어 있는
청동관음보살좌상도 전통적인 조형을 계승하고 있는 명나라 전
기의 보살상이다.[33] 중년 여성의 모습을 한 장신형 보살상은 윤
왕좌로 앉아 있으며, 전체적인 비례가 적절하고 안정된 모습이
다. 명문 일부가 떨어져 나가 정확한 조성 시기는 알 수 없으나
산서성 경안진의 여성 발원자들에 의해 조성된 것임을 알 수
있다.

참고 예 | 기림사 건칠보살좌상,
조선시대 1501년, 91cm
보살상은 중년 여성을 모델하여 만
든 관음보살상이다. 얼굴 표정이나
장식이 명나라 보살상과 닮았다.

금동보현보살좌상, 명 1532년, 41.8cm, 북경고궁박물원

　전통적인 불상은 세종(가정제)이 티베트불교를 억압하면서 다시 유행
하기 시작한다. 1532년(가정11) 명 금동보현보살좌상은 이러한 분위기 속
에서 조성된 것이다. 보살상은 머리가 크고 몸이 단신이며, 넓고 살찐
얼굴에서 명나라 사람의 모습이 연상된다. 티베트불상의 전형적인 연
화대좌와 달리, 마치 솔방울과 같이 생긴 두 겹의 연꽃잎으로 이루어진
앙련 대좌를 갖추고 있다.

만력萬曆 연간(1573~1620)이 되면, 신종神宗(만력제)과 그의 어머니 자성황태후慈聖皇太后의 적극적인 후원으로 전통적인 불상은 더욱 활발하게 조성된다. 이 시기에는 정토 사상과 관음신앙이 유행하여 이와 관련되는 존상이 많이 만들어진다.[34] 1607년(만력萬曆35)에 조성된 금동불입상이 한 예로, 불상은 수인을 통하여 죽은 사람의 영혼을 맞이하는 접인불接引佛임을 알 수 있다. 어깨 부분의 八자식 망토형 옷과 다리 부분의 八자식 치마 자락에서 명나라 불상의 조형적인 특징이 확인된다. 관음신앙의 유행은 "구련보살九蓮菩薩"로 알려진 자성황태후[이태후李太后]와 깊은 관련이 있다.[35] 구련보살은 관음보살로, 자성황태후가 관음보살의 화신으로 여겨지면서 황태후를 모델로 한 관음보살상이 많이 조성되었다.

금동불입상, 명 1607년, 31cm, 대만고궁박물원

"석수"명 동조관음보살입상, 명, 53cm, 북경고궁박물원
보살상은 덕화요에서 하조종이 만든 백자관음보살입상을
모델로 하여 조성한 듯 조형적으로 많이 닮았다.

"하조종"명 백자관음보살입상, 명, 35.5cm, 북경고궁박물원

한편 민간에서 유행했던 전통적인 불상 중에는 승려 석수石叟가 만든
동조관음보살입상과 명나라 말기에 하조종何朝宗이 복건성 덕화요德化窯
에서 백자로 만든 보살상도 있다.

청의 불상

자신을 문수보살의 화신이라고 생각했던 태조太祖(1616~1626 재위)는 후금後金(청나라의 전신)을 세운 후, 건국 정신을 티베트불교에서 찾았다.[36] 청나라를 건국한 태종太宗(1626~1643 재위)이 5세 달라이 라마Dalai lama와 관계를 구축하고, 세조世祖(순치제順治帝, 1643~1661 재위)가 1652년(순치順治9)에 5세 라마를 책봉하는 등 활발한 교류 속에서 티베트불교는 더욱더 발전하였다. 이후 티베트불교는 성조聖祖(강희제康熙帝, 1661~1722 재위), 세종世宗(옹정제雍正帝, 1722~1735 재위), 고종高宗(건륭제乾隆帝, 1735~1795 재위) 때에 전성기를 맞는다.[37] 성조는 1697년(강희36), 황궁에서 불상을 제작하기 위하여 중정전염경처中正殿念經處를 설치하였다.[38] 세종(옹정제)은 스스로 원명거사圓明居士라고 칭하였으며, 자신의 집을 라마喇嘛사원 옹화궁雍和宮으로 개조하는 등 티베트불교를 적극적으로 후원하였다. 예술에 남다른 조예가 깊었던 고종(건륭제)은 양심전조판처養心殿造辦處(중정전염경처 후신)에서 불상을 만들 때, 직접 심사하는 등 불상의 조형에도 적지 않은 영향을 미쳤다. 1749년(건륭14), 고종의 국사國師 장가호토극도章嘉胡土克圖(Changkya Hutuktu)가 저술한 『제불보살성상찬諸佛菩薩聖像贊』은 황실에서 티베트불상이 얼마나 깊이 신봉되었는지를 알려 준다.[39] 강희·옹정·건륭 연간에 발전하였던 청나라 티베트불교와 불상은 이후 태평천국운동太平天國運動 등 잦은 내우외환으로 더 이상 새로운 진전은 없었다.

한편 민간에서는 불상을 전문적으로 만드는 장인이 활동하였으며, 불상들은 불상관佛像館을 통하여 유통되었다. 조선시대 1780년(정조正祖4)에 북경에서 돌아온 사신 조정진趙鼎鎭의 상소에서도 불포자佛鋪子에서 불상을 팔고 있었다는 기록이 확인된다.[40] 불상이 활발하게 조성되고 유통됨에 따라 불상 조성의 기준을 서술한 책도 출간되었다. 공포사포工布査布(Gönokyab, mGon po skyabs, 1669~1750)가 1742년에 찬술한 『조상량도경造像量度經』이 그것이다.[41] 책에서는 티베트불상의 자세, 복식, 비례, 크기, 대좌, 광배 등의 제작 방법과 황토, 면지棉紙, 모래, 나무, 보리풀, 철정鐵釘, 기름, 철사 등 제작에 필요한 재료를 소개하고 있다. 이 책의 보급은 불상 조성에 활기를 불러 일으켰으나, 불상이 일률적이고 형식화되는 결과를 가져다 주었다.

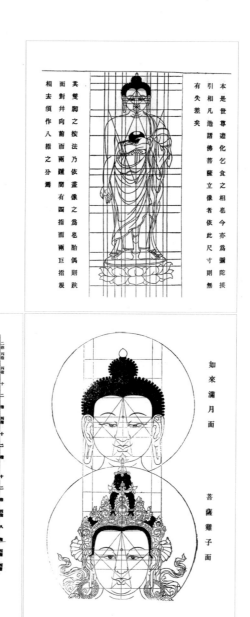

조상량도경 도면, 청 1742년

대좌 앞면(상)과 뒷면(하)

금동약사불좌상, 청 1682년, 북경수도박물관

　　청나라 불상은 원·명의 불상과 같이 티베트식 불상과 전통적인 불상
으로 구분된다. 그러나 불상의 명문 표기법에서 다소 변화가 나타난다.
이러한 변화를 보여주는 예로 1682년(강희21)에 황궁에서 조성된 금동약
사불좌상이 있다. 불상은 대좌 연판의 폭이 넓고 연꽃잎 끝부분에 권초
문이 표현되는 등 명나라의 영선조상 이후에 정립되었던 특징을 갖추
고 있다. 그러나 대좌 윗부분에만 있던 명문은 대좌 위의 앞면과 뒷면,
대좌 정면의 아래쪽에까지 새겨져 있어서 영선조상보다 복잡해진 것을
볼 수 있다. 대좌 위 앞면에는 오른쪽에서 왼쪽 방향으로 "나무소재연

금동사비관음보살좌상, 청 1686년, 73cm, 북경고궁박물원

수약사불南無消災延壽藥師佛"이, 뒷면에는 "대청강희임술년갑진월초사성
大淸康熙壬戌年甲辰月初四誠"이라는 조성 연대가 같은 방향으로 새겨져 있다.
대좌 정면 아래에는 티베트어로 "나무소재연수약사불"이 왼쪽에서 오
른쪽 방향으로 새겨져 있다. 즉 티베트어 명문은 티베트식을, 한어는
중국식을 따르고 있다.

한편 티베트식 존상으로 북경고궁박물원의 1686년(강희25) 명 금동사
비관음보살좌상이 있다. 청 황실에서 발원한 조상 중 가장 이른 예에 속
하는 보살상은 균형 잡힌 당당한 몸과 표주박형 발계髮髻, 오엽관五葉冠,
보석이 감입된 장엄 기법에서 티베트 보살상의 특징이 확인된다. 대좌
하단에는 한어, 만주어, 파스파어(몽골어), 티베트어로 명문이 새겨져 있
다.[42] 명문에 의하면, 보살상은 성조(강희제)가 관음보살의 감응에 힘입
어 할머니의 만수무강을 바라면서 조성한 것이다.

참고 예 | 금동연화생상金銅蓮花生像, 청 18세기, 북경수도박물관
불상 대좌 뒤쪽에 "과친왕성조果親王成造"라는 명문이 새겨져 있다. 과친왕(1697～1738)은 강희제의 17번째 아들로, 1735년(옹정13)에 3세 장가국사章嘉國師와 함께 7세 달라이라마를 티베트에 모셔다 드리고 돌아왔다. 이 불상은 청 황실에서 발원한 것으로서 황실과 티베트불상과의 밀접했던 관계를 알려준다.

세종(옹정제) 때에도 황궁에서 티베트식 불상이 많이 조성되었지만, 현존하는 예는 거의 없다.[43] 세종이 자신의 집을 희사하여 1694년(강희 33)에 건립된 옹화궁에는 대형의 불상들이 다수 남아 있다. 이곳에서는 고종(건륭제) 때에 조성된 불상도 있어서 강희·옹정·건륭 연간에 조성된 불상들을 한 눈에 볼 수 있다. 옹화궁의 불상은 이후 북경에서 조성된 불상에 조형적으로 많은 영향을 미쳤다.

청나라에서 티베트식 불상이 가장 활발하게 조성되는 시기는 고종 때이다. 이 시기의 불상은 강희와 옹정 연간에 조성된 불상보다 수준이 다소 떨어지지만, 티베트불상을 단순히 모방만 한 것이 아니라 상징성을 부여한 불상들이 조성되었다는 점에서 주목된다. 황실의 불교 수행과 관련되는 육품六品불상과 고종의 만수무강을 위해 조성된 축수祝壽불상이 이러한 예이다.

육품불상은 건륭 연간에 자금성紫金城에 새로 건립한 육품불루六品佛樓에 봉안한 불상이다. 고종은 1757년(건륭22)부터 1782(건륭47)까지 8개의 육품불루를 설치하였으며, 각 불루마다 786존의 코고 작은 불상을 봉안하였다.[44] 육품은 청나라 불교의 주축이었던 티베트불교의 겔룩파 dGelugspa(格魯派, 黃帽派)에서 수행자들이 근기(수준)에 맞게 여섯 개의 등급(품)으로 나누어 수행하던 것과 관련된다.[45] 육품불상은 모두 황동으로 주조되었으며, 크기와 모습이 비슷하다.[46] 또한 얼굴과 몸은 도금되었지만, 옷은 도금하지 않고 다른 색으로 표현하였다. 대좌 정면 위쪽에는 조성 연대를, 그 뒷면에는 육품의 품명을, 대좌 정면 아래쪽에는 불상의 이름을 새겨 놓았다. 이들 명문은 한문 표기 방향인 오른쪽에서 왼쪽으로 새겨져 있다. 금동석가모니불좌상은 전형적인 육품불상이다. 탑 형태를 이루고 있는 육계와 정상 계수, 금색을 띤 얼굴과 몸, 다른 색감의 법의에서 육품불상이라는 것을 바로 알아 차릴 수 있다. 대좌 정면 위쪽에는 건륭 연간에 만들었다는 조성 연대가 주조되어 있고, 아래쪽에는 석가모니불이라는 이름이, 대좌 뒤쪽에는 "반야품般若品"이라는 품명이 각각 음각되어 있다.

금동석가모니불좌상, 청 건륭연간

금동향상보살좌상, 청, 북경수도박물관

금동향상보살좌상金銅香象菩薩坐像도 건륭 연간에 육품불루에 봉안했던 육품불상으로 유가근본瑜伽根本에 속하는 존상이다. 대좌 정면 위쪽에는 "대청건륭년조"가 주조되어 있고, 아래쪽에는 "향상보살香象菩薩"이라고 음각되어 있다. 상반신은 벗은 채 낙액(조백)만 두르고 있으며, 하반신은 치마를 입고 있다. 왼손은 손바닥을 위로 한 채 배 앞에 두었으며, 오른손으로 연꽃봉오리를 가볍게 잡고 있다.

한편 고종(건륭제)의 50세, 60세, 70세, 80세를 맞이하여 만수무강을 기원할 목적에서 특별히 축수祝壽불상이 조성되었다. "신사(辛巳, 1761년)",

금동무량수불좌상, 청 1770년, 북경수도박물관

"경인(庚寅, 1770년)", "경자(庚子, 1780년)", "경술(庚戌, 1790년)"의 기년명을 지
닌 불상들이 이러한 예이다. 이들 불상은 대부분 무량수불이다. 현재
고종의 60세 때인 경인년에 만든 불상이 가장 많이 남아 있는데, 1770년
(건륭35) 명 금동무량수불좌상도 이 중 하나이다. 대좌 정면에는 "대청건
륭경인년경조大淸乾隆庚寅年敬造"라는 조성 연대가 음각되어 있다.[47] 불상
은 편단우견식으로 옷을 입고 선정인을 결한 채 가부좌하고 있다. 티베
트불상의 영향을 받았기 때문에 불상이지만 보관과 귀걸이, 목걸이, 팔
찌로 장엄되어 있다.

참고 예 | 금동육세판첸상, 청 1781년, 북경고궁박물원
북경에 왔던 6세 판첸 라마가 병으로 입적하자, 고종은 그를 위하여 자금성 우화루雨花樓의
서배루西配樓에 영당影堂을 마련하고 금동육세판첸상을 조성한다.

한편 고종의 칠순 축하연을 위해 북경에 왔던 티베트 고승 6세 판첸라
마Panchen Lama(班禪)가 갖고 온 불상들도 있다. 이들 불상은 북경에서 조
성된 티베식 불상이 아니라 티베트불상이다. 1780년(건륭45)명 금동석가
모니불좌상의 대좌 밑바닥에는 한어, 만주어, 몽골어, 티베트어로 6세
판첸 라마가 고종의 장수를 기원하기 위하여 승덕承德의 찰집륜포사扎什
倫布寺에서 석가모니불상을 봉안하였다는 내용이 기록되어 있다.[48] 불상
은 오른손으로 촉지인을 결하고, 왼손으로 발鉢을 들고 있다. 왼쪽 어깨
위에만 표현된 조밀한 옷주름과 호박琥珀 등 보석을 감입하여 장식한 기
법에서 티베트불상의 특징을 엿볼 수 있다. 6세 판첸 라마가 가져온 자
금성의 또 다른 금동석가모니불좌상도 보관과 목걸이, 팔찌를 감입기
법으로 장엄한 티베트불상이다. 대좌 뒷면 아래쪽에는 티베트어로 명
문이 새겨져 있다.[49]

금동석가모니불좌상(상)과 밑면, 청 1780년, 26cm, 북경고궁박물원 　금동석가모니불좌상, 청 1780년, 60cm, 북경고궁박물원

건륭 연간에 조성된 또 다른 예로는 북경의 백탑사白塔寺 탑찰塔刹에서
발견된 1753년(건륭18)명 금동삼세불상金銅三世佛像과 황백단목黃白檀木의
관음보살좌상,[50] 하북성 승덕承德의 보령사普寧寺 대승지각大乘之閣에 봉안
된 1755년(건륭20)명 불상이 있다.[51] 또한 경덕진요景德鎮窯에서는 어요창
御窯廠 감독관이었던 당영唐英의 이름 새겨진 "당영경제唐英敬製"명 백자관
음보살좌상이 조성되기도 하였다.

한편, 전통적인 존상의 하나인 나한상도 계속해서 조성되었다. 나한
상은 청나라에서 유행한 선종과 관련된다. 세조와 세종은 직접『선종
어록禪宗語錄』을 작성할 정도로 선종에 매료되었는데, 특히 세종은 자칭
"해내제일선인海內第一禪人"이라고 하였다. 이러한 분위기 속에서 하북
성, 강소성, 사천성, 운남성, 광동성 등지에서 나한상이 조성되었다. 이
외에 민간에서는 복건성福建省 수산壽山에서 생산되는 옥玉으로 불상이
만들어지기도 하였다.

황백단목관음보살좌상, 청 1753년, 북경수도박물관

항룡조사상降龍祖師像, 복건성 수산석, 청 18세기, 10.4cm, 북경고궁박물원
조사상은 왼손으로 그릇鉢을 들고 있으며, 한마리의 용이 몸을 휘감고 있다. 대좌는 원래의 것이 아니다.

1 『元史』卷202, [列傳] 第89, 釋老, 「八思巴」(『二十六史』, 大衆文藝出版社, 1999. pp. 1819~1820).

2 『佛祖統紀』卷46, T. 49, No. 2035, p. 436上中.

3 『佛祖統紀』卷48, T. 49, No. 2035, p. 435下.

4 『元史』卷203, [列傳] 第90, 方伎工藝, 「阿尼哥」(『二十六史』, 大衆文藝出版社, 1999, pp. 1837~1838). 아 납갈목阿納噶木이라고도 하는데, 네팔 사람들은 "팔노포八魯布"나 "파륵포巴勒布"라고 한다. 그는 1278년(지원15)에 대사도大司徒의 작위를 받았다.

5 『元史』卷203, [列傳] 第90, 方伎工藝, 「阿尼哥」.

6 서천범상은 10세기부터 13세기까지 네팔에서 유행하던 불상을 말한다. 물론 이 네팔 불상은 인도 팔라Pala시대 불상의 영향을 받아 조성되었다.

7 『元史』卷203, [列傳] 第90, 方伎工藝, 「劉元」(『二十六史』, 大衆文藝出版社, 1999, pp. 1838~1839). 유 원劉元은 13세기 중엽부터 14세기 초에 활동했던 사람으로, 소조塑土, 범금(范金, 금속 주조), 전환 상법摶換(협저탈태)像法에 뛰어났다고 한다. 원나라 우집虞集이 찬술한 『유정봉소기劉正奉塑記』와 『도원학고록道園學古錄』 권7에 그의 전기가 기록되어 있다.

8 아니꺼는 1273년(지원10)에 설립된 제색인장총관부諸色人匠總管府의 총관이 되었으며, 1278년에 다시 영장작원사領將作院事가 되었다. 원나라 정거부程鉅夫가 찬술한 [양국민혜공신도비]涼國敏慧公神道 碑]에는 아니꺼가 소조상에 출중했던 것으로 기록되어 있다. 그는 황궁에 범상제거사梵像提舉司를 설치하여 대량의 불상을 제작하였다. Anning Jing, "The Portraits of Khubilai Khan and Chabi by Anige(1245~1306), a Nepali Artist at the Yuan Court," *Artibus Asiae*, vol. 54, no. 1(1994), pp. 48~86.

9 『元史』卷203, [列傳] 第90, 方伎工藝, 「阿尼哥」.

10 『續資治通監』卷195, [元紀], 成宗欽明皇帝.

11 金申, 「從紫禁城內歡喜佛談記」, 『佛教美術叢考』, 北京: 科學出版社, 2004, pp. 234~236.

12 米夏埃爾·漢斯, 「薩迦-元時期尼藏與藏漢金屬造像存在阿尼哥風格嗎?」, 『故宮博物院院刊』2007- 5, pp. 51~66.

13 "出家釋子智威賕, 丁男仲仁貴, 仲仁謙, 信眷楊氏單奇一家善眷等, 發心鑄釋迦佛一家向心, 諸佛 加被, 星天護持, 此世來生, 福報無盡, 歲次丙子, 至元二年八月望日謹題". 故宮博物院 編, 『圖像 與風格』, 北京: 紫禁城出版社, 2002, pp. 188~189.

14 田村治郎·藤枝晃, 『居庸關』, 京都大學工學部, 1955; 宿白, 「居庸關過街塔考稿」, 『文物』1964-4, pp. 13~29(『藏傳佛教寺院考古』, 北京: 文物出版社, 1996, pp. 338~364).

15 謝繼勝, 「居庸關過街塔造像義蘊考-11至14世紀中國佛教藝術圖像配置的重構」, 『故宮博物院院刊』 2014-5, pp. 49~80.

16 "大元國第十帝至正九年五月日重 粧佛菩薩聖像三尊 待詔馮小大補 粧詔待本縣辛村幷南樣社 辛待 詔景待詔等 本寺僧銀尊宿琛尚座 休講主演講主愛講主 幷大衆等三十衆施工 勅賜太雲禪院置".

17 蘇天鈞, 「燕京雙塔慶壽寺與海雲和尚」, 『北京文物與考古』1(1983), pp. 258~268.

18 文竹, 「西藏地方明封五王的有關文物」, 『文物』1985-9, pp. 89~94.

19 명나라 초기에 제1법왕 대보법왕을 까귀파에서, 제2법왕 대승법왕을 샤카파에서, 제3법왕 대자법 왕을 겔룩파에서 선발하여 추대하였다. 사실 그 이면에는 명나라 황제가 티베트의 여러 종파 승 려들을 통제할 목적이 있었다.

20 王家鵬, 『藏傳佛教金銅佛像圖典』, 北京: 文物出版社, 1996, pp. 22~25 재인용.

21 『明史』卷331, [列傳] 第219, 西域3, 「烏斯藏大寶法王」(『二十六史』, 大衆文藝出版社, 1999, pp. 3787~3790).

22 西藏自治區文物管理委員會 編, 『西藏文物精粹』, 北京: 紫禁城出版社, 1992, 도판 26.

23 『大明世宗肅皇帝實錄』卷187(『明實錄附校勘記·附錄』, 臺北: 中央研究院歷史語言研究所, 1964, p. 3957); 『明史紀事本末』卷52, 「世宗崇道教」(『叢書集成新編』 第118册, 臺北:新文豊出版公司, 1985, pp.

314~317).

24 대좌 중대에 음각된 명문은 다음과 같다. "周府欲報四恩, 命工鑄造佛像一樣五千四十八尊, 俱用黃金鍍之, 所以廣陳供養, 崇敬如來. 吉祥如意者, 洪武丙子四月吉日施".

25 티베트불상을 "서천범상西天梵相"이라고도 한다(金申, 「明永樂宣德朝宮廷造藏式銅佛像」, 『佛敎美術叢考』, pp. 223~226.). 영선조상은 가정 연간의 폐불 사건과 문화혁명 때 없어진 것을 고려하면 훨씬 많은 수의 불상이 조성되었을 것으로 추정된다.

26 『明史』 卷331, [列傳] 第219, 西域3, 「烏斯藏大寶法王」, 『二十六史』, 大衆文藝出版社, 1999, pp. 3787~3790); 『明史』 卷331, [列傳] 第219, 西域3, 「大乘法王」, 『二十六史』, 大衆文藝出版社, 1999, pp. 3790~3791). 티베트로 보낸 영선조상은 티베트불상이 한화漢化되는데 많은 영향을 미친다.

27 Priest, A. R., "Two dated wood Sculptures of the Ming dynasty," The Metropolitan Museum of Art Bulletin, no. 1(July, 1942), pp. 29~32; 周紹良, 「明永樂年間內府刊本佛敎經籍」, 『文物』 1985-4, pp. 39~41.

28 연화대좌 위에 새겨진 명문은 다음과 같다. "大明景泰元年歲次庚午, 圓授廣善戒壇, 傳法宗師龍泉寺住持道觀施金鍍".

29 "大明正統丙辰年奉佛弟子(富)顯興曾阮阿祿□福嘉黎法保正月上朔日發心造".

30 "景泰五年九月吉日造, 信士藏福□另□藏□□另藏泉".

31 티베트불교에서도 16나한상과 18나한상이 조성되었지만, 유행하지는 않았다.

32 "洛陽□南門二里□□□□□杜氏男李眞□男□□□嘉, 南無聖尊者□, 造伏牛山雲岩寺五三尊□□, 成化十八年□". 현재 운암사에는 4존의 나한상이 전래되고 있다.

33 배진달(배재호), 「女性轉身形 觀音菩薩像의 一例-仁川市立博物館 所藏 明代觀音菩薩像을 中心으로」, 『美術을 通해 본 中國史』, pp. 389~398.

34 Chün-fang Yü, Kuan-yin: The Chinese Transformation of Avalokiteśvara, New York: Columbia University Press, 2001; 齊慶媛, 「江南式白衣觀音造型分析」, 『故宮博物院刊』 2014-4, pp. 52~69.

35 『明史』 卷114, [列傳] 第2, 后妃2, 「孝定李太后」, 『二十六史』, 大衆文藝出版社, 1999, pp. 254~255).

36 鄭欣淼, 「故宮藏傳佛敎研究的回顧與前瞻」, 『故宮博物院刊』 2007-5, pp. 6~15. 한편, 1646년(순치順治3), 세조가 승려들이 사람들에게 설법하는 것을 금지하자 해박한 불교 지식을 갖춘 거사들이 승려를 대신하여 붓다의 가르침을 펼치는 거사불교가 유행하였다. 건륭乾隆 연간(1736~1795)에 활동한 팽척목(彭尺木, 彭紹升, 1740~1796)과 청나라 말의 양인산(楊仁山, 楊文會, 1837~1911)은 대표적인 거사들이다.

37 陳振遠 主編, 『藏傳佛敎造像』, 天津: 天津人民美術出版社, 1995. p. 1.

38 王家鵬, 「中止殿與淸宮藏傳佛敎」, 『故宮博物院刊』 1991-3, pp. 58~71.

39 Walter Eugene Clark, Two Lamaistic Panthoens, From Materials Collected by The Late Baron A. Von Stael-Holstein, Harvard University Press, 1937; New York: Paragon Book, 1965.

40 『朝鮮王朝實錄』 正祖 4年 11月 4日 戊寅.

41 『造像量度經序』, 『佛像量度經序』, 『造像量度經引』, 『造像量度經解』, 『造像量度經續補』, T. 21, No. 1419, pp. 936~956中; 金申, 「關于〈造像量度經〉」, 『美術史論』 1987-2; 『佛敎美術叢考』, pp. 237~241.

42 "大淸昭聖慈壽恭簡安懿章慶敦惠溫莊康和仁宣弘靖太皇太后, 度奉三寶福庇萬靈. 自於康熙二十五年歲次丙寅, 恭奉聖諭不日告成, 永唸聖祖母仁慈垂祐, 衆生更賴菩薩感應聖壽無疆云爾".

43 黃春和, 「淸雍正銅鍍金彌勒菩薩像」, 『收藏家』 2002-9, p. 39.

44 羅文華, 「淸宮六品佛樓模式的形成」, 『故宮博物院刊』 2000-4, pp. 64~79.

45 육품이란 현교顯敎의 반야품般若品과 밀교의 5품, 즉 공행근본功行根本, 덕행근본德行根本, 유가근본瑜伽根本, 무상양체근본無上陽體根本, 무상음체근본無上陰體根本을 말한다.

46 불상은 큰 것과 작은 것으로 나뉜다. 큰 것은 40cm 정도로, 각 볼루마다 54존이 봉안되어 있었으

며, 작은 것은 다시 13~14cm, 16~17cm, 19~20cm의 세 개 그룹으로 나뉜다.

47   티베트불상의 명문은 1682년(강희21)에 조성된 약사불상의 "대청강희임술년갑진월초사성大淸康熙
壬戌年甲辰月初四誠"에서와 같은 비교적 긴 형식에서 옹정 연간(1723~1735) 이후 "대청옹정년경조大
淸雍正年敬造"와 "대청건륭년경조大淸乾隆年敬造" 등의 간략화되는 형식으로 바뀐다. 또한 옹정 연
간과 건륭 연간이 되면, 서관署款의 위치가 대좌 뒤쪽에서 앞쪽으로 바뀌며, 특히 건륭 연간에는
음각이 아니라 주관鑄款이 나타나는 것이 특징이다.

48   "乾隆四十五年八月二十四日皇上駕幸扎什倫布, 班禪額爾德呢恭進大利益扎什利瑪釋迦牟尼佛". 6
세 판첸 라마는 1780년(건륭45)에 고종의 축수를 위하여 자금색紫金色의 리마상琍瑪像을 가져왔다.
羅文華, 「淸宮紫金琍瑪造像考述」, 『故宮博物院院刊』 2004-6, pp. 49~59.

49   "頂禮衆佛總攝之宗喀巴". 한편 원래 불상의 조성발원문에는 다음과 같은 내용이 기록되어 있다.
"班禪額爾德尼之商卓咸巴扎薩克喇嘛濟忠格烈加勒燦請聖安, 進扎什利瑪釋迦牟尼佛一尊".

50   원나라 아니꺼에 의해 조성된 백탑사가 청나라 1753년에 수리될 때, 이들 불상과 보살상이 납입
된 것으로 추정된다. 이들 존상은 조각 수준으로 보아 고종의 발원품으로 생각된다. 관음보살좌
상의 감실 안쪽에는 다음과 같은 먹 글씨가 쓰여 있다. "念彼觀音力, 能救世間苦, 願以此功德, 衆
生同得渡".

51   金申, 「康乾兩朝宮廷造藏式佛像」, 『收藏家』 1996-2; 『佛敎美術叢考』, pp. 227~233.

6

석굴의 조성

석굴의 조성

　　석굴(洞窟, 隱所, Guhā, Guph, Gumph)은 여름
에 덥고 겨울에 추운 인도 날씨에 종교적인 수행처로서 가장 적합한 곳
이다. 석굴이 조성된 산은 불교적 관념에서 세계의 중심 수미산須彌山
(Sumeru)이 지닌 신성한 공간을 뜻한다. 불교 석굴은 승려들이 생활하는
비하라vihāra식과 예불 공간인 차이티야caitya식으로 구분된다. 비하라는
중국에서 승원굴僧院窟과 승방굴僧房窟로, 차이티야는 탑묘굴塔廟窟로 번
역되었다. 차이티야를 "불전佛殿"이 아니라 탑묘굴이라고 한 것은 인도
초기의 차이티야에서는 불상이 아닌 사리탑舍利塔이 봉안되어 있었기
때문이다. 탑묘는 탑을 모시고 예불하는 공간의 의미로서 사당祠堂으로
도 번역되었다.

　　중국에서 석굴은 실크로드의 거점인 감숙성 돈황敦煌과 정치적 중심
지 량주凉州 주변에서 인도의 영향을 받아 4세기부터 조성된다. 이들 석
굴은 어떠한 방해도 받지 않고 승려들이 수행하기 위한 공간이었다. 승
려들의 수행을 선관禪觀 수행이라고 하는데, 불상 등 대상을 보면서 수

행하는 것을 말한다. 선관 수행은 구마라집이 5세기 초에 장안에서 번역한 『좌선삼매경坐禪三昧經』, 『선비요법경禪祕要法經』, 『관불삼매해경觀佛三昧海經』 등과 관련된다.[1] 『고승전』에는 영소令韶와[2] 백승광帛僧光 등 많은 사람들의 선관 수행 기록이 남아 있다.[3]

선관 수행과 관련되는 초기 석굴에서는 관상觀相의 대상인 불상과 보살상이 석굴의 규모에 비해 크게 조성되거나, 석가모니 붓다의 본생담本生譚(전생이야기)과 불전담佛傳譚(일생이야기)이 벽면을 장식하였다. 이는 석굴 속에서 수행하던 승려들이 석가모니 붓다가 어떠한 선업善業(좋은 일)을 쌓아 이 세상에서 붓다, 즉 깨달은 분이 되었는지, 그리고 붓다가 된 후 어떤 수행을 하였는지를 보고 배우기 위한 것이다.

사실 본생담과 불전담은 인도에서 탑의 난간석에 서기전부터 새겨지기 시작했다. 이는 경전을 읽지 못하는 사람들에게 붓다와 관련된 이야기를 보다 쉽게 이해시키기 위한 방편이었다. 사람들은 붓다의 가르침과 생애에 대하여 박식한 법사法師들의 이야기를 들으면서 본생도와 불전도의 의미를 이해해 나갔다. 돈황 막고굴에서도 석굴 속에 표현된 이러한 내용을 설명하던 중국의 법사가 있었던 것으로 추정된다.

중국의 석굴은 오호십육국시대의 불교 중심지이자 북량의 수도였던 량주 주변에서 시작되었다.[4] 돈황 막고굴敦煌 莫高窟, 문수산文殊山석굴, 천제산天梯山석굴 등이 이러한 예이다. 석굴들은 벽면을 뚫어 만든 개착식開鑿式으로서 대부분의 석굴 앞에는 강이 흐른다. 강은 석굴에 거주하던 승려들에게 식수를 공급하였고, 관수觀水 수행에도 중요한 역할을 하였다. 또한 자갈돌 성질인 사막의 석굴에서는 강이 흘러내리기 쉬운 벽면을 마감하는데 강바닥의 진흙을 공급하였고, 경도가 강한 석회암질의 석굴에서는 바위 표면을 달구었다가 식혀 돌덩어리를 떼 내는 소석냉수법燒石冷水法에 필요한 많은 양의 물을 제공하였다.

역암礫岩(자갈돌 성질)의 돈황 막고굴과 안서 유림굴安西 楡林窟, 홍사암紅砂巖의 천제산석굴과 병령사炳靈寺석굴, 마제사馬蹄寺석굴은 조각하기 적합하지 않아 진흙으로 소조상을 만든 다음, 채색을 입혀서 불상을 완성하였다. 사암인 운강석굴과 천룡산天龍山석굴, 사천성 석굴들은 조각하기가 비교적 쉬운 편이다. 석회암의 용문석굴과 타산駝山석굴은 경도가 강하여 조각이 쉽지 않으나, 한나라 때부터 내려오던 이 지역의 오래된 조각 전통에 바탕한 원숙한 솜씨로 불상을 완성하였다.

승려들의 선관 수행을 위해 조성된 석굴이 점차 그 성격이 변하면서 석굴의 구조와 벽화의 내용도 바뀌기 시작한다. 인도 탑묘굴塔廟窟의 영향을 받았던 중심탑주식中心塔柱式 석굴이 사라지고 지금의 법당을 연상하게 하는 존상굴尊像窟이 출현한다. 또한 붓다의 본생담과 불전담이 사라지고 아미타정토와 약사정토 등 정토 신앙과 관련되는 그림들이 벽면을 가득 채운다.

돈황 막고굴

돈황의 사막

막고굴 272굴 서벽 불의좌상, 5세기 전반

인도와 서역의 문화가 중국으로 들어오는 첫 번째 관문이 돈황이다. 이곳에서 동남쪽으로 25km 떨어진 명사산鳴沙山 동쪽 기슭에 막고굴이 있다. 석굴은 1km에 걸쳐 500여 개의 석굴로 이루어졌다. 석굴 조성에 관해서는 돈황에서 발견된 『사주성사경沙州城土鏡』의 동진 353년(영화永和9)과 이회양李懷讓이 698년(성력聖歷원년)에 찬술한 막고굴 332굴 [대주이회양중수막고굴불감비大周李懷讓重修莫高窟佛龕碑]의 366년(건원建元2)의 두 가지 설이 있다.[5] 두 기록 중 어느 것이 맞든 간에 막고굴이 4세기 중엽에 조성되었다는 것은 분명하다. 중수비에 의하면, 승려 낙준樂傳이 선관 수행을 위하여 석굴을 개착한 후 막고굴이라고 부른 데서 그 이름이 시작되었다고 한다.

명사산은 자갈돌 성질의 바위로 이루어져 있어서 정釘을 사용하여 조각하기가 적합하지 않기 때문에 막고굴에는 대부분 채색 소조상이 봉안되었다. 가장 이른 석굴은 268굴, 272굴, 275굴이다.[6] 석굴은 모줄임식으로 된 천정과 서방적인 색채가 농후한 문양들로 꾸며져 있다. 272굴의 주존은 섬세한 옷주름 처리와 장대한 조형이 서역의 소조상과 많이 닮았다.

275굴은 낙준이 선관 수행을 위해 조성하였다는 석굴과 그 성격이 가장 잘 들어 맞는다. 주존인 보살교각상은 석굴의 규모에 비해 상당히 큰 편으로,[7] 인간 세상으로 하생하기 위해 도솔천兜率天에서 대기하고 있는 미륵보살이다. 보살상은 북량 황실 저거沮渠씨의 모습을 재현한 듯 둥글고 큰 얼굴에 넓은 이마와 굵은 목, 튼튼한 어깨, 두꺼운 가슴을 가지고 있다. 옷주름은 272굴 불상과 같이 진흙 띠泥條로 붙인 다음, 그 위를

막고굴 275굴 미륵보살교각상, 5세기 전반

다시 음각으로 처리하였는데, 하반신의 윤곽이 드러날 만큼 얇고 섬세하게 표현되었다. 북량 불탑의 미륵보살교각상 보관에 새겨진 화불이 이 보살상에서도 확인되고 있어서 미륵보살이라는 것에 힘을 실어 준다.(p.46)

막고굴 275굴 보살반가사유상, 5세기 전반

이 도상은 북량의 저거경성沮渠京聲이 번역한 『관미륵보살상생도솔천
경觀彌勒菩薩上生兜率天經』에 미륵보살의 천보관天寶冠에 있는 화불과 관련된
다.⁸ 275굴 천정 양쪽에도 과거칠불이 표현되어 있어서 북량 불탑에 보
이는 과거칠불과 미륵보살의 구성이 여기서는 석굴 형식으로 표현되었
다는 것을 알 수 있다. 따라서 275굴은 북량 불탑(p.46)과 도상 구성이 닮
았고, 관련 경전이 북량 때 번역되었다는 점에서 이 무렵에 조성되었을
가능성이 높다. 벽면 감실 속의 보살반가사유상에서는 쿠샨시대 간다
라 보살상(p.41)과 같이 콧수염이 표현된 얼굴과 이중의 목걸이 장식이
확인된다.

442년, 북위가 돈황을 점령한 후 돈황과 량주의 불교 문화는 북위의
수도 산서성 대동(평성平城)에 많은 영향을 주었다. 비록 대동에서는 태
무제의 폐불 정책으로 인하여 불교계가 막대한 피해를 입었으나 막고
굴이 있던 돈황에서는 그 영향이 미흡하여 석굴들은 거의 파괴되지 않
았다. 문성제 즉위 후, 다시 불교를 후원하고, 목량穆亮(451~502)이 돈황
을 통치하던 5세기 후반이 되면, 막고굴에서도 259굴, 254굴, 257굴 등
여러 개의 석굴이 조성된다.⁹ 이들 석굴의 편년은 구조와 벽화의 내용
이 북량 때에 조성된 세 개의 석굴과 많이 닮을수록 이른 시기의 것으
로 간주된다.

막고굴 259굴 이불병좌상, 북위

막고굴 259굴은 중심탑주식 석굴로, 탑주 정면 감실에는 『묘법연화경』[견보탑품]의 내용을 표현한 이불병좌상이 조성되어 있다.[10] 불상은 육계가 높고 이마가 넓으며, 머리와 이마의 경계선이 수평을 이루고 있다. 전체적인 모습은 5세기 후반에 조성된 운강석굴 담요 5굴의 불상(p.256)과 비슷하다. 이불병좌상으로는 막고굴에서 가장 이른 예로, 산서성 대동의 기자굴산전耆闍崛山殿에 봉안되었던 이불병좌상의 영향을 받은 것으로 추정된다.

525년(효창孝昌원년), 과주자사瓜州刺史(감숙성 안서安西)로 부임한 북위 황족 동양왕東陽王 원영元榮(525~545 부임 시기)이 적극적으로 불교를 후원하면서 석굴 조성은 더욱 활발해 진다.[11] 545년(대통大統11), 아들 원강元康과 사위

막고굴 285굴 정벽 불의좌상, 서위 538~539년

등언鄧彦이 연이어 과주자사을 역임함으로써 석굴 조성은 계속된다. 서위의 수도 장안의 영향을 받은 285굴, 249굴, 432굴 등이 이 시기에 조성된 석굴이다. 285굴은 막고굴에서 조성연대를 알 수 있는 가장 이른 석굴이다.[12] 북벽 공양자상 옆에 서위의 538년(대통4)과 539년(대통5)명 발원문이 먹으로 기록되어 있다.[13] 주존 불의좌상은 갸름한 얼굴에 엄숙한 모습으로, 신紳(옷고름)이 달린 한복漢服을 포의박대褒衣博帶식으로 착용하고 있다. 얼핏 보면, 초기 석굴인 272굴의 주존(p.222)과 비슷하지만, 편단우견식이 아닌 통견식으로 옷을 입고 있으며, 가슴이 보다 편평해지고, 허리는 더욱더 가늘어진 모습이다. 천정에는 『산해경山海經』 등에 기록된 복희伏羲·여와女蝸 등 고대 신들과 신령스러운 동물들이 그려져 있다.[14] 정벽에는 시바Shiva와 비슈누Vishnu 등 인도의 신들이 표현되어 있

막고굴 285굴 감실, 서위 538~539년

어서 인도와 서역의 영향이 여전히 미치고 있음을 알 수 있다. 한편 석굴이 승려들의 선관 수행을 위해 조성되었다는 것을 알려 주듯이 양쪽 벽면에는 4개의 감실이 각각 마련되어 있다.[15]

청대에 후보되어 다소 어색해 보이는 머리를 지닌 249굴의 주존도 285굴과 같이 동양왕 원영과 관련될 가능성이 높다. 불상은 통견식으로 옷을 입고 있으며, 가늘고 긴 서위 불상의 조형적인 특징을 갖추고 있다. 볼륨감이라곤 전혀 찾아볼 수 없는 넓고 편평한 어깨와 가슴에서 북위 정광正光 연간에 중원지방에서 유행하던 수골청상秀骨淸像의 모습이 엿보인다. 이는 중원지방에서 유행했던 북위의 정광 양식이 서위 때가 되어서야 막고굴에 영향을 미친다는 것을 알려 준다.

불교를 적극적으로 후원했던 북주의 건평공建平公 우의于義(534~583)가 과주(안서)자사瓜州刺史가 되면서 558년(효명제孝明帝2)부터 578년(선정宣政원년) 까지 막고굴에서는 많은 석굴이 조성된다. 그와 직접 관련된다고 추정되는 428굴의 불좌상은 상체가 길고 머리가 큰 어린아이 모습이다.[16] 석굴의 벽화들은 5식으로 내용이 이어지는 연환식連環式과 한 화면에 여

막고굴 249굴 정벽 불의좌상, 서위

막고굴 428굴 불좌상, 북주

막고굴 428굴 법계상, 북주

러 시제時題를 함께 그리는 이시동도법異時同圖法으로 표현되었다. 이 중에는 고타마 싯다르타 태자가 막 석가모니 붓다가 되는 모습을 그린 항마촉지인 불좌상과 몸에 법계法界을 표현한 법계상法界像도 있다. 북주 후기가 되면, 서위 불상의 가늘고 야윈 모습에서 완전히 벗어나 풍만한 형태로 바뀌게 되며, 옷주름도 진흙 띠를 붙이던 것에서 계단식으로 표현된다.

수나라 때에도 석굴 조성은 활발하였다.[17] 이 중 조성 연대를 알 수 있는 석굴로는 302굴(584년), 305굴(585년), 282굴(613년) 등이 있으며, 수나라 불상의 조형적인 특징이 가장 잘 드러난 석굴로는 420굴과 427굴이 있다. 420굴의 보살입상은 북주의 영향을 받아 어린아이 같은 얼굴을 하고 있으며, 427굴 중심탑주 동쪽면의 불삼존상은 입체감을 느낄 수 있는 몸과 커다란 얼굴, 살짝 부은 듯한 눈을 가지고 있다.

돈황 막고굴 북주~초당 석굴 영향관계

428굴(북주)
↓
412굴(북주)　　280·244굴(북주)
↓　　　　　　　↓
420·427굴(수) ⬅ 282굴(수)
↓
220굴(당, 642년)

막고굴 420굴 보살입상, 수

막고굴 427굴 중심탑주 불상존상, 수

231

220굴 유마경변상도 중 문수보살과 그 일행, 당 642년경

제왕도권 부분, 전 염립본 작, 당/북송, 전체크기 51.3×531cm, 보스톤미술관

당나라가 623년(무덕武德6)에 돈황을, 640년엔 투루판Turfan(吐魯番)의 고창국高昌國을 점령하면서 막고굴은 중원지방의 영향을 직접 받게 된다. 이를 입증해 주는 석굴로 642년에 조성된 220굴이 있다. 석굴 속 전벽에 그려진 유마경변상도에는 문수보살의 일행 중 당나라 황제의 모습도 보이는데, 염립본閻立本의 전칭 작 [제왕도권帝王圖卷]에 보이는 황제의 모습과 많이 닮았다. 석굴에 표현된 황제의 모습은 220굴이 당나라 황실과 관련될 가능성을 높여 준다. 이러한 추측은 장안을 중심으로 활동하던 황실 화가에 못지않는 벽화의 표현력에서도 가능하다. 220굴은 승려들의 선관수행과 관련되는 초기 석굴과 달리, 재가 신도들을 배려한 최초의 석굴이다.[18] 석굴 후원자들의 정토신앙과 관련되는 약사정토도와[19] 아미타정토도가 벽면을 가득 채우고 있는 것으로서 그것을 알 수 있다.[20]

비교 예 |

- 막고굴 220굴 아미타정토변상도, 당 642년
- •• 청동판 불삼존상, 경주 안압지 출토,
  통일신라시대 8세기 초, 전체높이 27cm, 국립경주박물관
- ••• 나라奈良 호류지 금당벽화(아미타정토도), 나라시대 전기

막고굴 328굴 불상, 보살상, 아난상, 당

막고굴 중 조형적으로 가장 수준 높은 것은 단연 7세기 말에 조성된 328굴이다. 불상과 보살상, 제자상들은 존격에 어울리게 사실적으로 표현되었다. 종교적 엄숙함을 갖춘 불상, 포근한 미소를 머금고 있는 귀부인 자태의 보살상, 수행자 모습의 제자상이 그것이다. 불상은 계란형의 얼굴에 높은 육계를 하고 있으며, 금채金彩로 윤곽선을 입히고 화불化佛과 꽃을 입체적으로 표현한 광배를 갖추고 있다.[21] 옷자락이 연꽃 끝부분에 의해 살짝 들린 상현좌裳懸座에서는 장인의 수준 높은 관찰력과 표현력을 읽을 수 있다. 이러한 솜씨는 당시 장안에서 활동하던 조각가 양혜지楊惠之가 만든 불상과 비교해도 손색이 없을 듯 싶다.

한편, 정치적 목적에서 조성된 석굴들도 있다. 측천무후의 집정을 정당화하기 위한 목적에서 만든 96굴 북대불北大佛이 이러한 예이다.[22] 측천무후는 위경僞經인 『대운경大雲經』을 근거로 자신의 정치적인 입지를 정당화하려고 하였다. 이를 정책화하기 위해 전국의 각 주州마다 대운사大雲寺를 건립하였다. 96굴의 북대불이 바로 사주沙州(돈황)의 대운사 역할을 하였다. 불상은 낮은 육계와 물결무늬의 머리카락을 갖추고 있다. 156굴의 [막고굴기莫高窟記]에 의하면, 불상은 695년(증성證聖원년)에 선사禪師 영은靈隱과 거사居士 음조陰祖가 함께 조성한 것이라고 한다.[23]

막고굴 96굴 북대불 머리부분, 당 695년

96굴 북대불과 쌍을 이룬다고 생각하여 남대불이라고도 하는 130굴도 주목된다. [막고굴기]에 의하면, 석굴은 개원開元 연간(713~741)에 처언妻彦과 마사충馬思忠 등에 의해 조성되었다고 한다.[24]

돈황은 781년(건중建中2)부터 848년(대중大中2)까지 투루판에 의해 점령되었다. 이들도 불교를 후원하고 석굴을 조성하였다. 회창會昌 폐불로 인하여 중원지방에서 많은 사원과 불상이 파괴될 때, 투루판의 점령 하에 있던 막고굴에서는 오히려 석굴 조성이 한창이었다. 848년, 돈황은 한족 장의조張義潮에 의해 수복되고, 919년(정명貞明5, 혹은 920년(정명6)) 이후, 조의금曹議金 등 조씨 가문에 의해 통치되었으며, 942년(천복天福7)에는 후당後唐이, 이후 서하西夏가 돈황을 점령하였지만, 모두 불교를 적극적으로 후원함으로써 석굴의 조성은 계속되었다.

막고굴 194굴 보살입상, 당

　돈황 막고굴에서는 폐불 사건과 상관없이 석굴 조성이 계속되었지만, 인도와 서역으로부터 새로운 영향이 거의 없었기 때문에 조형적으로는 중원지방의 불상과 그 궤를 같이 한다. 즉 막고굴에서도 8세기 중반을 지나면서 사실성이 떨어지고 형식화 된 불상이 조성된다. 8세기 후반에 조성된 194굴의 보살상이 이러한 예로, 살찐 턱과 빚어 나온 뱃살, 축 널어진 몸을 가지고 있다.

막고굴 158굴 열반상, 당

이 시기가 되면 열반굴과 같은 새로운 형식의 석굴도 조성된다. 서역의 키질Kizil석굴 등에서 중심탑주 뒤쪽 벽면에 배치되던 열반상이 막고굴 158굴에서는 석굴의 주존으로 자리잡는다. 열반상은『대반열반경』의 기록과 같이 오른쪽 겨드랑이를 바닥에 대고 다리를 가지런히 하고서 옆으로 누워 있다.[25] 불상은 통견식으로 옷을 입고 있으며, 옷주름은 몸의 굴곡을 따라 유기적으로 표현되었다. 열반상 뒤쪽 벽면에는 제자상, 보살상, 일반 사람의 모습이 그려져 있다. 열반에 직면한 제자들은 사람들과 같이 슬픔을 참지 못하지만, 보살들은 열반도 하나의 과정임을 체관諦觀한 듯한 모습을 하고 있다. 붓다의 장례식을 쿠시나가라Kusinagara 사람들이 주관했다는 경전의 내용과 달리, 석굴에서는 당나라 사람들이 그 자리를 대신하고 있다.

막고굴 158굴 열반상 부분

막고굴 17굴 홍변상, 당 851년경, 94cm

　　다량의 돈황 문서가 발견된 장경동藏經洞(17굴)에는 851년(대중大中5) 이후에 조성된 홍변상洪辯像이 봉안되어 있다. 홍변은 장의조가 851년에 귀의군절도사歸義軍節度使로 임명되던 해에 하서도승통河西都僧統이 된 승려이다. 현존하는 중국 최초의 불교 초상 조각인 홍변상은 실제로 그를 모델로 하여 조성한 것 같이 얼굴 표정과 골격 등이 사실적으로 표현되었다. 뒤쪽 벽면에 그려진 바랑이 걸려 있는 나무는 틈틈이 나무 밑에 앉아서 참선 수행하던 그의 모습을 연상하게 만든다.

　9세기 말이 되면, 장신형의 존상이 출현하는데, 893년(경복景福2)부터 894년(건령乾寧원년)사이에 조성된 196굴의 보살좌상이 그 예로, 넓은 어깨와 가는 허리를 가지고 있으며, 가슴과 복부에는 근육이 표현되어 있다.

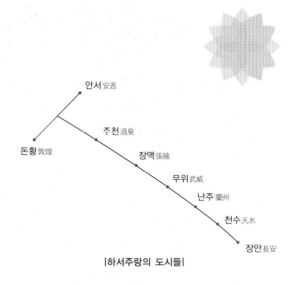

안서 安西

주천 酒泉

돈황 敦煌

장액 張掖

무위 武威

난주 蘭州

천수 天水

장안 長安

|하서주랑의 도시들|

천제산天梯山 석굴

중국 석굴은 하서주랑河西走廊, 즉 황하黃河 서쪽의 협곡을 따라 조성되었다. 감숙성 돈황에서 천수天水 사이에 흐르는 황하 주변에는 많은 석굴이 분포하고 있다. 이 중 무위武威의 천제산석굴, 난주蘭州의 병령사炳靈寺석굴, 천수의 맥적산麥積山석굴 등이 대표적인 예이다. 천제산석굴은 무위에서 남쪽으로 100km 떨어진 황양천黃羊川 동쪽 절벽에 조성되어 있다.[26] 북량의 저거몽손이 고장故臧(무위)에 천도한 후, 412년(현시玄始원년)부터 433년(영화永和원년) 사이에 량주 남쪽에 석굴을 조성했다는 『집신주삼보감통록集神州三寶感通錄』(당, 도선道宣)의 기록이 있는데, 바로 그 석굴을 천제산석굴로 보기도 한다.[27]

천제산석굴 중 가장 이른 시기에 조성된 것은 1굴과 4굴로, 모두 중심탑주식이다. 그러나 돈황 막고굴과 달리, 탑주는 윗부분이 넓고 아랫부분이 좁은 형태이다. 저거몽손에 의해 조성된 4굴의 보살상은 인도와

천제산석굴 4굴, 북량

서역의 보살상과 같이 흰자위가 많이 보이는 비교적 큰 눈을 가지고 있는데, 이러한 조형적인 특징으로 인하여 막고굴의 초기 석굴보다 이르거나 거의 같은 시기에 조성된 것으로 본다.

병령사炳靈寺석굴

412년(영강永康원년), 서진西秦(385~431)의 걸복씨乞伏氏가 포한枹罕(감숙성 임하臨夏)에 천도한 후 조성된 병령사(티베트어, '십만불十萬佛')석굴은 180여 개의 석굴로 구성되어 있으며, 이 중 서진의 169굴과 당나라의 53감과 54감이 대표적인 석굴이다.[28] 석가모니 붓다와 그의 제자들이 혹독한 날씨를 피하기 위하여 찾아 들어갔을 법한 169굴은 전혀 가공되지 않은 자연굴의 모습이다. 169굴 6감 무량수불감無量壽佛龕 옆에는 서진 문소 왕文昭王 걸복치반乞伏熾盤(412~428)의 420년(건홍建弘원년)에 먹으로 쓴 글씨 가 남아 있다.[29] 이 묵서명은 169굴이 조성 연대를 알 수 있는 중국 최고 最古의 석굴이라는 것을 알려 준다. 무량수불감의 불상은 편단우견식으 로 옷을 입고 선정인을 결한 채 가부좌하고 있다. 장방형의 얼굴에 넓 은 어깨를 가진 당당한 모습이다. 불상과 보살상은 인도와 서역의 영향 을 받아 늘씬한 편으로, 서진의 귀부인을 연상하게 하는 4등신의 11감 여자 공양자상과는 대조를 이룬다. 불삼존상은 묵서명을 통하여 무량 수불과 관세음보살, 대세지보살 임을 알 수 있다. 석굴 북벽에 그려진 서역 승려 담무비曇無毘(Dharmapriya)는 이 석굴이 인도와 서역의 영향을 적지 않게 받았음을 알려 준다.[30] 7감 불입상은 생기 넘치는 얼굴 표정 과 몸의 굴곡을 따라 유기적으로 표현된 옷주름에서 북위의 443년명 금 동불입상(p.71)과 많이 닮았다. 169굴에는『묘법연화경』의 이불병좌상과 『유마힐소설경』의 유마경변상도도 그려져 있다.[31] 이들 주제는 5세기 초 에 장안에서 구라마집이 번역한 경전과 관련된다.[32] 따라서 169굴은 인 도와 서역의 영향을 받은 불삼존상과 불입상, 장안의 영향을 받은 이불 병좌상과 유마경변상도가 함께 어우러져 있는 석굴이라는 것을 알 수 있다.

병령사석굴 169굴, 서진 420년경

- 　　무량수불감 불삼존상
- •• 　11감 예불하러 가는 여자공양자상
- ••• 　7감 불입상
- •••• 유마경변상도

243

병령사석굴 53감 불삼존상. 당 681년

　한편, 최순례崔純禮가 절도사로 부임하면서 당나라 7세기 후반에도 석굴이 활발하게 조성된다. 그가 681년(영륭永隆2)에 조성한 53감과 54감은 대표적인 예로, 불상은 통견식으로 옷을 입고 촉지인을 결한 채 가부좌하고 있다. 주목되는 것은 왼손으로 촉지인을 결하였다는 점과 존명이 석가모니불이 아니라 아미타불이라는 점이다. 53감의 불좌상에서 확인되는 촉지인 아미타불상은 마하보리사 정각상이 중국화 되는 과정에서 나타난 하나의 유형이다. 불상은 안정된 비례와 몸의 굴곡을 따라 유기적으로 처리된 옷주름에서 당나라 7세기 후반의 조형적인 특징을 보여준다.

맥적산麥積山석굴

　　맥적산석굴은 천수시天水市에서 동남쪽으로 45km 떨어져 있다. 그 모습이 보릿단을 쌓아 놓은 것 같다고 해서 맥적산석굴이라고 한다. 송나라 소흥紹興 연간(1131~1162)에 새겨진 명문에 의하면, 요진姚秦이나 북위 때에 석굴 조성이 시작되었다고 한다.[33] 즉 승려 현고玄高가 300여 명의 제자들과 함께 이곳에서 선관을 수행하면서 석굴이 처음 조성되었다.[34] 맥적산석굴에는 194개의 석굴과 7천여 존의 불상이 있는데, 잘 부서지는 사암이기 때문에 불상들은 대부분 채색을 입힌 소조상이다. 석굴은 북위의 정광正光 연간에 동익주자사東益州(四川省 略陽)刺史 위자건魏子建이 불교를 후원하면서 본격적으로 조성되지만, 상규진上邦鎭(天水)의 장원백張元伯이 502년(경명景明3)에 조성한 115굴이 조성 연대를 알 수 있는 가장 이른 예이다.[35]

맥적산석굴 전경

맥적산석굴 115굴 관음보살입상, 북위

　115굴의 보살입상은 오른손에 연꽃을, 왼손에 정병을 쥔 관음보살로
서, 가늘고 긴 조형에 실제로 옷을 입은 듯 사실적으로 표현되어 있다.
우측 불좌상의 기단에 "구지진仇池鎭"이라는 먹 글씨가 있는 78굴은 구
지진의 설치 시기가 446년(태평진군7)부터 488년(태화12)까지이기 때문에
대략 5세기 후반에 조성되었음을 알 수 있다. 78굴 불상의 넓은 턱과 이
마, 큰 눈과 코는 병령사석굴 169굴의 불좌상(p.243)과 닮았다. 오른쪽
벽면의 불상은 없어졌지만, 원래는 과거불, 현재불, 미래불의 삼세불상
이 봉안되었던 것으로 추정된다. 한편 맥적산석굴에는 다른 석굴에서
는 보기 드문 불비상이 다수 남아 있는데, 133굴에만 18개나 된다.[36] 불
비상 위쪽 중앙에 이수螭首 조각이 있는 중원지방의 것과 달리 여기서는
경전의 내용이 표현되어 있다.

맥적산석굴 78굴, 북위

맥적산석굴 133굴 10호 불비상, 높이 150cm, 폭 82cm, 북위

맥적산석굴 44굴, 서위

　석굴은 서위 때에도 활발하게 조성되었다. 540년(대통6), 관녀官女들이 문제文帝(535~551 재위)의 비 문황후을불씨文皇后乙弗氏의 명복을 기원하면서 조성한 43굴은 서위 석굴 중에서 유일한 기년명 석굴이다.[37] 한편 44굴의 불좌상은 가늘게 뜬 눈과 오뚝한 코, 탄력감 있는 몸, 두껍다고 느낄 정도로 과장되게 표현된 옷자락에서 서위 불상의 특징이 확인된다. 한편 127굴은 열반도와 유마경변상도, 서방정토변상도, 마하사트바태자본생도薩埵(Mahasattva)太子本生圖 등 가장 다양한 도상이 표현된 서위시대 석굴로 주목된다.

　야윈 얼굴에 맑은 눈, 가늘고 긴 목, 편평한 몸을 지닌 서위 불상들은 서위 말기가 되면 풍만한 모습으로 바뀌기 시작한다. 이러한 조형적인 변화는 북주에 이르러 더욱더 분명해진다. 즉 수골청상秀骨淸像의 모습

맥적산석굴 127굴 서방정토변상도, 서위

맥적산석굴 62굴, 북주

에서 완전히 벗어나 낮고 편평한 육계와 둥근 얼굴, 풍만하면서도 부드러운 조형이 나타난다. 62굴 불삼존상의 주존이 이러한 예로, 넓고 편평한 육계, 방형에 가까운 둥근 얼굴, 짧은 목, 넓은 어깨에 길쭉한 몸, 약간 나온 배를 지니고 있다.

　수나라 때에는 문제의 적극적인 불상 보수와 조성 활동에 따라 새로운 석굴이 만들어 진다. 문제가 601년(인수仁壽원년)에 애굴崖窟을 다시 보수하고 사리탑을 건립하여 정념사淨念寺라는 사액을 내렸다는 송나라 [진주웅무군롱성현제육보서응사재장불사리기비秦州雄武軍隴城縣第六保瑞應寺再葬佛舍利記碑]의 내용은 이러한 사실을 뒷받침해 준다. 한편, 59감에는 북송의 1035년(경우景祐2)에 응건사應乾寺의 승려 혜진惠珍 등이 불상을 보수하였다는 먹 글씨가 남아 있어 석굴이 북송 때 많이 보수되었음을 알 수 있다.

운강석굴

398년, 북위는 내몽골 성락盛樂에서 산서성 대동大同(평성平城)으로 수도를 옮긴 후, 대규모의 기자굴산전耆闍崛山殿과 수미산전須彌山殿을 조성하였다.[38] 기자굴산(영취산靈鷲山)은 붓다가 법화경을 설법하던 곳으로, 법당에는 『묘법연화경』[견보탑품]의 주인공인 석가모니 붓다와 다보불의 이불병좌상이 모셔졌을 것으로 추정된다. 이불병좌상은 운강석굴 외에도 돈황 막고굴 254굴과 259굴 등에서도 확인되는 등 이 때 매우 유행하였기 때문이다.(p.226) 수미산과 관련되는 수미산전에는 수미산 위에 있는 도솔천兜率天의 미륵상이 모셔졌을 것으로 추정되는데, 이 도상은 이불병좌상과 함께 운강석굴에서 가장 많이 확인된다.

산서성 대동에 수도를 옮긴 후, 북위는 강제 이주를 통하여 수도로서의 위상을 갖추고자 하였다. 417년(태상泰常2)에 장안 사람 2천 가家를,[39] 439년(태연太延5)부터 442년(태평진군3)까지 량주와 돈황을 포함한 감숙성에서 3만 호를, 451년(정평正平원년)에 남조의 송나라 사람 13만 명을, 그

251

운강석굴 전경

리고 469년(황흥皇興3)에는 고려인이 포함된 산동성 사람들을 대동으로 이주시켰다.[40] 이들 중에는 감숙성 량주에서 온 현고玄高(태자 황의 스승), 사현師賢, 담요曇曜 등의 승려와 장안에서 온 담시曇始, 하북성에서 온 법과法果, 스리랑카에서 온 승려들도 포함되어 있었다.[41] 따라서 운강석굴은 서역의 문화가 농후한 량주와 한족 문화의 전통을 지닌 중원中原지방과 남조의 영향을 받아 조성되었다.[42] 특히 하서주랑에서 석굴을 조성한 경험이 있던 량주 사람들이 석굴을 만드는 데 실제적인 역할을 했던 것으로 추정된다.[43]

운강석굴 조성의 배경에는 북위 황실의 적극적인 후원이 있었다.[44] 석굴이 조성되기 전, 태무제太武帝(423~452 재위)에 의해 446년(태평진군7)부터 452년(승평承平원년)까지 약 7년 간 폐불 사건이 일어나 불교계와 불상은 막대한 피해를 입었다.[45] 452년에 즉위한 문성제(452~465 재위)는 불교를 옹호하다가 할아버지 태무제에게 죽임을 당한 아버지 태자 황晃의 뜻을 받들어 적극적으로 불교를 후원하였다. 그가 즉위하던 해, 황제와 같은 크기의 석불을 만들었는데, 묘하게도 석불의 검은 점이 자신의 몸에 난 점과 같은 곳에 있어서 불교에 대하여 더욱더 호감을 갖게 되었다.[46] 454년(흥광興光원년), 그는 오급대사五級大寺에 태조 이하 다섯 황제를 위하여 동銅 25만 근으로 5존의 장육석가입상丈六釋迦立像을 조성하였다. 그의 적극적인 후원에 힘입어 477년(태화太和원년)이 되면 대동에 100개의 사원과 2천 명의 승려가 있었고, 전국에 6,478개의 사원과 77,258명의 승려가 있었다고 한다.[47] 이러한 분위기 속에서 운강석굴이 조성되었다.

운강석굴은 대동에서 서쪽으로 16km 떨어진 운강산雲岡山(무주산武州山)에 있으며, 주로 5세기 후반에 조성되었다. 석굴은 53개의 석굴과 5,100여 존의 불상으로 이루어져 있다.[48] 운강산은 한漢나라 이후 한족과 소수 북방 민족이 왕래하던 교통로에 위치해 있다. 석굴은 북대석굴사北臺石窟寺, 항안恒安석굴, 무주산 대석굴사大石窟寺 등의 이름으로 불렸다.[49]

폐불 사건을 경험한 담요는 스승 도안道安(312(314)~385)이 평소 강조했던 황제에 의지하지 않으면, 불교가 발전할 수 없다는 말씀과[50] "황제가 곧 지금의 여래皇帝卽當今如來"라고 주장한 법과法果의 생각에 기초하여 북위 황실을 위하여 석굴 조성을 계획하였다.[51] 그는 석굴 조성에 필요한 노동력 확보를 위하여 승지호僧祇戶와 불도호佛圖戶를 조직하였다.[52] 460년(화평和平원년), 드디어 다섯 황제(道武帝, 明元帝, 太武帝, 景穆帝(태자 晃), 文成帝)를 위하여 운강산에 다섯 개의 석굴 조성이 시작되었다.[53] 담요의 목적은 다섯 황제를 석굴에 가시적으로 표현하여 충성을 맹세함으로써 다시는

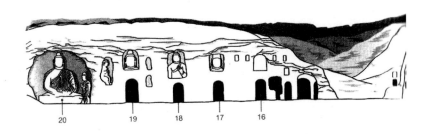

담요5굴 배치도

폐불 사건을 겪지 않고 불교가 지속되기를 바라는 것이었다. 이러한 의도는 석굴 조성이 한창이던 중 그가 번역한『부법장인연전付法藏因緣傳』에서 알 수 있다.[54] 이 경전은 석가모니 붓다로부터 이어져 온 법장法藏(법맥)이 끊어지지 않고 지속된다는 내용으로 구성되어 있다. 불교가 중국에 들어온 후 전쟁이 끊이지 않고, 인도에서 온 사람들조차 불교를 모른다는 것이 황제들에게 이 종교가 문제가 많은 것으로 비춰졌다. 황제들의 이러한 부정적인 생각을 없애기 위하여 경전을 번역한 것이다. 즉 담요는 불교의 원류가 인도에 있고, 그것이 중국으로 전해졌다는 것을 알리기 위해 특별히 이 경전을 번역하였다.

운강석굴은 미세한 사암으로 이루어진 운강산에 조성되었다. 석굴은 크게 담요 5굴과 대칭굴(쌍굴)로 나뉜다. 석굴은 460년(화평원년)부터 낙양으로 천도하던 494년(태화18)까지 주로 조성되었다.[55] 즉 담요 5굴은 460년부터 465년까지, 대칭굴은 465년부터 494년까지 조성되었다는 것이 일반적인 통설이다.[56] 그런데 담요 5굴이 황제의 적극적인 후원 속에 조성되었다고 하더라도 화평 연간(460~465)이라는 짧은 기간에 다섯 개나 되는 대규모의 석굴이 과연 완성될 수 있었는지에 대한 의문은 여전히 남아 있다. 이러한 주장은 담요 5굴이 문성제가 즉위하던 452년부터 북위가 한복漢服으로 복제를 개혁하던 486년(태화10) 사이에 조성되었다고 본다. 그 이유로 이만한 규모의 석굴을 조성할 때, 최소한 30년 이상의 시간이 소요된다는 점과 담요 5굴 중 16굴의 불상에서 486년 북위의 복제 개혁 이후에나 보이는 신紳(옷고름)이 표현되어 있다는 점을 든다.[57]

담요 5굴은 대부분 평면이 말발굽형이며, 주존이 협시상에 비해 상당히 크고 석굴 외벽에 천불千佛이 부조되어 있다. 담요 5굴 중 20굴, 19굴, 18굴은 삼세불상三世佛像으로 이루어져 있으며,[58] 17굴은 미륵보살교각상, 16굴은 불입상이다.[59] 탄력적이고 양감이 풍부한 조형미를 갖춘 불

운강석굴 20굴 불좌상, 북위 5세기 후반

상들은 면面과 면으로 이어진 얼굴, 팽창감을 느낄 수 있는 양 볼, 깊게
패인 눈, 오뚝한 코, 넓은 어깨를 가진 장대한 몸을 지니고 있다. 옷은
중국식 편단우견법과 통견식으로 입고 있다.

　20굴의 불좌상은 오른쪽 어깨를 살짝 가린 중국식 편단우견법으로
옷을 입고 선정인을 결한 채 가부좌하고 있다. 불상은 적절한 신체 비
례를 갖추고 있으며 근엄하고 강건한 모습이다. 뾰족하고 예리한 콧날
과 날카로운 옷주름 선에서는 금동불상의 영향이 엿보인다. 대불 조성
의 경험이 없어서 금동불상을 모델로 하여 조성하였기 때문이다. 그러
나 불상이 완성된 후, 20굴 불좌상의 얼굴 표정과 중국식 편단우견의
착의법은 이후 조성되는 금동불상에 적지 않은 영향을 역으로 미쳤다.
눈동자는 요나라 때에 후보되었다. 일반적인 마애불상과 같이 이 불상

도 머리가 몸에 비해 입체적이다. 불좌상 좌측에 보살상이 아닌 불상이
협시로 있어서 원래는 삼세불상三世佛像이었음을 알 수 있다.

　18굴의 불입상은 편단우견식으로 옷을 입고 있으며, 왼손으로 옷자
락을 잡고 있다.[60] 불상은 높은 육계, 어깨까지 닿은 귀, 높고 직선적인
코, 둥근 턱, 원통형의 튼실한 목을 갖추고 있다. 법계상을 표현한 듯
옷 위에는 작은 불상들이 빼곡하게 새겨져 있다.[61] 석굴 벽면에는 상반
신만 드러낸 10여 존의 조사상이 고부조로 표현되어 있는데,[62] 『부법장
인연전』의 조사상과 관련될 가능성이 높다. 18굴에서는 마치 수행의 정
도를 나타낸 듯 불상, 보살상, 제자상의 크기가 현저한 차이를 보이고
있다.

257

운강석굴 16굴, 북위 5세기 후반

　16굴의 불입상은 신紳이 달린 한복漢服을 입고 있어서 북위의 복제 개혁이 반영된 불상으로 볼 수 있다.[63] 석굴이 화평 연간(460~465)에 조성되었다면, 복제 개혁이 있던 486년 이전에 이미 한복을 입은 불상이 출현한 것이다.

　북위는 470년대에 들어와 한화漢化 정책을 본격적으로 추진한다. 한화란 북위의 선비족이 대다수인 한족의 풍습과 언어를 습득하여 한족화 되는 것을 말한다. 이 정책은 효문제가 471년(연흥延興원년)에 다섯 살로 즉위하자, 문성제의 비이자 한족 출신인 풍태후馮太后가 섭정하면서부터 본격화 된다.[64] 486년에 한복으로 복제를 개혁하고, 494년(태화18)엔 백성들의 호복胡服 착용을 금지하였다. 495년(태화19)에는 호어胡語 사용을 금하였고, 496년(태화20)에는 황족들이 원씨元氏로 개명하였다. 이러한 분위기 속에서 한족의 무덤 구조를 연상하게 하는 전실과 후실을 갖춘 대칭굴이 조성되었다. 이들 석굴은 2개나 3개를 함께 조성하여

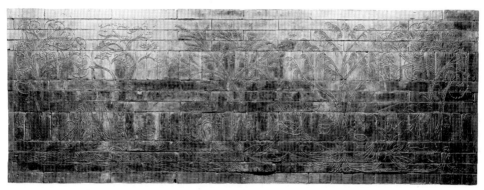

참고 예 | 죽림칠현도竹林七賢圖 부분, 남경 서선교西善橋 궁산묘宮山墓 출토, 남조 5~6세기, 높이 80cm, 길이 240cm, 남경박물원

대칭굴 단면도

운강석굴 9굴 · 10굴 외관

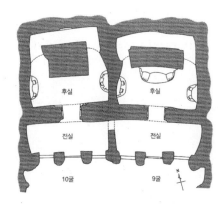

운강석굴 9굴 · 10굴 평면도

운강석굴 7굴 후실 북벽 위쪽 미륵삼존상, 북위 5세기 후반

쌍굴雙窟이라고도 한다. 석굴 구조는 감숙성 량주와 서역이 아니라 중국 동부지방인 하북성과 산동성, 남부지방인 강소성 등의 한족 문화의 영향을 받았다.

효문제와 풍태후을 위하여 각각 만들었다고 추정되는 석굴로는 7·8굴, 9·10굴,[65] 5·6굴, 1·2굴, 11·12·13굴이 있다.[66] 대칭굴은 조성 목적이 같거나 동일한 도상적인 배경에서 조성되었다. 석굴은 황실 발원답게 화려한 문양과 수준 높은 조각으로 꾸며졌다. 이 중 미륵 사상의 배경 속에서 함께 조성된 7굴과 8굴을 보면, 대칭굴에 대한 이해를 보다 쉽게 할 수 있다. 즉 7굴 후실 북벽 위쪽에는 미륵보살교각상을 중심으로 미륵불의좌상彌勒佛倚坐像이, 8굴 후실 북벽 위쪽에는 미륵불의좌상을 중심으로 미륵보살교각상이 협시하고 있는 대칭적인 구도를 보여준다. 미륵보살교각상이 주존인 7굴이 미륵상생신앙과, 미륵불의좌상이 주존인 8굴이 미륵하생신앙과 관련되어 미륵신앙에 보이는 상생과 하생의

관념이 두 석굴에서 조화를 이루며 표현된 것이다.

대칭굴은 말발굽형의 평면을 가진 담요 5굴과 달리, 방형이다. 불상들은 고졸한 미소를 살짝 머금은 채 생기 넘치는 얼굴 표정으로 정면을 바라보고 있다. 한화된 불상들은 한족인 남조 귀족들과 같이 맑고 야윈 수골청상秀骨淸像의 모습에 헐렁한 옷과 넓은 띠를 두른 포의박대식褒衣博帶式으로 옷을 입고 있다.[67] 아울러 신이 달린 한복을 입은 불상도 다수 확인된다.

한편, 10굴 입구 위쪽에는 우리나라 부여 능산리陵山里 절터에서 출토된 금동대향로의 도상과 비교되는 수미산須彌山이 부조되어 있다. 중첩된 산 속에는 사슴 등 동물들이 표현되어 있다. 398년, 평성 천도 후 수미산전 건립에 주력했던 북위 황족들에게 수미산의 관념이 일찌감치 자리잡고 있었던 것과 무관하지 않다.

운강석굴 10굴 수미산도, 북위 5세기 후반

비교 예 | 금동대향로, 백제 6세기 말, 64cm, 국립부여박물관
중첩된 산이나 산 속에 어우러져 있는 사람과 동물의 표현이 운강석굴 10굴 수미산도와 닮았다.

석조불좌상, 북위 466년, 28.7cm, 오사카시립미술관
오른쪽 어깨를 드러내며 옷을 입던 방식. 즉 편단우견의 착의법은 인도에서 "스승에 대한 존경"이라는 좋은 의
미를 지니지만, 중국에서는 장례식에서 상복을 입는 방식과 연관된다. 따라서 당시 불교계에서 인도의 전통을
유지하되 중국의 관습을 존중하는 입장에서 "중국식 편단우견"의 착의법을 착안하였다.

운강석굴은 황실 발원의 석굴 임에도 불구하고, 조성 배경을 알려 주는 명문이 거의 없는 것이 특징이다. 이는 석굴 조성이 한창일 때, 북위 황족들이 아직 한어를 알지 못했을 뿐만아니라 석굴에 명문을 새기는 것에도 익숙하지 않았기 때문이다. 북위 황족들의 한어 수준이 어느 정도 단계에 이르렀을 때에는 이미 낙양 천도 후이기 때문에 불상의 명문은 용문석굴 북위 불상에서 본격적으로 보이기 시작한다.

한편 운강석굴은 돈황 막고굴부터 의현義縣 만불당萬佛堂에 이르기까지 같은 시기에 조성된 거의 모든 석굴은 물론, 금동불과 석불에까지 영향을 주었는데, 이러한 양식을 운강 모식模式(양식)이라고 한다.[68] 이 중에서도 20굴 불좌상은 가장 인기 있는 모델이었다. 466년(천안天安원년)에 조성된 석조불좌상은 20굴 불좌상을 모델로 하여 만든 대표적인 예로서, 중국식 편단우견법으로 옷을 입고 방형 대좌 위에서 가부좌하고 있다.[69] 오른손은 가슴 앞까지 들어 올렸으며, 왼손으로 옷자락을 잡고 있다. 불상에 보이는 힘이 넘치는 강건한 모습과 예리하게 처리된 옷주름에서 소형의 20굴 불좌상을 보는 듯하다. 운강 모식의 영향은 적어도 태화太和 연간의 불상 양식이 정립되기 전까지 지속되었다.

용문석굴

북위는 한화 정책이 절정이던 494년(태화18)에 산서성 대동에서 하남성 낙양으로 수도를 옮긴다. 547년(무정武定5), 양현지楊衒之가 찬술한 『낙양가람기洛陽伽藍記』[경명사景明寺]에 외국 승려들이 낙양을 "불국佛國"과 "불도佛都"라고 했다는 기록이 있을 정도로 불교가 발전하였는데,[70] 이러한 분위기 속에서 낙양에서 가까운 용문산龍門山(서산西山)에 석굴이 조성된다.[71]

용문석굴은 낙양에서 서남쪽으로 13km 떨어져 있으며, 황하의 지류인 이수伊水를 마주한 용문산과 향산香山(동산東山)에 조성되었다.[72] 석회암으로 이루어진 용문석굴에는 1,300여 개의 석굴과 10만여 존의 불상이 있다. 석굴은 낙양 천도 후인 북위의 6세기 전반과 당나라 7세기 후반에 가장 활발하게 조성되었다.[73] 용문산 북쪽에서 시작하여 남쪽 방향으로 조성된 석굴은 공간이 부족하자 이수를 건너 향산의 남쪽까지 활용되었다. 용문산 북쪽에는 북위 때 조성된 석굴이 있고,[74] 향산에 당나라 700년경의 석굴들이 있는 것은 다 이러한 사정 때문이다.

용문석굴 용문산(서산)

용문석굴 향산(동산)

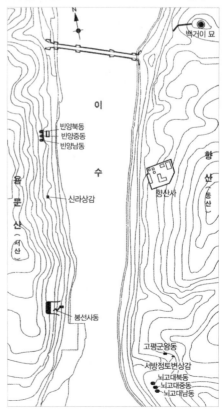

용문석굴 배치도

북위의 용문석굴은 운강석굴 조성에 직·간접적으로 참여했던 북위 황실과 장인들에 의해 주도되었다. 그러나 석굴 조성의 초기 목적은 돈황 막고굴이나 운강석굴과는 다르다. 즉 초기의 막고굴은 승려들의 선관 수행을 위하여 조성되었고, 운강석굴은 황제를 여래와 동일시한 정치적인 관념 속에서 만들어졌다. 그러나 용문석굴은 황실의 개인적인 신앙과 관련된다. 조형적인 면에서는 막고굴에서 인도와 서역의 영향을 직접 받은 모습을, 운강석굴에서는 이것이 한화되어 가는 과정을, 그리고 용문석굴에서는 불상의 한화가 완성된 것을 볼 수 있다.

용문석굴이 두 석굴과 가장 다른 점은 불상마다 조성 배경을 알려주는 명문이 새겨져 있다는 것이다. 이는 495년에 선비족에게 한어 사용령이 내려지고, 한어를 알지 못하면 관직에 나아갈 수 없을 정도로 추진되었던 한화 정책과 연관된다.[75] 용문석굴에는 낙양 천도 전인 북위의 483년(태화7)부터 당나라 791년(정원貞元7)까지 새겨진 3,700여 개의 명문이 남아 있다. 이 중 북위 때의 것이 200여 개이며, 고양동古陽洞에만 80여 개가 집중되어 있다. 고양동의 명문은 중국 서체 연구의 기본인 용문이십품龍門二十品 중 19품이나 차지할 정도로 수준이 높다.[76]

북위의 용문석굴 불상들은 초기엔 운강석굴의 영향을 받았다. 그러나 6세기 전반이 되면, 그 영향에서 벗어나 이목구비가 예리하고 갸름한 얼굴과 마른 몸을 가진 불상이 나타난다. 옷주름은 번잡하게 느껴질 만큼 겹쳐져 있어서 몸의 굴곡은 거의 드러나지 않는다. 운강석굴과 달리, 존상들은 그 격에 어울리게 크기도 다르고, 배치도 정연해져 주종의 구별이 더욱더 분명해 진다.

이러한 특징은 북위 때 조성된 고양동과 빈양중동賓陽中洞의 불상에서 확인된다. 낙양 천도와 함께 시작된 고양동은 북위 말, 동위·서위, 당나라 때에 한 번씩 확장되어 벽면에는 크고 작은 감실들로 빼곡하게

용문석굴 고양동, 북위　　　　　　　　고양동 북벽 3층 양대안楊大眼조상감, 북위 6세기 초

채워져 있다.[77] 주존 불상은 턱이 좁고 갸름한 얼굴에 섬세하고 부드러
운 질감의 옷을 입고 있다. 양쪽 벽면 윗부분에 있는 4개의 중형 감실은
493년(태화17)부터 503년(경명景明4) 사이에 조성된 것이다. 감실 속에는
중국식 편단우견법으로 옷을 입고 선정인을 결한 채 가부좌한 불상이
있다. 불상은 착의법과 형식이 운강석굴 20굴 불좌상(p.256)과 같지만,
가늘고 긴 모습을 하여 상당히 한화된 것을 알 수 있다.[78]

용문석굴 빈양중동, 북위

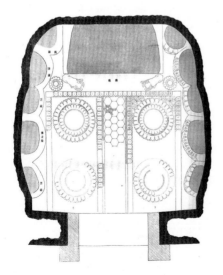

빈양중동 평면도

6세기 전반, 선무제宣武帝(499~515 재위)는 운강석굴의 대칭굴을 모델로 하여 돌아가신 아버지 효문제孝文帝와 어머니 문소황태후文昭皇太后를 위하여 2개의 석굴을 조성한다.[79] 석굴 조성 중에 선무제가 죽자 유등劉騰이 그를 위하여 바로 옆에 또 하나의 석굴을 조성하였다. 즉 빈양삼동賓陽三洞이 그것으로, 빈양중동은 효문제를, 빈양남동은 문소황태후를, 빈양북동은 선무제를 위하여 만든 것이다.[80] 빈양삼동은 황실에서 발원하였지만, 운강석굴과 달리, 황실의 개인적인 신앙에서 조성한 것이다. 원래 계획은 310척尺 규모의 석굴을 조성하는 것이었으나 운강석굴 조성에 참여한 장인들이 경도가 훨씬 강한 석회암의 용문산을 깎아내는 데에만 80만 2천 3백여 명이 동원되어 6년이나 세월이 걸렸다.[81] 이런 와중에 523년, 정치적인 이유로 공사가 돌연 중단되어 빈양중동만 완성할 수 있었다.

빈양중동의 정벽에는 불좌상을 중심으로 제자상과 보살상이 협시하고 있다. 양쪽 벽면에도 불입상을 중심으로 보살상이 협시하고 있다. 석굴 불상 중에서 불오존상佛五尊像의 형식은 빈양중동에서 처음 나타난다. 주존은 시무외인과 여원인을 결하고 있는데, 약지와 소지가 구부러져 있어 남조 불상의 영향을 엿볼 수 있다. 불상은 정광 연간에 조성된 불상답게 좌우대칭에 정면관을 하고 있으며, 가늘고 긴 얼굴과 살구씨 모양의 눈, 은근한 미소를 머금은 입, 예리하게 처리된 옷자락 등을 갖추고 있다. 불상은 비슷한 시기에 조성된 금동불과 석불에 적지 않은 영향을 미쳤는데, 조형적으로 이러한 불상들을 정광正光(520~524) 양식의 불상이라고 한다.

석굴은 선무제가 아버지 효문제를 위하여 조성하였다는 점에서 정토신앙적인 성격이 내포되었을 것으로 생각되지만, 도상의 구성이 운강석굴 20굴, 19굴, 18굴과 같아서 삼세불상으로 추정된다. 석굴의 천정

용문석굴 빈양중동 황후예불도, 북위, 넬슨아킨스미술관

중앙에는 연화문이 있고, 그 가장자리에는 방사선식의 기하학적인 문양과 비천상이 섬세하게 새겨져 있다.[82] 석굴은 실제 황실 사람들이 이곳에 들어와 예불을 올리기에 충분할 정도로 공간이 넓다. 바닥까지 연화문으로 섬세하게 새겨진 이 석굴이 아무나 드나들 수 없는 황실만의 공간임을 암묵적으로 알려 준다. 전벽 굴문 양쪽에 있던 황제와 황후의 예불도는 지금 뉴욕의 메트로폴리탄미술관The Metropolitan Museum of Art과 캔사스Kansas시 넬슨 아킨스미술관The Nelson Atkins Museum of Art에 각각 소장되어 있다.[83]

용문석굴에서는 동·서위와 북제·북주, 수나라 때에는 석굴 조성이 거의 없었다. 북위가 동위와 서위로 갈라진 이후, 장안과 업성鄴城이 각각 수도가 되면서 용문석굴 조성의 경제적 배경이 되었던 낙양이 거의 폐허가 되었기 때문이다. 용문석굴에서 석굴 조성이 재개된 것은 627년

용문석굴 빈양남동, 당

(정관貞觀원년)에 낙양이 당나라의 동도東都가 되고, 7세기 후반에 측천무후가 적극적으로 불교를 후원하면서 부터이다. 이렇게 재개된 석굴 조성은 8세기 전반까지 계속된다.[84]

석굴은 북위 때 문소황태후와 그의 아들 선무제를 위하여 조성하다가 방치되었던 빈양남동과 빈양북동에서 재개된다. 빈양남동과 빈양중동 사이에 새겨진 [이궐불감지비伊闕佛龕之碑](641)에 의하면,[85] 태종의 넷째 아들인 위왕魏王 이태李泰가 돌아가신 어머니 문덕文德 황후를 추모하기 위하여 석굴을 꾸몄다고 한다. 북위식 석굴 형식인 빈양남동과 빈양북동에 부드러운 조형미를 갖춘 당나라 7세기 중반의 불상이 조성된 것이다.[86]

용문석굴 경선사동, 당

경선사동敬善寺洞도 황실이 발원한 석굴로, 입구 우측의 [경선사석상명敬善寺石像銘]에 의해 기목태비紀目太妃 위씨韋氏가 660년경에 조성하였다는 것을 알 수 있다.[87] 불상은 빈양북동의 불상보다 훨씬 부드러워진 모습이다.[88]

용문석굴에서 석굴 조성이 가장 활발하게 이루어진 시기는 측천무후가 적극적으로 불교를 후원하던 7세기 후반이다.[89] 이 때 조성된 대표적인 석굴로는 봉선사동奉先寺洞(大盧舍那像龕), 만불동萬佛洞, 뇌고대 삼동擂鼓臺三洞, 고평군왕동高平君王洞 등이 있다.[90] 용문석굴을 대표하는 석굴이자 20.16m의 가장 큰 불상이 조성된 봉선사동은 고종高宗(649~683재위)과 측천무후에 의해 675년(상원上元2)에 완성되었다.[91] 대좌 북측의 726년(개원開元14)명 [대노사나상감기大盧舍那像龕記]에는 고종과 측천무후가 672년(함형咸亨3)에 발원하여 675년(상원2)에 대노사나상감을 완성하였다는 명문이 새겨져 있다.[92] 불상이 『대방광불화엄경大方廣佛華嚴經』의 경주經主인 노사나불임을 증명이라도 하듯이 대좌 연판에는 화불이 새겨져 있다.

용문석굴 봉선사동, 당 675년

용문석굴 봉선사동 불좌상, 당 675년

봉선사동 불좌상 대좌 화불

봉선사동 보살상   봉선사동 아난상   봉선사동 금강역사상

이 불좌상을 중심으로 제자상, 보살상, 천왕상, 금강역사상이 양옆에서
협시하고 있는데, 이들 존상은 그 격에 어울리게 사실적으로 조각되어
있다. 근엄하고 당당한 불상, 수행자다운 아난상阿難像, 체관諦觀의 경지
를 보여주는 보살상, 강건하고 힘찬 모습의 천왕상과 금강역사상이 그
것이다. 황실에서 고용한 최고 수준의 장인답게 전통적인 조각 기법과
인도 불상의 표현법을 적절하게 구사하여 존상들을 표현하였다.[93] 봉선
사동 존상에 보이는 조각 기법과 조형적인 특징은 이후 조성되는 용문
석굴 당나라 불상에 많은 영향을 주었다.

용문석굴 만불동, 당 680년

석굴 천정에 승려 지운智運이 대감大監 요신표姚神表와 함께 680년(영륭
永隆원년)에 일만오천불一万五千佛을 조성하였다는 명문을 지닌 만불동은
실제 양쪽 벽면에 우전왕상優塡王像을 중심으로 일만오천불상들이 빼곡
하게 부조되어 있다. 정벽의 불좌상은 봉선사동 주존과 달리, 단아하면
서도 환조에 가까운 조각 수법을 보여준다.[94] 용문석굴에서 비구니에
의해 조성된 대부분의 불상들이 이 석굴 속에 있다는 점도 주목되는 사
실이다.

　7세기 후반, 당나라 불상에 가장 큰 영향을 준 인도 불상이 마하보리
사 정각상이라는 것은 잘 알려진 사실이다. 그 영향은 뇌고대 삼동(남동,

용문석굴 뇌고대 남동 주존, 당 7세기말

비교 예 | 석굴암, 통일신라시대 8세기 중반,
불상 높이 5.08m

불상은 현장의 『대당서역기』에 기록된 마하보리
사 정각상의 형식과 크기가 비슷하다. 즉 편단우
견식으로 옷을 입고 촉지인을 결한 채 가부좌하
고 있는 불상은 마하보리사 정각상과 같이 동쪽
을 바라보고 있다.

중동, 북동) 불상과 같이 용문석굴에서도 확인된다.[95] 7세기 말에 조성된
뇌고대 남동은 측천무후기則天武后期 불교의 근간이었던 화엄 사상과 관
련된다.[96] 즉 마하보리사 정각상을 화엄 사상 속에서 재해석한 불상이
석굴 속에 봉안되어 있다. 정벽에 고부조로 새기는 다른 석굴과 달리,
따로 제작하여 석굴 중앙에 봉안한 불좌상은 보관과 팔찌를 갖춘 장엄
여래상으로서 가부좌한 채 촉지인을 결하고 있다. 불상은 넓은 어깨,
잘록한 허리, 볼륨감 있는 몸, 유기적인 옷주름 표현에서 인도 불상과

용문석굴 뇌고대 중동 조사상, 당 7세기 말

많이 닮았다. 석굴 벽면에 빼곡히 부조되어 있는 화불들도 주존과 같이 불상의 수인을 결한 장엄여래상이다. 뇌고대 중동의 벽면 하부에는 우리나라 석굴암(석불사) 십대제자상과 유사한 25존의 조사상들이 고부조로 새겨져 있다. 『부법장인연전』과 관련되는 조사상들은 당시 승려들의 모습을 연상하게 할 만큼 사실적으로 표현되어 있다. 뇌고대 중동도 굴문 위쪽에 새겨진 "대만오불상감大萬伍佛像龕"의 명문을 통하여 만불동과 같이 일만오천불을 조성하였음을 알 수 있다. 석굴 안팎 벽면에는 작은 불상들이 질서정연하게 부조되어 있다. 천정에는 작은 불상들 사이에 "남방일체제불南方一切諸佛" 등의 시방불十方佛과 관련된 명문이 있다.[97] 뇌고대 북동의 굴속 문 양쪽에는 십일면팔비관음상十一面八臂觀音像과 십일면사비관음상十一面四臂觀音像이 고부조되어 있다.

뇌고대 북동 십일면사비관음보살입상과 머리부분, 당 7세기 말

비교 예 | 석굴암 십일면관음보살입상, 통일신라시대 8세기 중반

용문석굴 고평군왕동, 당 7세기 말

　한편, 당시 장안과 낙양의 사원 벽면에 그려져 있었거나 실제 이들 지역의 영향을 받았던 돈황 막고굴 220굴(당 642년)의 아미타정토변상도를 입체적으로 표현한 듯한 석굴도 조성된다.(p.233)[98] 고평군왕高平郡王 무중규武重規(측천무후 조카)에 의해 700년경에 조성된 고평군왕동이 그것이다. 굴속 벽면에는 고부조의 불좌상이 새겨져 있고, 지금은 없어졌지만 바닥에도 벽면 불상과 비슷한 모습의 불상을 만들어 꽂았던 24개의 구멍이 질서정연하게 파여 있다.

　용문석굴에는 신라와 관련되는 석굴도 조성되었다.[99] 낙양은 당시 신라 승려들이 유학하던 곳으로, 이들은 직접 용문석굴을 순례하기도 하였다. 입구 위쪽에 해서체로 "신라상감新羅像龕"이라고 새겨진 석굴 속에는 불상이 떼어져 나간 흔적만 남아 있다. 한 사람 정도 들어갈 수 있는 크기의 석굴은 7세기 후반에 이곳에서 유학했던 신라 승려의 수행처였을 것으로 추정된다.

용문석굴 신라상감, 당 7세기 후반

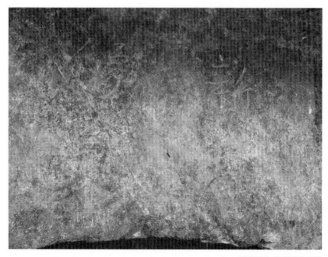

용문석굴 신라상감 명문

공현석굴

용문석굴에서 빈양중동이 완성될 무렵, 낙양에서 정주鄭州 방향으로 약 52km 떨어진 곳에 공현鞏縣석굴이 조성된다. 520년(정광원년)부터 534년(영희永熙3) 사이에 조성된 공현석굴은 북위 효문제 때, 이곳에 건립된 희현사希玄寺와 관련된다.[100] 석굴은 5개의 석굴과 238개의 작은 감실로 이루어져 있다. 용문석굴 빈양삼동과 같이 1굴과 2굴, 3굴과 4굴은 원래 대칭굴로 조성되었다. 1굴과 3굴, 4굴의 굴속 문 양쪽 벽면에 새겨진 황제와 황후의 예불도는 빈양중동과 같이 석굴이 북위 황실과 연관된다는 것을 알려 준다.[101] 실제 불상에서도 황실 발원답게 수준 높은 표현력을 엿볼 수 있다. 3굴 중심탑주 남면의 불좌상은 살짝 뜬 맑은 눈과 밝은 표정, 간결한 옷주름을 갖춘 공현석굴 불상의 전형적인 특징을 보여 준다.

공현석굴 1굴 예불도, 북위 6세기 전반

공현석굴 3굴 중심주 남면 불좌상, 북위 6세기 전반

업성 주변의 석굴

향당산響堂山석굴

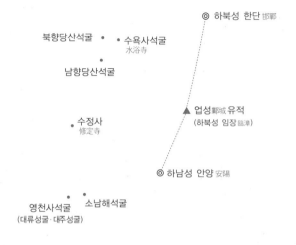

|업성 주변의 석굴|

동위와 북제의 수도 업성鄴城 주변에도 향당산석굴, 영천사靈泉寺석굴,
소남해小南海석굴 등이 조성되었다.[102] 북제 문선제(550~559 재위) 때 조성
된 북향당산석굴은 하북성 한단시邯鄲市 고산鼓山의 북서쪽에 있으며, 산
의 남쪽에는 남향당산석굴이 있다.[103] 석굴은 황실 발원답게 규모가 크
고, 그 속에는 수준 높은 표현력을 갖춘 불상들이 있다.[104]

북향당산석굴 북동 보살입상, 북제   남향당산석굴 1굴 불좌상, 북제

　　북향당산석굴 북동(대불동大佛洞)의 중심탑주 남면에 있는 보살입상은
노출된 상반신과 살짝 비져 나온 뱃살이 탄탄한 석질과 어울려 관능미
를 잘 드러내고 있다.[105] 보살상은 왼쪽 다리로 오른쪽 다리를 살짝 감
은 편족片足의 자세를 취한 자연스러운 모습이다.

　　북향당산석굴과 15km 떨어져 있는 남향당산석굴은 7개의 석굴로 이
루어져 있으며, 북제와 수나라 때 조성되었다.[106] 2굴 문 밖의 [부산석굴사
지비滏山石窟寺之碑]에 의하면, 영화사靈化寺 승려 혜의慧義가 북제의 565년
(천통天統원년)부터 석굴을 조성하기 시작하였다고 한다.[107] 화엄경이 새겨

져 있어서 화엄동이라고도 하는 1굴 중심탑주 정벽의 불좌상은 안정된 자세에 우아한 모습이다.

남향당산석굴 불상은 둥근 얼굴과 원통형에 가까운 몸을 가지고 있는데, 몸의 굴곡이 옷 위로 잘 드러나고 있다. 이러한 조형적 특징은 북제 때 유행한 남조 양나라의 장승요 풍과 북제의 조중달曹仲達 풍 불상과 무관하지 않다. 한편 남향당산석굴 1굴과 2굴의 아미타정토변상도와[108] 568년(천통4)에 당옹唐邕이 북향당산석굴 남동에 새긴 석경石經은 북제 황실의 정토 관념을 이해하는데 많은 도움을 준다.[109]

남향당산석굴 2굴 아미타정토변상 부조, 북제, 세로158.9×가로334.5cm, 워싱턴 프리어겔러리

영천사석굴

업성 주변의 또다른 석굴로 하남성 안양 보산寶山의 동쪽 기슭에 조성된 영천사靈泉寺석굴이 있다. 동위의 546년(무정武定4)에 완성한 도빙석당 道憑石堂에 기초하여 영유靈裕(518~605)가 조성한 석굴이다.[110] 석굴은 동산

대류성굴 정벽 불좌상, 동위 546년

의 64개와 서산의 212개로 이루어져 있는데, 동위 546년의 대류성굴大
留聖窟과 수나라 589년(개황9)의 대주성굴大住聖窟이 대표적이다.[111] 문 입구
좌측에 "대류성굴大留聖窟"이라고 새겨진 석굴은 방형굴로, 세 벽면에는
같은 형식과 크기의 불좌상이 고부조로 표현되어 있다. 가슴에 만卍자
가 새겨진 이들 불상은 정벽의 노사나불상과 그 우측의 아미타불상, 좌
측의 미륵불상으로서, 중국 최초의 횡삼세불橫三世佛(공간적 개념의 삼세)이
다. 불상은 안정된 자세에 튼실한 모습이다.

한편, 영유는 폐불 사건을 경험한 후, 말법末法의 도래를 의식하여 대

주성굴을 조성하였는데, 굴 문 위에는 예서체로 "대주성굴大住聖窟"이라
고 새겨져 있다.[112] 『속고승전』[영유전]에 석굴 조성과 함께 굴 속에 경전
을 새긴 목적이 말법 시대의 도래와 관련된다는 내용이 기록되어 있다.
대류성굴과 같이 이 석굴에서도 정벽에 노사나불상을, 그 우측에 아미
타불상을, 좌측에 미륵불상을 각각 고부조로 조성하였다. 노사나불상
은 삼세불 중 현재불이 노사나불로 밝혀진 가장 이른 예로서, 왼쪽 무
릎에 새겨진 욕계欲界의 모습은 이 불상이 노사나법계상盧舍那法界像 임을
알려 준다. 대주성굴의 불상은 수나라 불상의 특징인 원통형에 가까운
상반신과 편평한 하반신을 갖추고 있으며, 보살상은 직립부동의 경직
된 모습을 하고 있다.

대주성굴 24조사상, 수 589년

대주성굴 나라연신왕상과 가비라신왕상, 수 589년, 1.78m

　또한 문 안쪽 우측 벽면에는 『부법장인연전』에 근거한 24존의 전법조사상傳法祖師像이 새겨져 있다. 석굴 입구 좌우에는 "나라연굴那羅延窟"이라는 『속고승전』의 기록과 같이 나라연신왕상那羅延(Marayana)神王像과 가비라신왕상迦毘羅(Kapila)神王像이 각각 조각되어 있다.[113]

소남해석굴

북제 수도 업성에서 가까운 안양安陽 구개산龜蓋山(雲門山) 남쪽 기슭의 소남해小南海석굴은 서굴, 중굴, 동굴로 이루어져 있다.[114] 중굴 문 위쪽에 새겨진 [방법사누석반경기方法師鏤石班經記]에 의하면,[115] 영산사靈山寺 승려 방법사方法師가 550년(천보원년)에 석굴을 조성하기 시작하여 555년(천보6)에 국사 승조僧稠(480~560)선사가 완성하였다고 한다.

중굴 정벽에는 승조 선사의 모습이 새겨져 있고, 그 옆에는 "비구승조공양比丘僧稠供養"이라는 명문이 있다. 정벽에는 바라문본생도婆羅門本生圖(施身聞偈 내용)와 불사불수기도弗沙佛授記圖가, 동벽에는 미륵보살설법도彌勒菩薩說法圖와 석가초전법륜도釋迦初轉法輪圖가, 서벽에는 구품왕생도九品往生圖가 각각 부조되어 있다.

소남해석굴 중굴, 북제 6세기 중반

소남해석굴 중굴 불삼존상, 북제 6세기 중반

소남해석굴 중굴 서벽 우측 아미타구품왕생도 부분, 북제 6세기 중반

천룡산석굴

동위를 세운 고환高歡이 처음 세력을 규
합한 곳이 산서성 태원太原(진양晉陽)이다. 이곳은 동위의 하도下都(제2 수도)
이자 북제와 수, 당의 국가 중요 거점이었다. 천룡산天龍山석굴은 태원
에서 서남쪽으로 40km 떨어져 있는데, 물에 인접한 여느 석굴과 달리
산꼭대기에 조성되어 있는 것이 특징이다. 사암으로 이루어진 25개의

천룡산석굴

천룡산석굴 8굴 서벽 불좌상, 수 584년

석굴은 동위의 520년경부터 당나라 천보天寶 연간(742~756)까지 조성되었다.[116]

　천룡산석굴의 동위 불상은 조각한 후 채색을 입혀 완성하였는데, 옷주름 선의 움직임이 돋보이는 것이 특징이다. 북제 때가 되면, 낮고 편평한 육계와 둥근 얼굴, 건강한 몸을 갖춘 불상과 꽃 넝쿨로 장엄된 보관을 착용한 보살상이 조성되는 등 동위 불상과는 사뭇 다른 조형이 나타난다. 북제의 560년(황건皇建원년)에 조성된 16굴 정벽의 불좌상이 이러한 예로, 넓은 어깨와 잘록한 허리, 튼실한 다리, 유기적으로 처리된 간결한 옷주름 등을 갖추고 있다.[117] 수나라 때가 되면, 584년(개황4)에 조성된 8굴의 불상과 같이 북제 불상의 특징이 다소 남아 있지만,[118] 넓은 어깨와 원통형의 두꺼운 몸, 튼실한 다리 등 수나라 불상의 조형적인 특징이 나타난다.

　당나라 때에는 태원太原이 북도北都가 되고, 7세기 후반부터 불상 조

천룡산석굴 21굴, 당 8세기 전반

석조불좌상, 천룡산석굴 21굴, 당, 8세기 전반, 109cm, 하버드대학미술관

성이 활발해지면서 많은 석굴이 만들어진다. 석굴에 명문이 없어서 구체적인 조성 시기는 알 수 없으나, 이 때 조성된 석굴들은 대부분 8세기 전반의 것이다. 21굴도 이 중 하나로, 굴속 세 벽면에는 삼세불로 추정되는 같은 형식과 크기의 불좌상이 고부조로 새겨져 있다.[119] 불상은 안정된 자세에 넓은 어깨와 잘록한 허리를 가지고 있다. 옷이 밀착되어 몸의 굴곡이 그대로 드러남으로써 종교적인 엄숙함보다 세속적인 관능미를 느낄 수 있다. 천룡산석굴의 보살상에서는 불상보다 이러한 관능미가 훨씬 더 잘 드러난다. 상체를 비스듬히 기울이고 한쪽 다리를 아래로 내려뜨려 유희좌를 취하고 있는 14굴의 보살상이 이러한 예이다. 보살상은 얇은 천의와 낙액絡腋(조백), 장식물만을 걸치고 있어서 부풀어오른 가슴과 굴곡진 허리, 배꼽이 그대로 노출되었는데, 희고 결이 고운 사암과 어울려 관능미가 더욱더 잘 드러난다.

천룡산석굴 14굴 보살좌상, 당 8세기 전반, 1.15m, 도쿄국립박물관

천룡산석굴 9굴 십일면관음보살입상과 문수보살상, 보현보살상, 당 8세기 전반

한편 9굴은 규모가 가장 크고 도상 구성도 독특한 석굴이다. 중앙에
는 십일면관음보살입상이, 그 오른쪽에 사자를 탄 문수보살상이, 왼쪽
에 코끼리를 탄 보현보살상이 있으며, 관음보살상의 뒤쪽에는 불의좌
상이 있다. 이곳에서 멀지 않는 오대산五臺山 사원의 법당 속을 들여다보
는 듯한 느낌이다.[120]

산동성 석굴

고대 중국 남북을 연결하는 중요한 교통로
이자[121] 동북아시아 문화교류의 거점인 산동성에는 타산駝山석굴, 운문산
雲門山석굴, 신통사神通寺석굴 등 주로 수·당대에 조성된 석굴이 있다.[122]
이들 석굴의 불상에서는 장안과 낙양의 중앙 양식과는 확연히 구별되
는 굵은 목과 장방형의 딱딱한 몸에서 나오는 경직된 분위기를 느낄 수
있다. **청주총관**青州總管 **평상공**平桑公 위조韋操가 개황 연간(581~600)에 조

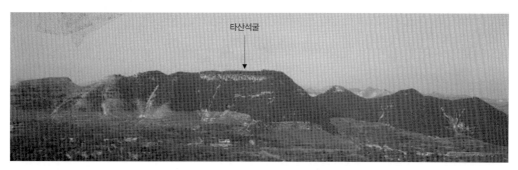

타산석굴 전경

• 타산석굴 3굴 불좌상, 수
•• 운문산석굴 1굴 불좌상, 수
••• 타산석굴 2굴 불좌상, 당

신통사석굴, 석조미륵불의좌상, 당 658년   신통사석굴, 석조아미타불좌상, 당 658년

성한 청주시靑州市 타산駝山석굴 3굴의 불좌상과[123] 수나라 597년(개황17)
부터 599년(개황19) 사이에 조성된 운문산雲門山석굴 1굴의 불좌상이 그
예이다. 이러한 특징은 타산석굴 2굴의 불좌상과 같이 당나라 8세기 초
에 조성된 불상에서도 여전히 나타난다.

　한편 산동성 석굴에서는 황실 발원 불상도 확인된다. 제남시濟南市 신
통사神通寺석굴에 유현의劉玄意가 조성한 불상과[124] 조왕趙王 이복李福이 발
원한 불상이 그것이다.[125] 유현의는 당나라 태종의 사위이자 남평南平공
주의 남편으로, 그가 조성한 658년(현경顯慶3)명 미륵불의좌상에서는 산동
성 불상의 지역적인 특징인 괴량감을 느낄 수 있다. 용문석굴 빈양남동
외벽에 그가 조성한 또 다른 불상에 보이는 수도 낙양의 조형성과는 확
연한 차이를 보인다. 같은 해에 태종의 열세 번째 아들인 이복이 조성한
석조아미타불좌상에서도 산동성 불상의 지역적인 조형성이 확인된다.

사천성 석굴

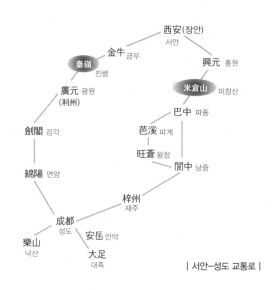

西安(장안)
서안

金牛 금우

秦嶺 진령

興元 흥원

廣元 광원
(利州)

米倉山 미창산

巴中 파중

劍閣 검각

芭溪 파계

旺蒼 왕창

綿陽 면양

閬中 낭중

梓州 재주

成都 성도

安岳 안악

樂山 낙산

大足 대족

| 서안—성도 교통로 |

　　　　　　　사천성 석굴은 당나라 수도 섬서성 장안
과 사천성 성도成都를 연결하는 교통로 주변에 주로 조성되었다. 석굴
은 초당과 성당 때에 광원廣元·파중巴中 중심의 천북川北(사천성 북부)과 성
도成都 중심의 천서川西에서, 중당과 만당 때엔 대족大足 중심의 천중川中
에서 주로 조성되었다.[126]

　　광원에서는 7세기 말부터 8세기 전반까지 125곳에서 석굴이 조성되
었다.[127] 황택사皇澤寺, 천불애千佛崖,[128] 관음애觀音崖가 대표적인 곳이다.
광원 서쪽의 가릉강嘉陵江 서안西岸에 위치한 황택사는 측천무후가 이곳
에서 태어난 것을 기념하기 위하여 창건되었다.[129] 황택사에는 34개의
석굴과 마애조상이 있다. 이 중 대불굴은 5m나 되는 불입상을 제자상과
보살상, 천룡팔부중상天龍八部衆像이 둘러싸고 있다.[130] 남조 때부터 청나
라 때까지 조성된 천불애千佛崖는 당나라 때 석굴 조성이 가장 활발하였
는데, 87개의 석굴과 마애조상이 있다.[131] 측천무후기의 연화동蓮花洞과
신룡굴神龍窟, 예종睿宗 연간(710~712)의 보리서상굴菩提瑞像窟, 천불굴, 모

광원 황택사 대불굴, 당 7세기후반

니각굴牟尼閣窟, 개원開元 연간 초기의 석가다보굴釋迦多寶窟, 720년(개원8)명
소정굴蘇頲窟 등이 대표적인 예이다. 이 중 보리서상굴은 감실 입구 왼
쪽에 새겨진 [대당이주자사필공백당사보리서상송병서大唐利州刺史畢公柏堂寺
菩提瑞像頌并序]를 통하여 712년(선천先天원년)에 완성되었음을 알 수 있다.[132]

광원 보리서상굴, 당 8세기 초

불상은 보관과 가슴 장식을 한 장엄여래상으로서, 편단우견식으로 옷을 입고 촉지인을 결한 채 가부좌하고 있다. 용문석굴 뇌고대 남동의 불좌상(p.279)과 같이 마하보리사 정각상을 모델로 하였다. 광원에서 서남쪽으로 15km 떨어진 관음애觀音崖에는 당나라 때에 조성된 100여 개의 마애불상이 있다.

사천성 북부의 대파산록大巴山麓에 위치한 파중은 한나라 때에 만들어진 미창도米倉道(교통로)의 한 거점이다. 파중에는 80여 곳에 1만여 존의

불상이 조성되어 있는데, 대부분 당나라 때 조성되었다.[133] 파중 석굴
은 크게 남감, 북감, 서감으로 이루어져 있다. 남감南龕에는 133개의 석
굴 속에 2,100여 존의 불상이 조성되어 있다. 기년명 불상을 기준으로
볼 때, 석굴은 740년(개원28)부터 902년(천복天復2)까지 조성되었다.[134] 파
중 석굴에서 가장 주목되는 것은 서상瑞像이다. 금강좌진용상金剛座眞容像
과 관련되는 서감의 용일사龍日寺 2굴 보리서상菩提瑞像, 남감 82감의 740
년(개원28)명 쌍신불상雙身佛像,[135] 남감 62감·78감·116감, 재동현梓潼縣 와
룡산臥龍山의 634년(정관8)명 천불애千佛崖의 아미타불상과 52존의 보살상
등이 이러한 예에 속한다.

안악 와불원 와불, 성당, 당 8세기

　　천서川西지방의 안악은 사천성 성도成都와 중경重慶을 잇는 교통로의
거점으로, 이곳에는 145곳에 석굴이 조성되어 있다.[136] 석굴은 대부분
성당 때 조성되었는데, 와불원臥佛院과 천불채千佛寨, 원각동圓覺洞,[137] 화
엄동華嚴洞, 명산사茗山寺 등이 대표적인 예이다. 와불원에는 139개의 석
굴과 1,613존의 불상이 있는데, 대부분 당나라 8세기 전반에 조성되었
다.[138] 8세기 전반에 조성된 와불원의 와불은 23m의 크기로, 9등신의 비
례를 하고 있다. 불상은 붓다의 열반 장면을 연출한 것으로, 가파른 절
벽에 조각되어 있다. 머리는 연꽃으로 장엄된 베개 위에 두었는데, 긴
눈썹에 직선적인 코, 돌출된 이마를 갖고 있다. 열반상은 오른쪽 옆구
리를 바닥에 댄 채 열반하였다는 『대반열반경』의 내용과 달리, 왼쪽 옆
구리를 바닥에 댄 채 옆으로 누워 있다. 사천성에는 오른쪽과 왼쪽 옆
구리를 가리지 않고 바닥에 대고 누워 있는 열반상이 조성되거나 쌍으
로 조성된 예도 더러 있다.

낙산 능운사 대불, 당 8세기

협강夾江의 천불암에도 8세기 초에 조성된 마애불상이 있다.[139] 명문을 통하여 이들 불상이 밀교, 정토신앙, 화엄 사상과 관련된다는 것을 알 수 있다.[140] 낙산樂山의 능운사凌雲寺 대불은 약 60m의 크기로, 현존하는 가장 큰 불상이다. 발 우측의 [가주능운사대불상기비嘉州凌雲寺大佛像記碑]를 통하여 713년(개원원년)에 승려 해통海通이 발원한 후, 789년(정원貞元5)부터 검남서천절도사劍南西川節度使 위고韋皐가 책임을 맡아 803년(정원19)에 완성하였다는 것을 알 수 있다. 불상은 3개의 강이 합쳐지는 이곳에서 범람기마다 배가 전복되어 죽는 사람이 많이 생기자 파도를 잠재우기 위한 목적에서 조성된 것이다.[141]

대족 북산석굴 관무량수경변상 부조, 남송

관경변상도, 고려시대 13세기, 202.8×129.8cm,
일본 시후쿠지西福寺

　　755년, 안록산의 난이 일어나자 불상 조성의 중심이 장안에서 사천성
으로 바뀐다. 이러한 분위기에서 8세기 후반부터 대족大足을 중심으로
한 천중川中지방에서 석굴이 활발하게 조성된다. 대족에는 석굴과 마애
조상이 전 지역에 걸쳐 골고루 분포하고 있다. 대표적인 석굴로는 북산
北山, 보정산寶頂山, 남산南山, 석전산石篆山 등이 있다.[142] 대족 북쪽의 북산
석굴은 당나라 892년(경복景福원년)에 창주자사昌州刺史 위군정韋君靖에 의해
시작되어 남송의 소흥 연간(1131~1162)까지 264개의 석굴과 36,600여 존
의 불상이 조성되었다.[143] 이 중 245감의 관무량수경변상觀無量壽經變相은
우리나라 고려시대 관경변상도와 유사하여 주목된다. 아래쪽의 아미타
불상을 중심으로 한 서방삼성西方三聖과 그 위의 서방극락정토의 칠보누

대족 북산석굴 두발비사문천상, 당, 2.5m

각七寶樓閣이 조각되어 있다. 또한 아미타불상 주변에는 보살상과 천인
상 등 설법 청중들이 표현되어 있으며, 16관觀과 구품왕생九品往生 장면
이 새겨져 있다. 변상 부조의 조각 기법은 당시 이 지역 문화를 주도했
던 사천성 성도成都(익도)의 목각木刻 문화와 관련된다. 한편 위군정이 조
성한 두발비사문천상頭髮毘沙門天像은 가는 고리로 연결된 갑옷을 입고
있으며, 양쪽 어깨 위에는 쇠뿔 모양의 화염문 광배가 표현되어 있다.
감숙성 돈황에 도상적인 원류를 둔 이 상은 통강通江, 파중巴中, 공래邛崍,
영현榮縣, 내강內江, 인수仁壽에서도 확인되고 있어서 양 지역 간의 문화
교류를 짐작하게 해 준다.

대족 북산석굴 지장보살좌상, 후촉 940년

사천성 석굴 도상이 돈황의 영향을 받았던 또 다른 예로 후촉後蜀의 940년(광정廣政3)에 조성된 피모지장보살좌상被帽地藏菩薩坐像이 있다. 이 상을 사주泗州 출신의 승가대사僧伽大師로 보는 견해도 있지만, 보살상 왼쪽에 있는 도명존자道明尊者로 보아 지장보살일 가능성이 높다.[144]

대족에서 동북쪽으로 15km 떨어져 있는 보정산에는 송나라 때의 석굴 30여 개와 불상 2천여 존이 조성되어 있다.[145] 석굴은 유본존柳本尊과 사숙私淑 관계인 남송의 승려 조지봉趙智鳳이 1179년(순희淳熙6)부터 1249년(순우淳祐9)까지 조성한 것이다.[146] 보정산석굴은 크게 유본존 관련 도상과 다양한 경전의 변상으로 이루어져 있다. 880년(광명廣明원년)에 일어난 황소黃巢의 난으로 사회가 혼란하자, 유본존(855~939)은 886년(광계光啓2)부터 941년(천복天福6)까지 수련을 통하여 사람들을 교화하였다. 보정산석굴 비로동毘盧洞 8감에는 그가 닦았던 10가지 수련법인 유본존십련도가 있다. 촉왕蜀王 왕건王建이 그를 입궁시켜 "당유가부주총지왕唐瑜珈部主總持王"이라는 칭호를 내릴 정도로 그의 영향력은 이곳에서 대단하였다.

대족 보정산석굴 류본존십련도, 남송

한편 보정산석굴에는 화엄경, 관무량수경, 열반경 등 다양한 경전의
변상도 부조되어 있다. 즉 화엄삼성상華嚴三聖像, 관무량수경변상, 부모
은중경변상父母恩重經變相, 열반변상, 육도윤회변상六道輪廻變相이 대표적
인 예이다. 이 중 부모은중경변상과 육도윤회변상은 다른 석굴에서는

대족 보정산석굴 부모은중경변상, 남송

참고 예 | 불설대부모은중경변상 부분, 조선시대 18세기

볼 수 없는 도상이다. 부모은중경변상은 어머니의 임신부터 양육에 이르는 10가지 은혜를 부조로 표현한 유일한 예이다.[147] 육도윤회변상에는 무상대귀無常大鬼가 육도윤회의 수레바퀴를 입에 물고 있는데, 그 속에 로댕Rodin(1840~1917)의 지옥의 문을 연상하게 하는 지옥도와 비둘기(탐욕)·뱀(성냄)·돼지(어리석음)로 구성된 축생도 등 육도의 모습이 적나라하게 표현되어 있다. 이들 변상의 표현법은 『익주명화록益州名畵錄』에 보이는 남송의 궁정 회화와 연관될 가능성이 높지만,[148] 내용 구성은 민간 문화의 영향을 받은 것이다.[149] 보정산석굴의 불상들은 구체적이고 사실적으로 표현한 듯하지만, 자세히 보면 큰 칼로 듬성듬성 도려내어 섬세한 맛은 찾아볼 수 없다.

대족 보정산석굴 육도윤회변상, 남송

절강성 석굴

절강성 석굴은 대부분 남송의 수도 임안 (臨安, 항주) 주변에 집중되어 있는데, 비래봉飛來峰과 연하동煙霞洞이 대표적인 곳이다. 이들 석굴에는 오백나한상, 십육나한상, 수월관음보살상, 공작명왕상孔雀明王像, 포대화상 등이 조성되어 있다.[150] 비래봉석굴 불상은 우리나라 조선시대 노사나불화盧舍那佛畵의 도상적인 시원이 되는 북송의 1022년(건흥乾興원년)명 청림동靑林洞 노사나불회도와 같은 오대와 북송 때에 조성된 것도 있으나[151] 대부분 원나라 때의 것이다. 이들 석굴은 주로 일반인들이 죽은 사람의 명복을 빌거나 자신의 평안을 구할 목적에서 조성되었기 때문에 규모는 크지 않은 편이다.

비래봉석굴은 원나라가 1276년(지원至元13)에 남송을 점령한 후, 이곳의 지세를 누르기 위한 목적에서 본격적으로 조성되었다.[152] 석굴 조성을 주도했던 사람은 투루판 출신의 승려이자 강남석교총통江南釋敎總統이던 양련진가楊璉眞伽(~1305)였다.[153] 그의 주도 하에 조성된 석굴들은 다른 석굴에 비해 규모도 크고 조각 수준도 높은 편이다.[154]

향주 비래봉 노사나불회 부조, 송 1022년
노사나불상 중에서 양손을 어깨까지 들어 올린 가장 이른 예이다.

화엄사 목조노사나불좌상, 조선시대 1636년, 2.65m

항주 비래봉 무량수불좌상, 원 1289년

항주 비래봉 금강수보살입상, 원 1292년

비래봉석굴의 원나라 불상들은 원나라의 대도大都(북경)에서 유행했던 것과 같이 티베트식 불상이 대부분을 차지하였지만, 이 중에는 당·송의 영향을 받은 전통적인 불상들도 포함되어 있다.[155] 원나라 때에 조성된 비래봉석굴은 68개의 석굴과 117존의 불상으로 이루어져 있으며, 주로 1282년(지원19)부터 1292년(지원29)까지 집중적으로 조성되었다. 양련진가가 1289년(지원26)에 직접 조성한 무량수불좌상은 탑 형태의 육계와 큼직한 나발, 예리하게 조각된 코와 눈, 가장자리의 접혀진 옷주름에서 티베트식 불상의 특징을 엿볼 수 있다. 1292년에 조성된 금강수보살상金剛手菩薩像도 가슴 앞의 주름진 옷자락과 ᄊ식의 영락장식에서 티베트 보살상의 영향을 받았다는 것을 알 수 있다.

티베트식 불상 외에 전단불입상栴檀佛立像과 『송고승전』에 기록된 포대화상布袋和尙, 백마타경변상白馬馱經變相, 현장취경도玄奘取經圖 등 전통적인 불상의 영향을 받은 존상들도 확인된다.

항주 연하동 나한상, 오월

한편, 항주 남서쪽에 위치한 연하동은 오월왕吳越王 전홍숙 때에 조성
된 것으로, 석굴 속에는 15존의 나한상이 있다. 이들은 송나라 때에 조
성된 비래봉 옥유동玉乳洞의 십육나한상에 적지 않은 영향을 주었다.

항주 옥유동 나한상, 송

1   『坐禪三昧經』, T. 15, No. 614, pp. 269下~286上; 『禪秘要法經』, T. 15, No. 613, pp. 242下~269下; 『觀佛三昧海經』, T. 15, No. 642, pp. 645下~697上.

2   『高僧傳』卷4, [康法朗], T. 50, No. 2059, p. 347 中.

3   『高僧傳』卷11, [帛僧光], T. 50, No. 2059, p. 395 下

4   溫玉成(배재호 역주), 「佛敎藝術과 中國文化: 3~16세기의 中國石窟藝術」, 『미술사연구』 10(1996), pp. 155~163.

5   馬德, 『敦煌莫高窟史硏究』, 蘭州: 甘肅敎育出版社, 1996, pp. 1~11.

6   기록에 보이는 4세기 후반의 석굴은 이 세 개의 석굴이 아니라 이미 없어졌다고 보기도 한다. 이 설에 의하면, 268굴, 272굴, 275굴은 460년 이후에 운강석굴의 영향을 받아 조성되었다고 한다. 즉 하서 지방의 금탑사金塔寺석굴 등에서는 서방의 영향이 농후하지만, 이들 석굴에서는 서방적인 색채가 약하고 중국 전통 건축의 조형이 보이는 등 중원 지방의 영향이 나타난다는 점을 그 근거로 들고 있다. 宿白, 「敦煌莫高窟現存早期洞窟的年代問題」, 『香港中文大學中國文化硏究所學報』 20(1989), pp. 15~30; 八木春生, 「雲岡石窟と河西石窟群について: 河西石窟群の造營年代を中心に」, 『雲岡石窟文樣論』, 東京: 法藏館, 2001, pp. 45~50.

7   肥塚隆, 「莫高窟第275窟交脚菩薩像與犍陀羅的先例」, 『敦煌硏究』 1990-1, pp. 16~24.

8   『觀彌勒菩薩上生兜率天經』, T. 14, No. 452, p. 419下.

9   樊錦詩·馬世昌·關友惠, 「敦煌莫高窟北朝洞窟的分期」, 『中國石窟 敦煌莫高窟 一』, 北京: 文物出版社, 1981, pp. 177~189.

10 Eugene Y. Wang, Shaping the Lotus Sutra: Buddhist Visual Culture in Medieval China, Seattle and London: University of Washington Press, 2005, pp. 13~23; 張元林, 「敦煌北朝－隋時期洞窟中的二佛并坐圖像硏究」, 『敦煌硏究』 2009-4, pp. 24~32.

11 [대주이회양중수막고굴불감기]의 "건평동양흥기적建平東陽興其跡"이라는 기록을 통해서도 알 수 있다.

12 宿白, 「參觀敦煌莫高窟二八五窟札記」, 『文物參考資料』 1956-2, pp. 16~21; 배재호, 『세계의 석굴』, 일지사, 2015, pp. 117~143.

13 '大代大魏大統四年歲次戊午八月中旬造', '大代大魏大統五年四月二十八日造訖', '大代大魏大統五年五月二十日造訖'.

14 李崧, 「敦煌莫高窟第二四九窟頂圖像的新解釋」, 『1994敦煌學國際硏討會文集－石窟考古卷－』(敦煌硏究院 編, 蘭州: 甘肅民族出版社, 2000), p. 104.

15 須藤弘敏, 「禪定比丘圖像與敦煌二八五窟」, 『1987敦煌石窟硏究國際討論會文集－石窟考古篇』(敦煌硏究院 編, 瀋陽: 遼寧美術出版社, 1990), pp. 393~413.

16 李玉珉, 「敦煌四二八窟新圖像源流考」, 『故宮學術季刊』 10-4(1993. 7), pp. 1~34.

17 樊錦詩·關于惠·劉玉權, 「隋代石窟分期」, 『中國石窟 敦煌莫高窟 二』, 北京: 文物出版社, 1984, pp. 171~186.

18 Ning Qiang, Art, Religion and Politics in Medieval China: The Dunhuang Cave of the Zai Family, Honolulu: University of Hawai'i Press, 2004; 배재호, 『세계의 석굴』, pp. 145~163; 八木春生, 「敦煌莫高窟第二二0窟に關する一考察」, 『佛敎藝術』 324(2012. 9), pp. 9~41.

19 勝木言一郎, 「敦煌の藥師經變相に描かれた淨土景觀の圖像に關する一考察」, 『東京國立博物館紀要』 50(2015), pp. 111~163.

20 勝木言一郎, 「敦煌莫高窟第二二0窟阿彌陀淨土變相圖考」, 『佛敎藝術』 202(1992. 5), pp. 67~92; Ning Qiang, "Percepection and Practice: A Functional Approach to the Western Paradise in Dunhuang Cave 220," Localizing the Imagery: Paradise Representations in East Asian Art, Harvard University, 1995, pp. 8~9; 김혜원, 「둔황 막고굴 제 220굴〈서방정토변〉의 해석에 대한 재검토」, 『미술사와 시각문화』 9(2010), pp. 28~53.

21 배진달(배재호), 「敦煌 莫高窟 編年 試論-佛光形式을 中心으로-」, 『美術資料』 65(2000. 12), pp. 63~84.

22 배진달(배재호), 『唐代佛敎彫刻』, 일지사, 2003, pp. 255~265; 「武周期의 符命과 佛敎 美術」, 『美術史學報』 20(2003), pp. 117~134.

23 "至延載二年禪師靈隱共居士陰祖等造北大像高一百卅尺".

24 "開元年中僧處諺與鄕人馬思忠等造南大像高一百卅尺".

25 『佛所行讚』, T. 4, No. 192, p. 46中; 『大般涅槃經』, T. 1, No. 7, p. 199上; 『佛般泥洹經』, T. 1, No. 5, p. 172下; 宮治昭, 『彌勒と涅槃圖の像學－インドから中央アジアへ』, 東京: 吉川弘文館, 1992; 배진달(배재호), 「羅末麗初 金銅線刻涅槃變相板 硏究」, 『丹豪文化硏究』 3(1998), pp. 9~47.

26 梁新民, 「天梯石窟的變遷」, 『西北史地』 1992-4, pp. 65~67.

27 王挩(岡田 健 譯), 「張掖 金塔寺と敦煌莫高窟-甘肅の早期二石窟に關する考察」, 『佛敎藝術』 179(1988. 7), pp. 71~86.

28 杜斗城, 「炳靈寺石窟與西秦佛敎」, 『敦煌學輯刊』 8(1985. 11), pp. 84~90; 董玉祥, 「梵宮藝苑-甘肅石窟寺-」, 蘭州: 甘肅敎育出版社, 1999.

29 "建弘元年歲在玄枵三月廿四日造…". 福山敏男, 「炳靈寺石窟西秦造像銘」, 『美術硏究』 276(1971. 12), pp. 33~35; 張寶璽, 「建弘題記及其有關問題的考釋」, 『敦煌硏究』 1992-1, pp. 11~20; 董玉祥, 「炳靈寺石窟第169窟內容總錄」, 『敦煌學輯刊』 10(1986. 12), pp. 148~158; 「炳靈寺石窟第169窟」, 『敦煌學輯刊』 11(1987. 6), pp. 126~131; 常靑, 「炳靈寺169窟塑像與壁畫題材考釋」, 『漢唐與邊疆考古硏究』 1(1994), pp. 111~130.

30 169굴 23감에 있는 5존의 불좌상은 호탄Khotan 라왁Rawaq사원 유적의 소조불상과 많이 닮아서 서역의 영향을 받았다는 것을 알 수 있다.

31 納一, 「佛敎美術中的維摩詰題材釋讀」, 『故宮博物院院刊』 2004-4, pp. 96~109; 鄒淸泉, 「虎頭金粟影: 維摩畫像硏究獻戯延」, 『故宮博物院院刊』 2010-4, pp. 129~139; 盧少珊, 「北朝隋代維摩詰經圖像的表現形式與表述思想分析」, 『故宮博物院院刊』 2013-1, pp. 64~96. 유마힐상이 고개지가 그렸던 유마힐상과는 구별되기 때문에 도상의 또 다른 원류를 생각하게 한다. 한편 유마힐상을 마주 보고 "시자지상侍者之像"이 그려져 있는데, 기존에는 유마힐과 그의 시자로 보아 중국의 유마경변상도의 초기 형식이 유마힐 단독상이라고 생각하였다. 그러나 여기서의 "시자"는 유마힐의 시자가 아니라 석가모니 붓다의 시자이다. 즉 시자상은 크기가 유마힐과 같고, 두광도 갖추고 있기 때문이다. 신분에 따라 크기를 달리한 당시의 표현법이나 두광이 종교적인 예배 대상에게만 사용된다는 점은 시자가 바로 붓다의 시자, 문수보살임을 알려 준다.

32 배재호, 『세계의 석굴』, pp. 93~116.

33 張寶璽, 「麥積山石窟開鑿年代及現存最早洞窟造像壁畫」, 『中國考古學會第一次年會論文集』, 北京: 文物出版社, 1980, pp. 338~346; 張學榮·何靜珍, 「麥積山石窟的創建年代」, 『文物』 1983-6, pp. 14~17; 董玉祥, 「麥積山石窟的分期」, 『文物』 1983-6, pp. 18~30; 閻文儒, 「麥積山石窟」, 蘭州: 甘肅人民出版社, 1984, pp. 78~93; 久野美樹, 「中國初期石窟と觀佛三昧-麥積山石窟を中心として」, 『佛敎藝術』 176(1988. 1), pp. 69~91; 天水麥積山石窟藝術硏究所, 『中國石窟 麥積山石窟』, 北京: 文物出版社, 1998.

34 『梁高僧傳』 卷11 [玄高傳], T. 50, No. 2059, p. 397上.

35 "大代景明三年九月十五日".

36 何靜珍·張學榮, 「麥積山第133窟10號造像碑內容辨析」, 『1990敦煌學國際硏討會文集-石窟藝術篇-』, 瀋陽: 遼寧美術出版社, 1995, pp. 394~431; Dorothy C. Wong, *Chinese Steles: Pre-Buddhist and Buddhist Use of a Symbolic Form*, Honolulu: University of Hawai'i Press, 2004, pp. 127~130.

37 『北史』 卷13, [列傳]1, 后妃 上, 文帝文皇后乙弗氏, p. 507.

38 水野淸一, 「魏書釋老志の耆闍崛山殿」, 『中國の佛敎美術』, 東京: 法藏館, 1968, pp. 336~343.

39 446년(태평진군太平眞君7)에도 장안의 장인을 이주시켰다는 기록이 있다. 『魏書』卷4下, [世祖紀] 第4下, p. 100.

40 북위는 중산中山을 점령한 다음 해인 398년(천흥天興원년)에 산동성 6개 주州의 민리民吏와 36만 명의 부족민, 10만여 명의 백공기교百工技巧를 평성으로 강제 이주시켰다(『魏書』卷2, [太祖紀]2).

41 『魏書』卷114, [釋老志], p. 3036.

42 북량과 북연北燕의 영향은 비단 불교 뿐만아니라 정치 제도와 평성의 황경皇京 계획에까지 미쳤다.

43 『魏書』卷114, [釋老志], p. 3032.

44 佐藤智水, 「雲岡佛敎の性格－北魏國家佛敎成立の一考察」, 『東洋學報』 59-1(1977.10), pp. 27~66.

45 『魏書』卷114, [釋老志], p. 3034. 446년, 태무제太武帝는 행성杏城(섬서성 중부)에서 일어난 개오蓋吳의 난을 토벌할 때, 장안의 사원에서 무기와 술, 재물, 밀실이 발견되자 불교를 탄압하기 시작한다.

46 『魏書』卷114, 「釋老志」, p. 3036.

47 『魏書』卷114, 「釋老志」, p. 3036; 『廣弘明集』卷2, T. 52, No. 2103, p. 103下.

48 水野淸一·長廣敏雄, 『雲岡石窟』16冊, 京都大學人文科學硏究所, 1951~1955; 宿白, 「雲岡石窟分期試論」, 『考古學報』 1978-1, pp. 25~38; 閻文儒, 『雲岡石窟硏究』, 桂林: 廣西師範大學出版社, 2003.

49 宿白, 「"大金西京武州山重修大石窟寺碑"校注－新發現的大同雲岡石窟寺歷史材料的初步整理」, 『北京大學學報(人文科學)』 1956-1, pp. 71~84; 「〈大金西京武州山重修大石窟寺碑〉的發現與硏究」, 『北京大學學報(哲學社會科學)』 1982-2, pp. 29~49.

50 『高僧傳』卷5, [釋道安], T. 50, No. 2059, p. 352上.

51 『魏書』卷114, [釋老志], p. 3031. "황제즉여래사상"은 북위 때 시작된 것이 아니라 이미 하夏의 혁련발발赫連勃勃 때부터 북방 왕조들의 불교에 대한 인식 태도였다. 『集沙門不應拜俗等事』卷2, T. 52, No. 2108, p. 452上; 『辯正論』卷7, T. 52, No. 2110, p. 540上; 鈴木啓造, 「皇帝卽菩薩と皇帝卽如來について」, 『佛敎史學』 10-1(1962. 3), p. 3.

52 K. S. 케네쓰 첸(박해당 옮김), 『중국불교』 상, 민족사, 1991, p. 175.

53 『魏書』卷114, [釋老志], p. 3037. 한편 『위서魏書』[예지禮志]에 근거하여 490년(태화14) 이전에는 도무제道武帝가 태조가 아니라 평문제平文帝라고 보았다.

54 『付法藏因緣傳』, T. 50, No. 2058, pp. 297~322.

55 494년, 낙양 천도 후, 운강석굴에서 미흡하게나마 조성 활동이 이루어지고 있었지만, 규모도 작고 조각 수준도 떨어진다.

56 楊泓, 「討論南北朝前期佛像服飾的主要變化」, 『考古』 1963-6, pp. 330~337; 宿白, 「雲岡石窟分期試論」, pp. 25~38; 長廣敏雄, 「宿白氏の雲岡石窟分期論を駁す」, 『東方學』 60(1980. 7), pp. 30~44; 宿白, 「平城實力的聚集和"雲岡模式"的形成和發展」, 『中國石窟 雲岡石窟 一』, 北京: 文物出版社, 1991, pp. 176~197.

57 『魏書』卷7下, [高祖紀] 第7下, p. 176.

58 賀世哲, 「關于十六國北朝時期的三世佛與三佛造像諸問題(一)(二)」, 『敦煌硏究』 1992-4, pp. 1~20; 1993-1, pp. 1~10.

59 吉村怜, 「曇曜五窟論」, 『佛敎藝術』 73(1969. 12), pp. 12~27; 「雲岡·曇曜五窟の大佛」, 『佛敎藝術』 295(2007. 11), pp. 33~58; Huntington. J. C., "The iconography and iconology of the Tan Yao caves at Yungang," Oriental Art, no. 32(sum., 1986), pp. 142~160.

60 배재호, 『세계의 석굴』, pp. 165~180.

61 水野淸一, 「いわゆる華嚴敎土盧舍那佛の立像について」, 『東方學報』 18(京都, 1950), pp. 128~137; 吉村怜, 「盧舍那法界人中像の硏究」, 『美術硏究』 203(1959. 1), pp. 235~269; 「曇曜五窟論」, (『中國佛敎圖像の硏究』, 東京: 東方書店, 1983, pp. 153~175). 한편 관상觀像의 대상으로서 시방삼세제불十方

三世諸佛을 표현한 것으로 보기도 한다.

62 　이 중에는 연꽃을 들고 있는 가섭상과 정병을 들고 있는 아난상의 모습도 보인다.

63 　長廣敏雄, 「雲岡石窟における佛像の服制について」, 『東方學報』15(京都, 1947), pp. 1~24.

64 　풍태후가 실제로 섭정했던 것은 479년부터 490년 사이로, 이 무렵에 조성된 석굴에서는 다양한 안료와 금으로 화려하게 치장된 것을 볼 수 있다.

65 　배재호, 『세계의 석굴』, pp. 181~200. 운강석굴 9 · 10굴을 법화 신앙의 배경 속에서 조성되었다고 보는 설도 있다. 李靜傑, 「雲岡第九 · 一〇窟の圖像構成について」, 『佛教藝術』267(2003. 3), pp. 33~58.

66 　『魏書』卷114, [釋老志], p. 3043.

67 　李正曉, 「雲岡石窟造像 中의 "褎衣博帶"와 "秀骨淸像"- 그 변천과정과 몇 가지 문제」, 『美術을 通해 본 中國史』, 中國史學會 第5回國際學術大會論文集, 2014, pp. 193~199.

68 　宿白, 「平城實力的集聚和"雲岡模式"的形式與發展」, pp. 176~197.

69 　"天安元年四月八日 馮愛愛敬造供養時".

70 　『洛陽伽藍記』卷3, [城南], 景明寺條.

71 　낙양 주변에 조성된 북위 석굴들은 대부분 한漢나라 성곽을 둘러싸고 분포하고 있다. 즉 낙양으로 들어가는 각 방향의 관문 주변에 석굴이 조성되었다.

72 　水野清一 · 長廣敏雄, 『龍門石窟の研究』, 東京: 座右寶刊行會, 1941; 京都: 同朋社, 1980.

73 　溫玉成, 「龍門石窟的創建年代」, 『文博』 1985-2, pp. 34~35.

74 　溫玉成, 「龍門北朝小龕的類型, 分期與洞窟排年」, 『中國石窟 龍門石窟 一』, 北京: 文物出版社, 1991, pp. 170~240.

75 　『魏書』卷7下, [高祖紀] 7下, p. 177; 『魏書』卷7下, [高祖紀] 7下, p. 179.

76 　宮大中, 「龍門二十品和北魏書體」, 『書法』1980-1, pp. 23~25; 田淵保夫, 「龍門石窟の龍門二十品- 中國書道史」, 『立正大學人文科學研究所年報』, 21(1984. 3), pp. 13~25.

77 　溫玉成, 「龍門古陽洞研究」, 『中原文物』1985年 特刊, pp. 114~148.

78 　石松日奈子, 「龍門古陽洞初期造像における中國化の問題」, 『佛教藝術』184(1989. 5), pp. 49~69.

79 　배재호, 『세계의 석굴』, pp. 201~226.

80 　八木春生, 「龍門石窟北魏後期諸窟についての一考察- 五二〇-五三〇年代に開かれた石窟を中心として -」, 『佛教藝術』267(2003. 3), pp. 59~89.

81 　『魏書』卷114, [釋老志], p. 3043.

82 　남북조시대 초기의 비천상은 발이 노출되어 있지만, 점차 천의 속으로 감취진다. 다시 발이 노출되기 시작하는 것은 북제와 북주 때부터이다.

83 　劉連春, 「美國大都會藝術博物院藏龍門北魏≪皇帝禮佛圖≫考辨」, 『故宮博物院院刊』2013-1, pp. 120~131.

84 　丁明夷, 「龍門石窟唐代造像的分期與類型」, 『考古學報』1979-4, pp. 519~546; 曾布川寬, 「龍門石窟における唐代造像の研究」, 『東方學報』60(京都, 1988), pp. 199~397; 張乃翥, 「從龍門造像史迹看武則天與唐代佛教之關系」, 『世界宗教研究』1989-1(35), pp. 41~53; 배진달(배재호), 『唐代佛教彫刻』, pp. 59~206; Amy McNair, *Donors of Longmen: Faith, Politics and Patronage in Medieval Chinese Buddhist Sculpture*, Honolulu: University of Hawai'i Press, 2007; 肥田路美, 『初唐佛教美術研究』, 東京: 中央公論美術出版, 2011, pp. 215~237.

85 　張若愚, 「伊闕佛龕之碑和潛溪寺, 賓陽洞」, 『文物』1980-1, pp. 19~24.

86 　배진달(배재호), 『唐代佛教彫刻』, 일지사, 2005, pp. 89~94. 빈양남동과 빈양북동의 존상들은 빈양중동과 조형적으로 구별되긴 하지만, 일부 보살상의 장식에서는 빈양중동의 보살상을 그대로 답

습하고 있다.

87 배진달(배재호), 『唐代佛敎彫刻』, pp. 94~101.

88 岡田 健, 「龍門石窟初唐造像論 −その二 高宗前期−」, 『佛敎藝術』 186(1989. 9), pp. 83~112.

89 張乃翥, 「從龍門造像史蹟看武則天與唐代佛敎之關係」, pp. 41~53.

90 岡田 健, 「龍門石窟初唐造像論 −その一 太宗貞觀期道−」, 『佛敎藝術』 171(1987. 3), pp. 81~104; 「龍門石窟初唐造像論 −その二 高宗前期−」, pp. 83~112; 「龍門石窟初唐造像論 −その三 高宗後期−」, 『佛敎藝術』 196(1991. 5), pp. 93~119; 溫玉成, 「龍門唐窟排年」, 龍門文物保管所·北京大學考古系 編, 『中國石窟 龍門石窟』, 第2卷, 北京: 文物出版社, 1992, pp. 172~216.

91 배진달(배재호), 『唐代佛敎彫刻』, pp. 132~146; 배재호, 『세계의 석굴』, pp. 227~243; 松本文三郎, 「支那唐代の彫像−龍門奉先寺の造像に就いて−」, 『東洋の古代藝術』, 大阪: 創立社, 1943, pp. 235~252; 溫玉成, 「唐高宗立大盧舍那像龕」, 『中國史硏究』 1985−2, pp. 155~156; Amy McNair, "The Fengxiansi Shrine and Longmen in the 670s," The Museum of Far Eastern Antiquities, no. 68(Stockholm: Östasiatiska Museet, 1996), pp. 325~392; 富安敦, 「龍門大奉先寺の起源及地位」, 『中原文物』 1997−2, pp. 83~92; 肥田路美, 「龍門石窟奉先寺洞の盧舍那像」, 『佛敎藝術』 295(2007. 11), pp. 59~73.

92 溫玉成, 「略談龍門奉先寺的幾個問題」, 『中原文物』 1984−2, pp. 53~57; 「〈河洛上都龍門山之陽大盧舍那像龕記〉注釋」, 『中原文物』 1984−3, pp. 99~100; 岡田 健, 「龍門奉先寺的開鑿年代」, 『美術硏究』 1984−2, pp. 60~65.

93 松本文三郎, 「龍門奉先寺の造像に就いて」, 『佛敎美術』 11(1928. 5), p. 6.

94 "大監姚神表内道場運禪師奉爲天皇天后太子諸王敬造一萬五千軀像一龕大唐永隆元年十一月卅日成", Amy McNair, "On the Patronage by Tang−Dynasty Nuns at Wanfo Grotto, Longmen," Artibus Asiae, vol. 59, no. 3(2000), pp. 161~188; 배재호(배진달), 『唐代佛敎彫刻』, pp. 146~157.

95 배진달(배재호), 「龍門石窟 大萬伍佛像龕 硏究」, 『美術史學硏究』 217·218(1998), pp. 125~155; 「龍門石窟 擂鼓臺南洞 硏究」, 『美術史硏究』 16(2002), pp. 459~476; 久野美樹, 「龍門石窟 擂鼓臺南洞, 中洞試論」, 『美學美術史論集』, 24(2002. 3, 成城大學大學院 文學硏究科), pp. 93~119; Bae Jaeho, "The Vajrāsaṅa Buddha at the Mahābodhi Temple: From the Historical Buddha Śākyamuni to the Lord of Avataṃsaka," in Jeong−hee Lee−Kalish and Antje Papist−Matsuo eds. Ritual and Representation in Buddhist Art(Berlin: A Publication of the Studies of East Asian Art History. Freie Universität Berlin, 2015), pp. 113~137.

96 배진달(배재호), 「龍門石窟擂鼓臺南洞硏究」, 『美術史硏究』 16(2002), pp. 459~476; 『蓮華藏世界의 圖像學』, 일지사, 2009, pp. 51~70; 『세계의 석굴』, pp. 245~262.

97 배진달(배재호), 「龍門石窟 大萬伍佛像龕 硏究」, pp. 125~155.

98 李玉昆, 「龍門雜考」, 『文物』 1980−1, pp. 25~33.

99 배진달(배재호), 「龍門石窟 新羅像龕 試論」, 『碩晤尹容鎭敎授停年退任紀念論叢』, 1996, pp. 847~860; Bae Jindal(Bae Jaeho), "Buddhistische Kunst im China der Tang−Dynastie aus Koreanischer Perspektive," Unter Der Gelben Erde, Bundesministerium für Bildung und Forschung, 2007, pp. 155~166; 배재호, 『세계의 석굴』, pp. 323~340.

100 河南省文物硏究所, 『鞏縣石窟寺』, 北京: 文物出版社, 1989. 4굴 외벽에 새겨진 [후위효문제고희현사지비後魏孝文帝故希玄寺之碑](당 용삭龍朔연간(661~663))에 의하면, 효문제(471~499 재위)가 이곳에 가람을 창건하였다고 한다.

101 일부 연구에서는 1굴과 2굴은 선무제와 호태후에 의해, 3굴과 4굴은 효명제(516~523)와 그의 비에 의해 조성되었다고 본다.

102 河南省古代建築保護硏究所, 「河南安陽靈泉寺石窟及小南海石窟」, 『文物』 1988−4, pp. 1~14, 20; 丁明夷, 「北朝佛敎史重要補正−析安陽三處石窟的造像題材」, 『文物』 1988−4, pp. 15~20; 李裕群, 「關于安陽小南海石窟的幾個問題」, 『燕京學報』 新6期(1999. 5), pp. 161~181.

103 『자치통감資治通鑑』 권160에 보이는 동위 547년(무정武定5)에 고산의 석굴불사石窟佛寺 옆에 구멍을

파고 헌무왕獻武王(高歡)의 관곽을 납입하였다는 기록에 근거하여 고산의 석굴불사를 북향당산석굴로 보기도 한다. 그러나 『속고승전』 권26 [수경사대흥선사석명분전隋京師大興善寺釋明芬傳](T. 50, No. 2060, p. 669 下)에 자주慈州의 석굴사石窟寺를 문제文帝(550~559 재위)가 건립하였다는 기록과 북향당산석굴 아래에 위치한 상락사지常樂寺址에서 발견된 금金나라 1159년(정융正隆4)명 [상락사중수삼세불전기기常樂寺重修三世佛殿記]에 문제가 이곳에 삼석실三石室을 개착하였다는 기록 등에 근거하여 문선제 때에 석굴이 조성된 것으로 보기도 한다.

104 水野清一·長廣敏雄, 『響堂山石窟』, 京都: 東方文化學院 京都研究所, 1937; 曾布川寬, 「響堂山石窟考」, 『東方學報』 62(京都, 1990), pp. 165~207; 顏娟英, 「北齊禪觀窟的圖像考 —從小南海到響堂山石窟」, 『東方學報』 70(京都, 1998), pp. 375~440; 李裕群, 「鄴城地區石窟與刻經研究」, 『北朝晚期石窟寺研究』, 北京: 文物出版社, 2003, pp. 209~261; Katherine R. Tsiang, "The Xiangtangshan Cave: Buddhist Art and Visual Culture in the Northern Qi Dynasty," *Echoes of the Past: The Buddhist Cave Temples of Xiangtangshan*, Smart Museum of Art; The University of Chicago; Arthur M. Sackler Gallery; Smithsonian Institution, 2010.

105 鄭禮京, 「北響堂山石窟にあける裸體形菩薩像の原流について」, 『研究紀要』 14(京都大學文學部美學美術史學研究室, 1993), pp. 41~66; 「過渡期の中國彫刻にみられる東南アジア的なチーフについて」, 『鹿島美術研究』 11(1995), pp. 208~222; 『중국 북제·북주 불상연구』, 혜안, 1998.

106 顏娟英, 「河北南響堂石窟寺初探」, 『考古與歷史文化 —慶祝高去尋先生八十大壽論文集(下)』, 臺北: 正中, 1991, pp. 331~362; 邯鄲市峰峰礦區文管所·北京大學考古實習隊, 「南響堂石窟新發現窟檐遺迹及龕像」, 『文物』 1992-5, pp. 1~15.

107 丁明夷, 「鞏縣天龍響堂安陽數處石窟寺」, 中國美術全集編輯委員會 編, 『中國美術全集』 雕塑編 13 鞏縣天龍山響堂山安陽石窟雕刻, 臺北: 錦繡出版社, 1989, p. 35 재인용.

108 Elizabeth ten Grotenhuis, 「Nine Places of Birth in Amida's Western Pure Land」, 『佛敎美術史研究における「圖像樣式」』, 國際交流美術史研究會 第14回國際シンポジアム, 1995, pp. 49~68; 배재호, 『세계의 석굴』, pp. 263~280.

109 북향당산석굴 남동 전벽에 새겨진 [제진창군공당옹각경기齊晉昌郡公唐邕刻經記]에는 당옹이 북제의 568년(천통4)부터 572년(무평3)까지 고산鼓山석굴에 『유마힐경』 등 4부의 경전을 새겼다는 기록이 있다. 실제로 『유마힐경』이 남동 밖 앞쪽 회랑에 새겨져 있다.

110 河南省古代建築保護研究所, 「河南安陽靈泉寺石窟及小南海石窟」, pp. 1~14, 20; 丁明夷, 「北朝佛敎史的重要補正 —析安陽三處石窟的造像題材」, 『文物』 1988-4, pp. 15~20; 河南省古代建築保護研究所, 『寶山靈泉寺』, 鄭州: 河南人民出版社, 1991; 劉東光, 「有關安陽兩處石窟的幾個問題及補充」, 『文物』 1991-8, pp. 74~78; 大內文雄, 「寶山靈泉寺石窟塔銘の研究 —隋唐時代の寶山靈泉寺—」, 『東方學報』 69(京都, 1997), pp. 287~355. 동위의 546년(무정4)에 고승 도빙道憑이 보산사寶山寺를 건립하였으며, 수나라 문제文帝 때인 591년(개황11)에 영천사로 개명하였다. 『속고승전』 [영유전靈裕傳]에 의하면, 보산사는 영유가 조성하였으며, 북제의 안락왕安樂王 누예婁叡의 후원에 의해 더욱 사세가 확장되었다고 한다. 『續高僧傳』 卷9, [釋靈裕], T. 50, No. 2060, p. 496上.

111 李玉珉, 「寶山大住聖窟初探」, 『故宮學術季刊』 16-2(1998), pp. 1~5.

112 "大住聖窟, 大隋開皇九年乙酉歲敬造. 窟用功一千六百二十四, 像世尊用功九百, 盧舍那世尊一龕, 阿彌陀世尊一龕, 彌勒世尊一龕, 三十五佛世尊三十五龕, 七佛世尊七龕, 傳法聖大法師二十四人…".

113 『續高僧傳』 卷9, [釋靈裕], T. 50, No. 2060, p. 497中.

114 勝木言一郎, 「小南海石窟中窟の三佛造像と九品往生圖浮彫に關する一考察」, 『美術史』 139(vol. 45, no. 1)(1996. 2), pp. 68~86; Howard, A. F., "Buddhist Cave Sculpture of the Northern Qi Dynasty: Shaping a New Style, Formulating New Iconographies," *Archives of Asian Art*, 49(1996), pp. 6~25; 顏娟英, 「北齊禪觀窟的圖像考 —從小南海石窟到響堂山石窟」, 『東方學報』 70(京都, 1998. 3), pp. 375~440; 李裕群, 「關于安陽小南海石窟的幾個問題」, 『燕京學報』 新6期(1999. 5), pp. 161~181.

115 『八琼室金石補正』 卷21: "大齊天保元年, 靈山寺僧方法師, 故雲陽公子林等, 奉諸邑人, 刊此岩窟,倣像眞容, 至六年中, 國師大德稱禪師重瑩修成, 相好斯備".

116 Vanderstappen, H, & Rhie, M. M., "The Sculpture of T'ien Lung Shan: Reconstruction and Dating," *Artibus Asiae*, 27-3(1964~1965), pp. 189~238; 李裕群, 「天龍山石窟調査報告」, 『文物』1991-5, pp. 32~55; 「天龍山石窟分期研究」, 『考古學報』1992-1, pp. 35~62; 顔娟英, 「天龍山石窟的再省思」, 『中國考古學與歷史學之整合研究』, 中央研究院歷史語言研究所會議論文集之四, 1997. 7, pp. 839~918; 李裕群·李鋼, 『天龍山石窟』, 北京: 科學出版社, 2003.

117 田村節子, 「天龍山石窟 第十六窟, 十七窟について」, 『佛教藝術』145(1982. 11), pp. 90~104.

118 顔娟英, 「天龍山石窟的再省思」, pp. 839~918; 李裕群·李鋼 編, 『天龍山石窟』, pp. 44~45.

119 「대당물부장군공덕기大唐勿部將軍功德記」의 내용을 21굴에 비정하여 고구려의 후예인 흑치상지黑齒常之의 사위가 706년 경에 조성한 것으로 보기도 한다. Rhie, M. M., "The T'ang Period Stele Inscription and Cave ⅩⅪ at T'ien-lung shan,", *Archives of Asian Art*, vol. 28(1974~1975) pp. 6~33; 顔娟英, 「天龍山石窟的再省思」, pp. 839~918; 李裕群·李鋼, 『天龍山石窟』, pp. 198~213; 小野勝年, 「右金吾衛將軍勿部珣の功德記について」, 『史林』71-3(1988. 5), pp. 148~152. 한편 21굴 외에 당대에 조성된 18굴, 6굴, 11굴, 17굴, 19굴에서도 삼세불이 확인된다.

120 『입당구법순례행기』에는 유사한 도상 구성을 보여주는 여러 예가 기록되어 있다.

121 杜在忠·韓崗, 「山東諸城佛敎石造像」, 『考古學報』1994-2, pp. 231~261.

122 關野貞·常盤大定, 『支那文化史蹟』7, 東京: 法藏館, 1939~1941; 荊三林, 「濟南近郊北魏隋唐造像」, 『文物參考資料』1955-9, pp. 22~39.

123 張惠明, 「響堂山和駝山石窟造像風格的過渡特徵」, 『敦煌研究』1989-2, pp. 35~50; 李裕群, 「駝山石窟開鑿年代與造像題材考」, 『文物』1998-6, pp. 47~56. 청주총관은 577년(건덕建德6)부터 594년(개황14)까지 존속하였기 때문에 이 석굴도 대략 이때를 전후하여 조성된 것으로 추정된다. 3굴 불좌상의 대좌에 새겨진 "대상주청주총관주국평상공大像主靑州總管柱國平桑公"이라는 명문을 통하여 발원자는 『수서』권47 [위세강衛世康]에 보이는 위조衛操일 것으로 추정된다. 조성 시기는 고조高祖 때인 594년(개황14) 경이다.

124 "大唐顯慶二年九月十五日, 齊州刺史上柱國駙馬都尉渝國公劉玄意敬意供養". 阪井卓, 「神通寺千佛崖の唐代初期造像について」, 『佛敎藝術』159(1985. 3), pp. 63~76; 梁銀景, 「山東 神通寺 千佛崖의 銘文分析과 造像의 傳統性, 新要素-太宗, 高宗 初期 佛龕을 중심으로-」, 『美術을 通해 본 中國史』, pp. 200~205.

125 "大唐顯慶三年行靑州刺史, 淸信佛弟子趙王福爲太宗文皇帝敬造彌陀像一軀, 願四夷順命家國安寧, 法界衆生普登佛道".

126 丁明夷, 「川北石窟札記-從廣元到巴中」, 『文物』1990-6, pp. 41~53.

127 松原三郎, 「四川省唐代磨崖窟龕の造像銘に就て」, 『美術史』22(1956. 12), pp. 15~23.

128 刑軍, 「廣元千佛崖初唐密敎造像析」, 『文物』1990-6, pp. 37~40, p. 53.

129 王家祐, 「廣元皇澤寺及其石刻」, 『文物參考資料』1956-5, pp. 57~60; 員安志·侯正榮, 「四川廣元縣皇澤寺石窟調査紀要」, 『考古與文物』1985-1, pp. 50~54. 후촉後蜀의 959년(광정廣政22)명 [대촉리주도독부황택사측천황후무씨신묘기大蜀利州都督府皇澤寺則天皇后武氏新廟記]에 석굴이 측천무후와 연관된다는 기록이 있다.

130 황택사 불상은 남조의 조형적인 전통이 지속되고 있는 가운데 수나라부터 장안 양식의 영향을 받아 조성된 것이다.

131 閻文儒, 「四川廣元千佛崖與皇澤寺」, 『江漢考古』1990-3, pp. 85~91; 廣元市文物保管所·中國社會科學院宗敎研究所佛敎室, 「廣元千佛崖石窟調査記」, 『文物』1990-6, pp. 1~23.

132 Howard, A. F., "Buddhist Sculpture of Pujiang, Sichuan: a mirror of the direct link between Southwest China and India in High Tang," *Archives of Asian Art* 42(1989), pp. 49~61; 羅世平, 「廣元千佛崖菩提瑞像考」, 『故宮學術季刊』9-2(1990), pp. 117~138.

133 陶鳴寬, 「四川巴中南龕的摩岩造像」, 『文物參考資料』 1956-5, pp. 51~56; 李淑姬, 「中國 四川省 川北지역 石窟의 初期密敎造像」, 『美術史研究』 13(1999), pp. 29~82; 雷玉華, 「巴中石窟에 대한 초보적인 연구」, 『美術을 通해 본 中國史』, pp. 345~359.

134 顧森, 「巴中南龕摩崖造像形成年代初探」, 『美術史論叢刊』 1983-2, pp. 111~133.

135 쌍신불은 『대당서역기』에도 기록되어 있으며, 남감 82감의 쌍신불은 가장 이른 예이다.

136 胡文和, 「四川摩崖石刻造像調査及分期」, 『考古學集刊』 7(1991), pp. 79~103; 「四川安岳臥佛溝唐代石刻造像和佛經」, 『文博』 1992-2, pp. 3~11; 傅成金, 「安岳石刻造像的數量與始造年代」, 『四川文物』 1991-2, pp. 46~48; 鄧之金, 「安岳臥佛院摩崖造像上限年代探討」, 『四川文物』 1993-2, pp. 36~39.

137 傅成金, 「安岳石刻造像的數量與始造年代」, 『四川文物』 1991-2, pp. 46~48; 鄧之金, 「安岳圓覺洞"西方三聖"名稱問題探討」, 『四川文物』 1991-6, pp. 34~35.

138 가장 이른 것은 723년(개원11)명이며, 늦은 것은 후촉後蜀의 961년(광정廣政24)명이다.

139 周杰華, 「夾江新發現的唐代摩崖造像」, 『四川文物』 1988-2, pp. 27~36; 王熙祥·曾德仁, 「四川夾江千佛岩摩崖造像」, 『文物』 1992-2, pp. 58~66. 청나라 1677년(강희康熙36)에 새겨진 [중수천불병원천기重修千佛并靈泉記]를 통해 이들 조상이 대략 8세기 초에 조성된 것임을 알 수 있다. "唐初邑人之僧夢佛于巖上以千佛石岩刻宛然有其神而助之".

140 712년(선천先天원년)과 개원 연간(714~741), 776년(대력大曆11), 회창 연간(841~846), 856년(대중大中10) 등의 명문을 지닌 불상들이 확인된다.

141 머리 부분은 1900년대 초에 후보되어 원래의 모습이 아니다.

142 大足縣文物保管所, 「大足北山和寶頂山摩岩造像」, 『文物』 1980-1, pp. 90~93.

143 黎方銀·王熙祥, 「大足北山佛灣石窟的分期」, 『文物』 1988-8, pp. 31~45; 劉笑平·尹建華, 「試論大足北山五代造像」, 『四川文物』 1992-4, pp. 34~41.

144 사천성 성도에서 활동했던 승려 장천藏川이 『지장시왕경地藏十王經』을 찬술함으로써 오대 때에 지장보살과 시왕상이 유행하였다는 설도 있다.

145 洪惠鎭, 「四川大足寶頂摩崖造像的若干問題」, 『美術史論』 1985-1, pp. 39~51; 李巳生, 「寶頂山石窟寺」, 『美術研究』 1985-4, pp. 80~82; 安藤智信, 「寶頂山石刻研究序說」, 『大谷大學史學論究』 1(1987. 12), pp. 39~60.

146 보정산석굴은 유본존과 조지봉에 의해 개착되었기 때문에 정통불교보다 민간신앙적인 관점에서 도상을 이해해야 한다.

147 龍晦, 「大足佛敎石刻〈父母恩重經變相〉跋」, 『世界宗敎研究』 1983-3, pp. 16~25; 胡文和, 「大足寶頂〈父母恩重經變〉研究」, 『敦煌研究』 1992-2, pp. 11~18; 배재호, 『세계의 석굴』, pp. 281~299.

148 菊竹淳一, 「大足寶頂山石刻の說話的要素」, 『佛敎藝術』 159(1985. 4), pp. 77~90.

149 郭相穎, 「從大足石刻看佛敎中國化及民間信仰特點」, 『大足石刻研究文集』 3(2002), pp. 58~66.

150 Edwards, R., "Pu-tai-Maitreya and a reintroduction to Hangchou's Fei-Lai-feng," Ars Orient, 14(1984), pp. 5~50.

151 "弟子胡承德伏爲四恩三有, 命石工鑄盧舍那佛會一十七身, 所期來往觀瞻同生淨土, 時大宋乾興四月日紀". 石田尙豊, 「飛來峰の華嚴佛會像」, 『Museum』 194(東京國立博物館, 1967. 5), pp. 2~6; 鄭恩雨, 「杭州 飛來峰의 佛敎彫刻」, 『美術史研究』 8(1994), pp. 199~230.

152 항주 비래봉 불상 중에서 최고의 기년명은 1282년(지원19)명으로, 원나라가 남송을 점령한 4~5년 후부터 조상 활동이 이루어진 것을 알 수 있다.

153 그가 비래봉 조상에 관여하였음은 비래봉과 인접한 영은사靈隱寺의 승려 호암虎岩 등이 1289년(지원26)에 찬한 [대원국항주불국산석상찬大元國杭州佛國山石像贊]에서 확인할 수 있다. 洪惠鎭, 「杭州飛來峰楊璉眞伽龕及其他」, 『文物』 1989-3, pp. 90~93. 양련진가의 행적에 대해서는 『원사元史』 [석노

전釋老傳]에서 확인된다. 『元史』卷202, [列傳]89, 釋老, p. 4521.

154 洪惠鎭, 「杭州飛來峰"梵式"造像初探」, 『文物』1986-1, pp. 50~61; 勞伯敏, 「關于飛來峰造像若干問題的探討」, 『文物』1986-1, pp. 62~69.

155 杭州市歷史博物館·杭州市文物保護管理所·杭州市文物考古所 編, 『飛來峰造像』, 北京: 文物出版社, 2002.

가릉강 嘉陵江 Jialingjiang

가복사 嘉福寺 Jiafusi

간주 簡州 Jianzhou

감숙성 甘肅省 Gansusheng

강서성 江西省 Jiangxisheng

강소성 江蘇省 Jiangsusheng

강한 江漢 Jianghan

개원사 開元寺 Kaiyuansi

거야 巨野 Juye

거용관 居庸關 Juyongguan

건강 建康 Jiankang

건업 建業 Jianye

경덕진 景德鎭 Jingdezhen

경선사동 敬善寺洞 Jingshansidong

경수사 慶壽寺 Qingshousi

경안진 京安鎭 Jinganzhen

경천 涇川 Jingchuan

계림 桂林 Guilin

고산 鼓山 Gushan

고양 高陽 Gaoyang

고양동 古陽洞 Guyangdong

고장 故藏 Guzang

고평군왕동 高平君王洞 Gaopingjunwangdong

곡양현 曲陽縣 Quyangxian

공래 邛崍 Qionglai

공망산 孔望山 Kongwangshan

공현 鞏縣 Gongxian

과실사 果實寺 Guoshisi

과주 瓜州 Guazhou

관음애 觀音崖 Guanyinya

광동성 廣東省 Guangdongsheng

광릉 廣陵 Guangling

광서성 廣西省 Guangxisheng

광원 廣元 Guangyuan

광주 廣州 Guangzhou

광택사 光宅寺 Guangzhaisi

광혜사 廣惠寺 Guanghuisi

광효사 光孝寺 Guangxiaosi

구개산 龜蓋山 Guigaishan

구지진 仇池鎭 Chouchizhen

극남동 極南洞 Jinandong

금단시 金壇市 Jintanshi

금릉 金陵 Jinling

금탑사 金塔寺 Jintasi

금화 金華 Jinhua

나라연굴 那羅延窟 Naluoyanku

낙산 樂山 Leshan

낙양 洛陽 Luoyang

난주 蘭州 Lanzhou

남경 南京 Nanjing

남산 南山 Nanshan

내강 內江 Neijiang

내구현 內邱縣 Neiqiuxian

뇌고대삼동 擂鼓臺三洞 Leigutaisandong

능운사 凌雲寺 Lingyunsi

단계사 檀溪寺 Tanxisi

당왕 唐王 Tangwang

대능인사 大能仁寺 Danengrensi

대당령 大塘嶺 Datangling

대동 大同 Datong

대류성굴 大留聖窟 Daliushengku

대만 臺灣 Taiwan

대불굴 大佛窟 Dafoku

대불동 大佛洞 Dafodong

대불사 大佛寺 Dafosi

대석굴사 大石窟寺 Dashikusi

대성자사 大聖慈寺 Dashengcisi

대운사 大雲寺 Dayunsi

대자은사 大慈恩寺 Daciensi

대족 大足 Dazu

대주성굴 大住聖窟 Dazhushengku

대천수만령사 大天壽萬靈寺 Datianshouwanlingsi

대파산 大巴山 Dabashan

대해사 大海寺 Dahaisi

대화엄사 大華嚴寺 Dahuayansi

덕화요 德化窯 Dehuayao

독락사 獨樂寺 Dulesi

돈황 敦煌 Dunhuang

동주 東州 Dongzhou

량주 涼州 Liangzhou

마제사 馬蹄寺 Matisi

마호 麻浩 Mahao

막고굴 莫高窟 Mogaoku

만불낭 萬佛堂 Wanfotang

만불동 萬佛洞 Wanfodong

만불사 萬佛寺 Wanfosi

맥적산 麥積山 Maijishan

면양시 綿陽市 Mianyangshi

명사산 鳴沙山 Mingshashan

명산사 茗山寺 Mingshansi

모니각굴 牟尼閣窟 Mounigeku

묘응사 妙應寺 Miaoyingsi

무위 武威 Wuwei

무주산 武州山 Wuzhoushan

무창시 武昌市 Wuchangshi

무현 茂縣 Maoxian

문수산 文殊山 Wenshushan

문천현 汶川縣 Wenchuanxian

박야 博野 Boye

백마사 白馬寺 Baemasi

백탑사 白塔寺 Baitasi

법문사 法門寺 Famensi

병령사 炳靈寺 Binglingsi

보경사 寶慶寺 Baoqingsi

보령사 普寧寺 Puningsi

보정시 保定市 Baodingshi

보리서상굴 菩提瑞像窟 Putiruixiangku

보산 寶山 Baoshan

보산사 寶山寺 Baoshansi

보정산 寶頂山 Baodingshan

복건성 福建省 Fujiansheng

복우산 伏牛山 Funiushan

복주 福州 Fuzhou

봉국사 奉國寺 Fengguosi

봉선사동 奉先寺洞 Fengxiansidong

부풍현 扶風縣 Fufengxian

북경 北京 Beijing

북대석굴사 北臺石窟寺 Beitaishikusi

북산 北山 Beishan

불광사 佛光寺 Foguangsi

불궁사 佛宮寺 Fogongsi

비래봉 飛來峰 Feilaifeng

비로동 毘盧洞 Piludong

빈양삼동 賓陽三洞 Binyangsandong

빈양중동 賓陽中洞 Binyangzhongdong

사주 沙州 Shazhou

사주 泗州 Sizhou

사천성 四川省 Sichuansheng

산동성 山東省 Shandongsheng

산서성 山西省 Shanxisheng

삼원현 三原縣 Sanyuanxian

상국사 相國寺 Xiangguosi

상규진 上邽鎮 Shangguizhen

상락사 常樂寺 Changlesi

서광사 瑞光寺 Ruiguangsi

서선교 西善橋 Xishanqiao

서안 西安 Xian

서주 徐州 Xuzhou

서하사 棲霞寺 Qixiasi

석가다보굴 釋迦多寶窟 Shijiaduobaoku

석가장 石家庄 Shijiazhuang

석굴불사 石窟佛寺 Shikufosi

석전산 石篆山 Shizhuanshan

선화사 善化寺 Shanhuasi

심서싱 陝西省 Shanxisheng

섭산 攝山 Sheshan

성도 成都 Chengdu

성락 盛樂 Shengle

성흥사 聖興寺 Shengxingsi

소남해 小南海 Xiaonanhai

소산시 蕭山市 Xiaoshanshi

소전진 所前鎭 Suoqianzhen

소정굴 蘇頲窟 Sutingku

소주 蘇州 Suzhou

손리촌 孫里村 Sunlicun

송왕사 宋王寺 Songwangsi

수덕사 修德寺 Xiudesi

수산 壽山 Shoushan

숭경사 崇慶寺 Chongqingsi

숭광사 崇光寺 Chongguangsi

숭덕현 崇德縣 Chongdexian

숭복사 崇福寺 Chongfusi

숭현 嵩縣 Songxian

승덕 承德 Chengde

승현 嵊縣 Shengxian

시강군 始康郡 Shikangjun

시자만 柿子灣 Shiziwan

신가구 新街口 Xinjiekou

신라상감 新羅像龕 Xinluoxiangkan

신룡굴 神龍窟 Shenlongku

신촌진 辛村鎭 Xincunzhen

신통사 神通寺 Shentongsi

악강 顎鋼 Egang

악주 顎州 Ezhou

안국사 安國寺 Anguosi

안서 安西 Anxi

안악 安岳 Anyue

안양 安陽 Anyang

안읍현 安邑縣 Anyixian

안휘성 安徽省 Anhuisheng

안희 安憙 Anxi

약양 略陽 Lüeyang

양양 襄陽 Xiangyang

양자강 揚子江 Yangzijiang

양주 揚州 Yangzhou

업성 鄴城 Yecheng

여산 廬山 Lushan

여순 旅順 Lüshun

여오 蠡吾 Liwu

연계사 蓮溪寺 Lianxisi

연운항시 連雲港市 lianyungangshi

연하동 煙霞洞 Yanxiadong

연화동 蓮花洞 Lianhuadong

영산사 靈山寺 Lingshansi

영수현 靈壽縣 Lingshouxian

영암사 靈巖寺 Lingyansi

영은사 靈隱寺 Lingyinsi

영천사 靈泉寺 Lingquansi

영하 寧夏 Ningxia

영현 滎縣 Rongxian

영화사 靈化寺 Linghuasi

예성현 芮城縣 Ruichengxian

오대산 五臺山 Wutaishan

오리돈 五里墩 Wulidun

옥유동 玉乳洞 Yurudong

옹화궁 雍和宮 Yonghegong

와관사 瓦官寺 Waguansi

와룡산 臥龍山 Wolongshan

와룡원 臥龍院 Wolongyuan

요령성 遼寧省 Liaoningsheng

용문 龍門 Longmen

용일사 龍日寺 Longrisi

용천사 龍泉寺 Longquansi

용흥사 龍興寺 Longxingsi

운강 雲岡 Yungang

운남성 雲南省 Yunnansheng

운문산 雲門山 Yunmenshan

운암사 運巖寺 Yunyansi

운암사 雲巖寺 Yunyansi

원각동 圓覺洞 Yuanjuedong

유거사 幽居寺 Youjusi

유림굴 榆林窟 Yulinku

유천동 劉天洞 Liutaindong

융흥사 隆興寺 Longxingsi

은천 銀川 Yinchuan

응건사 應乾寺 Yingqiansi

응현 應縣 Yingxian

의현 義縣 Yixian

이수 伊水 Yishui

익도 益都 Yidu

인수 仁壽 Renshou

임분 臨汾 Linfen

임안 臨安 Linan

임장 臨漳 Linzhang

임하 臨夏 Linxia

자금성 紫禁城 Zijincheng

자상사 慈相寺 Cixiangsi

장강 長江 Changjiang

장경동 藏經洞 Zangjingdong

장사사 長沙寺 Changshasi

장안 長安 Changan

장자현 長子縣 Changzixian

장청 長清 Changqing

재동현 梓潼縣 Zitongxian

절강성 浙江省 Zhejiangsheng

정가곽 鄭家廓 Zhengjiakuo

정념사 淨念寺 Jingniansi

정법사 靜法寺 Jingfasi

정정현 正定縣 Zhengdingxian

정현 定縣 Dingxian

제남 濟南 Jinan

제성 諸城 Zhucheng

조양문 朝陽門 Chaoyangmen

조현 趙縣 Zhaoxian

주천 酒泉 Jiuquan

중경 重慶 Zhongqing

중구 中丘 Zhongqiu

진강시 鎭江市 Zhenjiangshi

진국사 鎭國寺 Zhenguosi

진양 晋陽 Jinyang

진풍현 晉豊縣 Jinfengxian

찰집륜포사 扎什倫布寺 Zhashihuanbusi

창평현 昌平縣 Changpingxian

천룡산 天龍山 Tianlongshan

천불굴 千佛窟 Qianfoku

천불암 千佛巖 Qianfoyan

천불애 千佛崖 Qianfoya

천불채 千佛寨 Qianfozhai

천수 天水 Tianshui

천제산 天梯山 Tiantishan

청룡사 靑龍寺 Qinglongsi

청림동 靑林洞 Qinglindong

청주 靑州 Qingzhou

칠보대 七寶臺 Qibaotai

타산 駝山 Tuoshan

태원 太原 Taiyuan

토곡혼 吐谷渾 Tuguhun

통강 通江 Tongjiang

파중 巴中 Bazhong

팽산 彭山 Pengshan

팽성 彭城 Pengcheng

평량 平涼 Pingliang

평성 平城 Pingcheng

평양부 平陽府 Pingyangfu

평요현 平遙縣 Pingyaoxian

포한 枹罕 Baohan

하남성 河南省 Henansheng

하란현 賀蘭縣 Helanxian

하북성 河北省 Hebeisheng

하화엄사 下華嚴寺 Xiahuayansi

한단시 邯鄲市 Handansi

한최촌 韓崔村 Hancuicun

항안 恒安 Hengan

항주 杭州 Hangzhou

행성 杏城 Xingcheng

향당산 響堂山 Xiangtangshan

향산 香山 Xiangshan

협강 夾江 Jiajiang

형양현 滎陽縣 Xingyangxian

호관현 壺關縣 Huguanxian

호구 虎丘 Huqiu

호북성 湖北省 Hubeisheng

홍동현 洪洞縣 Hongdongxian

화엄동 華嚴洞 Huayandong

황각사 皇覺寺 Huangjuesi

황택사 皇澤寺 Huangzesi

황하 黃河 Huanghe

희현사 希玄寺 Xixuansi

중국불상의 세계

2018년 1월 25일 초판 인쇄 | 2018년 1월 31일 초판 발행

지은이 배재호
펴낸이 한정희

총괄이사 김환기
편집·디자인 김지선 한명진 박수진 유지혜
마케팅 김선규 유인순 하재일

펴낸곳 경인문화사
출판신고 제406–1973–000003호

주소 경기도 파주시 회동길 445–1 경인빌딩 B동 4층
대표전화 031 – 955 – 9300 | **팩스** 031 – 955 – 9310
홈페이지 www.kyunginp.co.kr | **전자우편** kyungin@kyunginp.co.kr

ISBN 978–89–499–4723–5 93910
값 25,000원